O PENSAMENTO SELVAGEM

CLAUDE LÉVI-STRAUSS

tradução
Tânia Pellegrini

O PENSAMENTO SELVAGEM

PAPIRUS EDITORA

Título original em francês: *La pensée sauvage*

Tradução Tânia Pellegrini
Capa Francis Rodrigues
Copidesque Niuza M. Gonçalves
Diagramação DPG Editora
Revisão Alzira D. Sterque, Caroline N. Vieira e Josiane Pio Romera

Dados Internacionais de Catalogação na Publicação (CIP)
(Câmara Brasileira do Livro, SP, Brasil)

Lévi-Strauss, Claude, 1908-2009
O pensamento selvagem/Claude Lévi-Strauss; tradução Tânia Pellegrini. – 12ª ed. – Campinas, SP: Papirus, 2012.

Título original: La pensée sauvage
Bibliografia.
ISBN 978-85-308-0083-3

1. Etnologia 2. Homem primitivo 3. Sociedades primitivas I. Título.

12-09708 CDD-301.2

Índice para catálogo sistemático:

1. Sociedades primitivas: Antropologia cultural 301.2

12ª Edição – 2012
12ª Reimpressão – 2025

Exceto no caso de citações, a grafia deste livro está atualizada segundo o Acordo Ortográfico da Língua Portuguesa adotado no Brasil a partir de 2009.

R. Barata Ribeiro, 79, sala 316 – CEP 13023-030 – Vila Itapura
Fone: (19) 3790-1300 – Campinas – São Paulo – Brasil
E-mail: editora@papirus.com.br – www.papirus.com.br

SUMÁRIO

PREFÁCIO

Este livro forma um todo, mas os problemas que ele discute mantêm estreita relação com aqueles que examinamos mais rapidamente num trabalho recente intitulado *Le totémisme aujourd'hui* (PUF, Paris, 1962). Sem pretender exigir do leitor que a ele recorra, é conveniente advertir que existe uma ligação entre as duas obras: a primeira constitui uma espécie de introdução histórica e crítica à segunda. Portanto, não se pensou ser necessário aqui voltar a noções, definições e fatos aos quais já foi dada atenção suficiente.

Abordando a presente obra, o leitor deve saber, contudo, o que esperamos dele: que nos dê testemunho da conclusão negativa à qual chegamos a respeito do totemismo, pois, após haver explicado por que acreditamos que os antigos etnólogos se deixaram enganar por uma ilusão, é agora o reverso do totemismo que tentaremos explorar.

Ninguém deverá inferir do fato de aparecer o nome de Maurice Merleau-Ponty na primeira página de um livro, do qual as últimas são reservadas à discussão de uma obra de Sartre, que eu tenha pretendido colocá-los em oposição um ao outro. Aqueles que privaram conosco, comigo e com Merleau-Ponty, no decorrer dos últimos anos, conhecem algumas das razões pelas quais este livro, que desenvolve livremente determinados temas do meu curso no Collège de France, foi a ele dedicado. Tê-lo-ia sido de qualquer maneira se ele estivesse vivo, como a continuação de um diálogo cujo início data de 1930, quando, em companhia de Simone de Beauvoir, encontramo-nos por ocasião de um estágio pedagógico, às vésperas do concurso para o título de *agregé.* E, já que a morte apartou-o de nós tão brutalmente, que pelo menos este livro permaneça dedicado a sua memória, como testemunho de fidelidade, reconhecimento e afeição.

Se me pareceu indispensável exprimir meu desacordo com Sartre a respeito de pontos que se referem aos fundamentos filosóficos da Antropologia, eu apenas me decidi quanto a isso depois de várias leituras de uma obra ao exame da qual meus alunos da École des Hautes Études e eu mesmo dedicamos inúmeras sessões no decorrer dos anos de 1960-1961. Além das divergências inevitáveis, eu gostaria que Sartre retivesse, sobretudo, que tal debate, fruto de tantos cuidados, constitui, de nossa parte, uma homenagem indireta de admiração e respeito.

Agradeço enfaticamente a meu colega sr. Jacques Bertin, diretor de estudos da École Pratique des Hautes Études, que houve por bem executar alguns diagramas em seu laboratório; aos senhores I. Chiva e J. Pouillon, cujas anotações de aula me fizeram voltar à memória improvisações rapidamente esquecidas; à sra. Edna H. Lemay, responsável pela datilografia; à srta. Nicole Belmont, que me auxiliou na reunião dos documentos e na feitura da bibliografia e do índice; e a minha mulher, que me ajudou a reler o texto e a corrigir as provas.

Não existe ninguém no mundo melhor que os selvagens, os camponeses e os provincianos para estudar profundamente e em todos os sentidos os seus próprios afazeres; assim, quando passam do Pensamento ao Fato, podeis encontrar as coisas completas.

H. de Balzac (*Le cabinet des antiques*,
Bibl. de la Pléiade, vol. IV, pp. 400-401)

NOTA INTRODUTÓRIA

Sobre o pensamento selvagem* (*Viola tricolor, L.*, pensamento dos campos, erva-da-trindade).

> Outrora, a violeta-tricolor (pensamento selvagem) exalava um perfume mais suave que a violeta de março (ou violeta odorante). Ela crescia, então, em meio ao trigal, que era pisado por todos os que a queriam colher. A violeta teve piedade do trigo e suplicou humildemente à Santíssima Trindade que lhe retirasse o seu perfume. Sua prece foi ouvida, e é por isso que a chamam flor-da-trindade (Panzer, II, 203, citado por Perger, p. 151).
> A flor das variedades cultivadas é ornada de duas cores (violeta e amarelo ou amarelo e branco), às vezes de três (violeta, branco e

---

* Preferiu-se aqui conservar a tradução literal do nome da flor conhecida no Brasil como amor-perfeito, amor-perfeito silvestre, ou amor-perfeito bravo, ou ainda violeta-tricolor, para não desfazer a analogia que o autor, sem dúvida, pretendeu estabelecer com o título do livro. (N.T.)

branco amarelado), vivamente contrastadas... Em alemão, pensamento: *Stiefmütterchen:* madrastinha. Na interpretação popular, a suntuosa pétala esporada representa a madrasta (esposa do pai, em segundas núpcias), as duas pétalas adjacentes, também muito coloridas, representam seus filhos, e as pétalas superiores (cujas cores são mais esmaecidas), os filhos do primeiro casamento. O folclore polonês oferece uma interpretação simbólica um pouco diferente, que merece tanto mais atenção pois que leva em conta a posição das sépalas, que oferecem um conteúdo poético tão rico quanto a versão alemã. A pétala inferior, que é mais notável, repousa de cada lado sobre uma sépala: é a madrasta sentada num sofá. As duas pétalas adjacentes, ainda ricamente coloridas, repousam cada uma sobre uma sépala e representam os filhos do segundo matrimônio, cada um deles provido de um assento. As duas pétalas superiores, cuja cor é mais suave, apóiam-se lateralmente sobre a espora do cálice, que surge no meio: estes são os pobres filhos do primeiro matrimônio, que devem se contentar com um assento para dois. Wagner (*In die Natur,* p. 3) completa essa interpretação. A pétala suntuosamente colorida – ou seja, a madrasta – deve curvar-se para baixo à guisa de castigo, ao passo que os humildes filhos do primeiro casamento (as pétalas superiores) se voltam para o alto. O pensamento selvagem serve para preparar uma tisana que purifica o sangue, chamada tisana-da-trindade (Hoefer e Kr.).
A interpretação de uma madrasta, dois irmãos do segundo matrimônio cada qual com seu assento e dois irmãos do primeiro matrimônio partilhando um só assento é muito antiga... Segundo *Ascherson's Quellen*, as pétalas simbolizam quatro irmãs (duas do primeiro casamento e duas do segundo), enquanto a madrasta corresponde à quinta pétala, sem par (Treichel, *Volksthümliches*). Vocês admiram minhas pétalas, diz a flor da violeta, mas considerem-nas mais de perto: seu tamanho e sua ornamentação diferem. A debaixo se espalha, é a madrasta malvada que se apropria de tudo; ela instalou-se em duas cadeiras ao mesmo tempo, pois, como vêem, têm duas sépalas sob essa grande pétala. A sua direita e a sua esquerda estão suas próprias filhas; cada uma delas tem seu assento. E bem longe dela podem-se ver as duas pétalas do alto: suas duas enteadas, que se acocoram humildemente no mesmo assento. Então, o bom Deus se apieda da sorte das enteadas abandonadas; ele castiga a madrasta malvada virando a

flor sobre seu pedúnculo; a madrasta, que se achava no alto quando a flor estava no lugar, a partir de então ficará embaixo, e uma grande corcunda lhe cresce nas costas; suas filhas recebem uma barba como punição por seu orgulho, e esta as torna ridículas aos olhos de todas as crianças que as vêem, ao passo que as enteadas desprezadas agora são colocadas mais alto que elas (Herm. Wagner, *In die Natur*, p. 3; citado por Branky, *Pflanzensagen*).

Eis por que o pensamento [a flor] se chama *Syrotka* (órfã). Era uma vez um marido, sua mulher e suas duas filhas. A mulher morreu, e o homem casou com uma outra mulher, que também teve duas filhas. Ela sempre dava um único assento a suas enteadas, mas dava um a cada uma de suas filhas e reservava dois para seu próprio uso. Quando todos morreram, São Pedro os fez sentarem-se da mesma maneira, e é isso que "pinta" o pensamento tal qual o vemos hoje. As duas órfãs, que sempre se deviam contentar com um único assento, estão de luto e muito brancas, enquanto as filhas do segundo casamento são pintadas com vivas cores e não usam luto. A madrasta, instalada em dois assentos, é inteiramente branca e vermelha e tampouco usa luto (lenda da Lusácia, W. von Schulenburg, *Wendisches Volksthum*, 1882, p. 43).

Um dia, sem que os pais o soubessem, um irmão desposou sua irmã (sem saber que ela era sua irmã). Quando os dois tomaram conhecimento de seu crime involuntário, sentiram tanto desgosto que Deus teve piedade deles e os transformou nessa flor (o pensamento), que guardou o nome de *bratky* (os irmãos) (lenda da Ucrânia, *Revista de etnografia* (em russo), t. III, 1889, p. 211 [Th. V.]).

Segundo Rolland, *Flore*, T. II, pp. 179-181.

1
A CIÊNCIA DO CONCRETO

Durante muito tempo, aprouve-nos mencionar línguas às quais faltam termos para exprimir conceitos como os de "árvore" ou de "animal", ainda que nelas se encontrem todos os nomes necessários para um inventário detalhado das espécies e das variedades. Mas, ao recorrer a esses casos como apoio de uma pretensa inépcia dos "primitivos" para o pensamento abstrato, omitiam-se outros exemplos que atestam não ser a riqueza em nomes abstratos unicamente o apanágio das línguas civilizadas. É assim que o chinuque, língua do noroeste da América do Norte, utiliza nomes abstratos para designar muitas propriedades ou qualidades dos seres e das coisas: "Esse procedimento [afirma Boas] é mais freqüente aí que em todas as outras linguagens por mim conhecidas". O enunciado: "O homem mau matou a pobre criança", em chinuque torna-se: "A maldade do homem matou a pobreza da criança"; e, para dizer que uma mulher usa uma cesta muito pequena: "Ela coloca raízes de potentilha na pequenez de um cesto para conchas" (Boas 1911, pp. 657-658).

Em todas as línguas, aliás, o discurso e a sintaxe fornecem os recursos indispensáveis para suprir as lacunas do vocabulário. E o caráter tendencioso do argumento lembrado no parágrafo anterior fica bem claro quando se percebe que a situação inversa, isto é, aquela em que os termos mais gerais prevalecem sobre as denominações específicas, também foi explorada para afirmar a indigência intelectual dos selvagens:

> Dentre as plantas e os animais, o indígena nomeia apenas as espécies úteis ou nocivas; as outras são indistintamente classificadas como ave, erva daninha etc. (Krause 1956, p. 104).

Um observador mais recente parece acreditar, da mesma forma, que o indígena nomeia e conceitua unicamente em função de suas necessidades:

> Eu ainda me recordo da hilaridade provocada entre meus amigos das ilhas Marquesas... pelo interesse (a seus olhos, pura tolice) demonstrado pelo botânico de nossa expedição de 1921 em relação às "ervas daninhas" sem nome ("sem utilidade") que ele coletava e queria saber como se chamavam (Handy e Pukui 1958, p. 119, n. 21).

Entretanto, Handy compara essa indiferença àquela que, em nossa civilização, demonstra o especialista em relação aos fenômenos que não estão diretamente ligados a seu domínio. E, quando sua colaboradora indígena enfatiza que no Havaí "cada forma botânica, zoológica ou inorgânica que se sabia ter sido nomeada (e personalizada) era... uma coisa *utilizada*", tem o cuidado de acrescentar: "de uma maneira ou de outra", e acentua que se "uma variedade ilimitada de seres vivos do mar ou da floresta, de fenômenos meteorológicos ou marítimos não tinha nome", era porque eles não eram considerados "úteis ou... dignos de interesse", termos não equivalentes, desde que um se situa no plano prático, e o outro, no teórico. A sequência do texto confirma isso, reforçando o segundo aspecto em detrimento do primeiro: "A vida era a experiência investida de significação exata e precisa" (*id.*, p. 119).

Na verdade, o recorte conceitual varia de língua para língua e, como o observou muito bem, no século XVIII, o redator do verbete "nome" na Enciclopédia, o emprego de termos mais ou menos abstratos não é função de capacidades intelectuais, mas de interesses desigualmente marcados e detalhados de cada sociedade particular no seio da sociedade nacional: "Subi ao observatório; aí, cada *estrela* não é mais simplesmente uma estrela, é a estrela γ do Capricórnio, e a β do Centauro, é a ζ da Ursa Maior etc.; entrai num picadeiro, cada cavalo tem aí seu *nome* próprio, o Brilhante, o Duende, o Fogoso etc.". Aliás, mesmo se a observação sobre as chamadas línguas primitivas mencionada no início deste capítulo devesse ser tomada ao pé da letra, não se poderia disso concluir uma ausência de ideias gerais: os nomes "carvalho", "faia", "bétula" etc. não são menos abstratos que o nome "árvore", e, de duas línguas, das quais uma possuísse apenas esse último termo e a outra o ignorasse, mesmo tendo várias dezenas ou centenas relacionados com as espécies e as variedades, seria a segunda e não a primeira, deste ponto de vista, a mais rica em conceitos.

Como nas linguagens profissionais, a proliferação conceitual corresponde a uma atenção mais firme em relação às propriedades do real, a um interesse mais desperto para as distinções que aí possam ser introduzidas. Essa ânsia de conhecimento objetivo constitui um dos aspectos mais negligenciados do pensamento daqueles que chamaremos "primitivos". Se ele é raramente dirigido para realidades do mesmo nível daquelas às quais a ciência moderna está ligada, implica diligências intelectuais e métodos de observação semelhantes. Nos dois casos, o universo é objeto de pensamento, pelo menos como meio de satisfazer a necessidades.

Cada civilização tende a superestimar a orientação objetiva de seu pensamento; é por isso, portanto, que ela jamais está ausente. Quando cometemos o erro de ver o selvagem como exclusivamente governado por suas necessidades orgânicas ou econômicas, não percebemos que ele nos dirige a mesma censura e que, para ele, seu próprio desejo de conhecimento parece mais bem equilibrado que o nosso:

> A utilização dos recursos naturais dos quais dispunham os indígenas havaianos era mais ou menos completa; bem mais que a praticada na era comercial atual, que sem piedade explora alguns produtos que, no momento, proporcionam vantagem financeira, desprezando e destruindo todo o resto (Handy e Pukui 1958, p. 213).

Sem dúvida, a agricultura de mercado não se confunde com o conhecimento do botânico. Mas, ignorando o segundo e considerando exclusivamente a primeira, a velha aristocrata havaiana nada mais faz que retomar, por conta de uma cultura indígena, invertendo-o a seu favor, o mesmo erro cometido por Malinowski quando pretendia que o interesse dos primitivos pelas plantas e animais totêmicos era-lhes inspirado unicamente pelos reclamos de seu estômago.

* * *

A observação de Tessmann (1931, p. 71) a respeito dos fang, do Gabão, quanto à "precisão com a qual eles reconhecem as menores diferenças entre as espécies de um mesmo gênero", corresponde às dos dois autores já citados, para a Oceania:

> As faculdades aguçadas dos indígenas lhes permitiam notar exatamente os caracteres genéricos de todas as espécies de seres vivos, terrestres e marinhos, assim como as mais sutis mudanças dos fenômenos naturais tais como o vento, a luz, as cores do tempo, as ondulações das vagas, as variações das ressacas, as correntes aquáticas e aéreas (Handy e Pukui 1958, p. 119).

Um hábito tão simples como a mastigação de bétele supõe, nos hanunoo das Filipinas, o conhecimento de quatro variedades de sementes de areca e de oito produtos de substituição, de cinco variedades de bétele e de cinco produtos de substituição (Conklin 1958):

> Todas ou quase todas as atividades dos hanunoos exigem uma íntima familiaridade com a flora local e um conhecimento preciso das classificações botânicas. Contrariamente à opinião segundo a qual as sociedades que vivem em economia de subsistência utilizariam apenas uma fração mínima da flora local, esta última é utilizada numa proporção de 93% (Conklin 1954, p. 249).

Isto não é menos verdadeiro no que se refere à fauna:

> Os hanunoo classificam as formas locais da fauna de aves em 75 categorias... distinguem por volta de 12 espécies de serpentes... 60 tipos de peixes... mais de uma dezena de crustáceos do mar e da água doce, outros tantos tipos de aranhas e de miriápodes... As milhares de formas de insetos estão agrupadas em 108 categorias nomeadas, das quais 13 são formigas e térmitas... Identificam mais de 60 classes de moluscos marinhos e mais de 25 de moluscos

terrestres e de água doce... quatro tipos de sanguessugas...: [ao todo, 461 tipos zoológicos recenseados] (*id.*, pp. 67-70).

A respeito de uma população de pigmeus das Filipinas, um biólogo se exprime da seguinte maneira:

> Um traço característico dos negritos, que os distingue de seus vizinhos cristãos das planícies, é seu inesgotável conhecimento dos reinos vegetal e animal. Esse saber não implica somente a identificação específica de um número fenomenal de plantas, pássaros, mamíferos e insetos mas também o conhecimento dos hábitos e costumes de cada espécie...
> O negrito está completamente integrado em seu ambiente e, coisa ainda mais importante, estuda sem cessar tudo aquilo que o cerca. Muitas vezes eu vi um negrito, incerto quanto à identidade de uma planta, provar o fruto, cheirar as folhas, quebrar e examinar uma haste, observar o *habitat*. E somente depois de considerar todos esses dados é que ele declarará conhecer ou não a planta em questão.

Depois de ter demonstrado que os indígenas também se interessam pelas plantas que não lhes são diretamente úteis, devido às relações significativas que as ligam aos animais e aos insetos, o mesmo autor continua:

> O agudo senso de observação dos pigmeus, sua consciência plena das relações entre a vida vegetal e a vida animal... são ilustrados de maneira impressionante por suas discussões sobre os hábitos dos morcegos. O *tididin* vive sobre a rama seca das palmeiras, o *dikidik* sob as folhas da bananeira selvagem, o *litlit* nos bambuzais, o *kolumbóy* nas cavidades dos troncos das árvores, o *bonanabâ* nos bosques espessos, e assim por diante.
> É assim que os negritos pinatubo conhecem e distinguem os hábitos de 15 espécies de morcegos. E não é menos verdade que sua classificação dos morcegos assim como a dos insetos, aves, mamíferos, peixes e plantas repousa principalmente nas semelhanças e nas diferenças físicas.
> Quase todos os homens enumeram com a maior facilidade os nomes específicos e descritivos de pelo menos 450 plantas, 75 aves, de quase todas as serpentes, peixes, insetos e mamíferos e

ainda de 20 espécies de formigas...[1] e a ciência botânica dos *mananâmbal*, feiticeiros-curandeiros de dois sexos, que usam constantemente as plantas em sua arte, é absolutamente espantosa (R.B. Fox 1953, pp. 187-188).

Escreveu-se, a respeito de uma população atrasada das ilhas Ryū kyū:

Mesmo uma criança pode muitas vezes identificar a espécie de uma árvore a partir de um mínimo fragmento de madeira e, mais ainda, o sexo dessa árvore, segundo as idéias que os indígenas mantêm a respeito do sexo dos vegetais, e isso observando a aparência da madeira e da casca, o cheiro, a dureza e outras características do mesmo tipo. Dezenas e dezenas de peixes e conchas são conhecidas por termos distintos, assim como suas características próprias, seus costumes e as diferenças sexuais dentro de cada tipo... (Smith 1960, p. 150).

Habitantes de uma região desértica do sul da Califórnia, onde apenas algumas raras famílias de brancos conseguem hoje subsistir, os índios coahuilla, em número de vários milhares, não conseguiam esgotar os recursos naturais; viviam na abundância. Isso porque, nesse lugar de aparência desfavorecida, conheciam nada menos que 60 plantas alimentares e 28 outras com propriedades narcóticas, estimulantes ou medicinais (Barrows 1900). Um único informante seminole identifica 250 espécies e variedades vegetais (Sturtevant 1960). Foram recenseadas 350 plantas conhecidas pelos índios hopi, mais de 500 pelos navajos. O léxico botânico dos subanun, que vivem no sul das Filipinas, ultrapassa de longe mil termos (Frake 1961) e o dos hanunoo aproxima-se dos dois mil.[2] Trabalhando com um único informante gabonês, recentemente o sr. Sillans publicou um repertório etnobotânico com cerca de oito mil termos, repartidos entre as línguas ou dialetos de 12 ou 13 tribos adjacentes (Walker e Sillans 1961). Os resultados, na maior parte inéditos, obtidos por Marcel Griaule e seus colaboradores, no Sudão, também prometem ser impressionantes.

---

1. Também 45 espécies de cogumelos comestíveis (*l.c.*, p. 231) e, no plano tecnológico. 50 tipos de flechas diferentes (*id.*, pp. 265-268),
2. Cf. a seguir, pp. 164-165 e 180.

A extrema familiaridade com o meio biológico, a atenção apaixonada que lhe dedicam, os conhecimentos exatos ligados a ele frequentemente impressionaram os pesquisadores como indicadores de atitudes e preocupações que diferenciam os indígenas de seus visitantes brancos. Entre os índios tewa, do Novo México:

> As pequenas diferenças são notadas... eles têm nomes para todas as espécies de coníferas da região; ora, nesse caso, as diferenças são pouco visíveis e, entre os brancos, um indivíduo não-treinado seria incapaz de distingui-las... Na verdade, nada impediria que se traduzisse um tratado de botânica em tewa (Robbins, Harrington e Freire-Marreco 1916, pp. 9 e 12).

Em uma narrativa levemente romanceada, E. Smith Bowen contou com graça sua confusão quando, chegada a uma tribo africana, quis começar aprendendo a língua: seus informantes acharam muito natural, no estádio elementar de sua instrução, juntar um grande número de espécimes botânicos que eles iam nomeando enquanto apresentavam-nos a ela, os quais, porém, a pesquisadora era incapaz de identificar, não tanto por sua natureza exótica, mas porque ela nunca se interessara pela riqueza e pela diversidade do mundo vegetal, enquanto os indígenas tinham tal curiosidade pré-adquirida.

> Esse povo é cultivador: para ele, as plantas são tão importantes, tão familiares quanto os seres humanos. De minha parte, eu nunca vivi em uma fazenda e não estou mesmo muito segura de distinguir as begônias das dálias ou das petúnias. As plantas, como as equações, têm o hábito traiçoeiro de parecerem semelhantes e serem diferentes ou de parecerem diferentes e serem semelhantes. Conseqüentemente, atrapalho-me em botânica tanto quanto em matemática. Pela primeira vez em minha vida, encontro-me em uma comunidade onde as crianças de dez anos não me são superiores em matemática, mas estou também num lugar em que cada planta, selvagem ou cultivada, tem uma utilidade e um nome bem definidos, em que cada homem, cada mulher e cada criança conhece centenas de espécies. Nenhum deles poderá jamais acreditar que eu sou incapaz, mesmo que o queira, de saber tanto quanto eles (Smith Bowen 1957, p. 22).

Bem diferente é a reação de um especialista, autor de uma monografia em que descreve cerca de 300 espécies ou variedades de plantas medicinais ou tóxicas, usadas por determinadas populações da Rodésia do Norte:

> Sempre fiquei surpreso com a solicitude com a qual o povo de Balovale e das regiões vizinhas aceitava falar de seus remédios e poções. Estariam lisonjeados pelo interesse que eu demonstrava por seus métodos? Considerariam nossas conversas como uma troca de informações entre colegas? Ou quereriam exibir seu conhecimento? Qualquer que fosse a razão de sua atitude, jamais se faziam de rogados. Recordo-me de um danado de um velho luchazi que trazia braçadas de folhas secas, raízes e hastes, a fim de me ensinar todos os seus usos. Seria ele herborista ou feiticeiro? Eu nunca pude decifrar esse mistério, mas posso constatar, com tristeza, que jamais possuirei sua ciência da psicologia africana e sua habilidade para curar seus semelhantes: associados, meus conhecimentos médicos e seus talentos teriam formado uma combinação muito útil (Gilges 1955, p. 20).

Citando um trecho de seus cadernos de viagem, Conklin quis ilustrar esse contato íntimo entre o homem e o meio que o indígena eternamente impõe ao etnólogo:

> A 0600 e sob uma chuva fina, Langba e eu deixamos Parina em direção a Binli... Em Arasaas, Langba pediu-me para cortar várias tiras de 10 por 50 cm da casca da árvore *anapla kilala* (*Albizzia procera* (Roxb.) Benth.), a fim de nos protegermos das sanguessugas. Esfregando com a face interna da casca nossos tornozelos e pernas já molhados pela vegetação gotejante de chuva produzia-se uma espuma rosa que era um ótimo repelente. Na trilha perto de Aypud, Langba parou de repente, enfiou agilmente seu bastão na beira do caminho e arrancou uma erva pequena, *tawag kûgun buladlad* (*Buchnera urticifolia* R. Br.), que, disse-me ele, serviria de isca... em uma armadilha para javalis. Alguns instantes mais tarde, e nós andávamos depressa, fez uma parada semelhante para arrancar uma pequena orquídea terrestre (difícil de perceber sob a vegetação que a encobria) chamada *liyamliyam* (*Epipogum roseum* (D. Do.) Lindl.), planta usada para combater magicamente os insetos parasitas das culturas. Em Binli, Langba teve cuidado para

não danificar sua coleta, remexendo dentro de sua sacola de palmas trançadas para encontrar *apug*, cal extinta, e *tabaku* (*Nicotiana tabacum* L.), que queria oferecer às pessoas de Binli em troca de outros ingredientes para mascar. Depois de uma discussão sobre os respectivos méritos das variedades locais de bétele-pimenta (*Piper betel* L.), Langba obteve permissão para cortar mudas de batata-doce (*Ipomoea batatas* (L.) Poir.) pertencentes a duas formas vegetais diferentes e distintas como *kamuti inaswang* e *kamuti lupaw*... E, no canteiro de *camote*, cortamos 25 mudas (com cerca de 75 cm de comprimento) de cada variedade, retiradas da extremidade da haste, e as embrulhamos cuidadosamente nas grandes folhas frescas do *saging saba* cultivado (*Musa sapientum compressa* (Blco.) Teodoro) para que conservassem sua unidade até chegarmos à casa de Langba. No caminho, mascamos hastes de *tubu minama*, espécie de cana-de-açúcar (*Saccharum officinarum* L.), detivemo-nos uma vez para colher algumas *bunga*, sementes de areca caídas (*Areca catechu* L.), e uma outra vez para colher e comer as frutas, semelhantes a cerejas selvagens, de algumas moitas de *bugnay* (*Antidesma brunius* (L.) Spreng.). Alcançamos Mararim por volta do meio da tarde e, ao longo de toda a nossa caminhada, a maior parte do tempo foi gasta em discussões sobre as mudanças na vegetação no decorrer das últimas dezenas de anos (Conklin 1954, pp. 5-17).

Esse saber e os meios linguísticos de que dispõem estendem-se também à morfologia. A língua tewa emprega termos diferentes para cada parte ou quase do corpo dos pássaros e dos mamíferos (Henderson e Harrington 9). A descrição morfológica das folhas das árvores ou das plantas comporta 40 termos, e existem 15 termos diferentes que correspondem às diferentes partes de um pé de milho.

Para descrever as partes constitutivas e as propriedades dos vegetais, os hanunoo têm mais de 150 termos, que conotam as categorias em função das quais identificam as plantas "e discutem entre si as centenas de caracteres que as distinguem, freqüentemente correspondentes a propriedades significativas, tanto medicinais quanto alimentares" (Conklin 1954, p. 97). Os pinatubo, entre os quais foram arrolados mais de 600 nomes de plantas, "não têm apenas um conhecimento fabuloso dessas plantas e de seus modos de utilização; eles empregam cerca de cem termos para descrever suas partes ou aspectos característicos" (Fox 1953, p. 179).

É claro que um conhecimento desenvolvido tão sistematicamente não pode ser função apenas de sua utilidade prática. Depois de ter destacado a riqueza e a precisão dos conhecimentos zoológicos e botânicos dos índios do nordeste dos Estados Unidos e do Canadá: montanhês, naskapi, micmac, malecite, penobscot, o etnólogo que melhor os estudou continua:

> Isso se poderia esperar no que se refere aos hábitos de caça grossa, de onde provêm a alimentação e a matéria-prima da indústria indígena. Não é de espantar... que o caçador penobscot do Maine possua um melhor conhecimento prático dos hábitos e do caráter original que o mais experimentado zoólogo. Mas, quando apreciamos na justa medida o cuidado que os índios têm em observar e sistematizar os fatos científicos relacionados com as formas inferiores da vida animal, podemos demonstrar alguma surpresa.
> Toda a classe dos répteis... não oferece nenhum interesse econômico para esses índios; eles não consomem a carne das serpentes nem dos batráquios e não usam parte nenhuma de sua carcaça, salvo em casos muito raros, para a confecção de amuletos contra doença ou feitiçaria (Speck 1923, p. 273).

E, contudo, como o demonstrou Speck, os índios do nordeste elaboraram uma verdadeira herpetologia, com termos diferentes para cada gênero de répteis e outros reservados para as espécies ou variedades.

Os produtos naturais usados pelos povos siberianos para fins medicinais ilustram, por sua definição precisa e pelo valor específico que lhes é dado, o cuidado, a engenhosidade, a atenção ao detalhe e a preocupação com as diferenças que devem ter empregado os observadores e teóricos nesse tipo de sociedade: aranhas e vermes brancos engolidos (itelmene e iakute – esterilidade); gordura de escaravelho negro (ossete – hidrofobia); barata esmigalhada, fel de galinha (russos de Surgut – abcessos e hérnia); vermes vermelhos macerados (iakute – reumatismo); fel de solha (buriate – doenças dos olhos); cadoz, caranguejo de água doce, engolidos vivos (russos da Sibéria – epilepsia e todas as doenças); toque com um bico de picanço, sangue de picanço, insuflação nasal de pó de picanço mumificado, ovo do pássaro *kouchka* sorvido (iakute – contra dor de dentes, escrófulas, doenças dos cavalos e tuberculose, respectivamente); sangue de perdiz, suor de cavalo (oirote – hérnias e verrugas); caldo de pombo (buriate –

tosse); pó das patas do pássaro *tilégous* moídas (kazak – mordida de cão raivoso); morcego seco pendurado no pescoço (russos do Altai – febre); instilação da água proveniente do gelo suspenso do ninho do pássaro *remiz* (oirote – doenças dos olhos). Somente entre os buriates e limitando-se ao urso, a carne deste possui sete virtudes terapêuticas diferentes; o sangue, cinco; a gordura, nove; o cérebro, 12; a bile, 17; e o pelo, duas. Também os kalar recolhem os excrementos empedrados do urso no fim da hibernação para curar prisão de ventre (Zelenine 1952, pp. 47-59). Pode-se encontrar num estudo de Loeb um repertório igualmente rico para uma tribo africana.

De tais exemplos, que se poderiam retirar de todas as regiões do mundo, concluir-se-ia, de bom grado, que as espécies animais e vegetais não são conhecidas porque são úteis; elas são consideradas úteis ou interessantes porque são primeiro conhecidas.

* * *

Pode-se objetar que uma tal ciência não deve absolutamente ser eficaz no plano prático. Mas, justamente, seu objeto primeiro não é de ordem prática. Ela antes corresponde a exigências intelectuais em vez de satisfazer às necessidades.

A verdadeira questão não é saber se o contato de um bico de picanço cura as dores de dente, mas se é possível, de um determinado ponto de vista, fazer "irem juntos" o bico do picanço e o dente do homem (congruência cuja fórmula terapêutica constitui apenas uma aplicação hipotética entre outras), e, através desses agrupamentos de coisas e de seres, introduzir um princípio de ordem no universo. Qualquer que seja a classificação, esta possui uma virtude própria em relação à ausência de classificação. Assim como escreve um teórico moderno da taxionomia:

> Os cientistas suportam a dúvida e o fracasso, porque não podem fazer de outra maneira. Mas a desordem é a única coisa que não podem nem devem tolerar. Todo o objeto da ciência pura é conduzir a seu ponto mais alto e mais consciente a redução do modo caótico de percepção, que começou num plano inferior e provavelmente inconsciente, com a própria origem da vida. Pode-se perguntar, em alguns casos, se o tipo de ordem elaborado é um caráter objetivo dos fenômenos ou um artifício construído pelo cientista.

> Essa questão é constantemente colocada em matéria de taxionomia animal... Entretanto, o postulado fundamental da ciência é que a própria natureza é ordenada... Em sua parte teórica, a ciência se limita a uma ordenação, e... se é verdade que a sistemática consiste em tal ordenação, os termos "sistemática" e "ciência teórica" poderão ser considerados sinônimos (Simpson 1961, p. 5).

Ora, essa exigência de ordem constitui a base do pensamento que denominamos primitivo, mas unicamente pelo fato de que constitui a base de todo pensamento, pois é sob o ângulo das propriedades comuns que chegamos mais facilmente às formas de pensamento que no parecem muito estranhas.

"Cada coisa sagrada deve estar em seu lugar", notava com profundidade um pensador indígena (Fletcher 1904, p. 34). Poder-se-ia mesmo dizer que é isso o que a torna sagrada, pois, se fosse suprimida, mesmo em pensamento, toda a ordem do universo seria destruída; portanto, ela contribui para mantê-la ocupando o lugar que lhe cabe. Os requintes do ritual, que podem parecer dispensáveis quando examinados de fora e superficialmente, explicam-se pelo cuidado com aquilo que se poderia chamar de "microperequação": não deixar escapar nenhum ser, objeto ou aspecto, a fim de lhe assegurar um lugar no interior de uma classe. Nesse sentido, a cerimônia do Hako, dos índios pawnee, só é particularmente reveladora porque foi bem analisada. A invocação que acompanha a travessia de um curso d'água divide-se em várias partes que correspondem respectivamente ao momento em que os viajantes colocam os pés na água, em que os deslocam, em que a água recobre seus pés inteiramente; a invocação ao vento separa os momentos em que o frescor é percebido somente nas partes molhadas do corpo, depois aqui e ali e, enfim, sobre toda a epiderme: "Apenas então podemos prosseguir em segurança" (*id.,* pp. 77-78). Como assinala o informante, "devemos dirigir um encantamento especial a cada coisa que encontramos, pois Tirawa, o espírito supremo, reside em todas as coisas, e tudo aquilo que encontramos no caminho pode nos socorrer... Fomos ensinados a prestar atenção a tudo o que vemos" (*id.,* pp. 73 e 81).

Esse cuidado com a observação exaustiva e com o inventário sistemático das relações e das ligações pode às vezes chegar a resultados de boa postura científica: é o caso dos índios blackfoot, que identificavam a aproximação da primavera pelo grau de desenvolvimento dos fetos de bisão extraídos do ventre das fêmeas mortas na caça. Não se podem, todavia, isolar esses resultados de tantas outras abordagens do mesmo tipo que a ciência considera ilusórias. Mas não seria o pensamento mágico "essa gigantesca variação sobre o tema do princípio da causalidade", diziam Hubert e Mauss (1950, p. 61), menos diferente da ciência por ignorância ou desprezo pelo determinismo do que por uma exigência de determinismo mais imperiosa e mais intransigente, e que a ciência pode, quando muito, julgar insensata e precipitada?

> Considerada como sistema de filosofia natural, ela (*witchcraft*) implica uma teoria das causas: a má sorte é resultado da bruxaria, trabalhando conjuntamente com as forças naturais. Se um homem for chifrado por um búfalo, se um celeiro que teve seus suportes minados pelas térmitas lhe cair sobre a cabeça ou se ele contrair uma meningite cérebro-espinhal, os azande afirmarão que o búfalo, o celeiro ou a doença são causas que se conjugam com a bruxaria para matar o homem. A bruxaria não é responsável pelo búfalo, pelo celeiro ou pela doença, pois eles existem por si mesmos; mas ela o é por essa circunstância particular que os coloca em uma relação destrutiva com determinado indivíduo. O celeiro teria caído de qualquer maneira, mas foi por causa da bruxaria que ele caiu num momento dado em que um dado indivíduo descansava embaixo dele. Dentre todas essas causas, somente a bruxaria admite uma intervenção corretiva, pois somente ela emana de uma pessoa. Não se pode intervir contra o búfalo ou o celeiro. Ainda que sejam reconhecidos como causas, não são significativos no plano das relações sociais (Evans-Pritchard 1955, pp. 418-419).

Desse ponto de vista, a primeira diferença entre magia e ciência seria, portanto, que uma postula um determinismo global e integral enquanto a outra opera distinguindo níveis dos quais apenas alguns admitem formas de determinismo tidas como inaplicáveis a outros níveis. Mas não se poderia ir ainda mais longe e considerar o rigor e a precisão que o pensamento mágico e as práticas rituais testemunham como tradutores de uma apreensão inconsciente da *verdade do determinismo* enquanto modo de existência de fenômenos científicos, de maneira que o determinismo seria globalmente *suposto* e *simulado*, antes de ser *conhecido* e *respeitado*? Os ritos e as crenças mágicas apareceriam então como tantas outras expressões de um ato de fé numa ciência ainda por nascer.

Há mais. Não apenas por sua natureza, essas antecipações podem às vezes ser coroadas de êxito; elas também podem antecipar duplamente; em relação à própria ciência e aos métodos e resultados que a ciência só assimilará num estádio avançado de seu desenvolvimento, se é verdade que o homem enfrentou primeiro o mais difícil, ou seja, a sistematização no plano dos dados sensíveis, aos quais a ciência voltou as costas por muito tempo e que apenas começa a reintegrar em sua perspectiva. Aliás, esse efeito de antecipação produziu-se repetidas vezes na história do pensamento científico; como Simpson (1961, pp. 84-85) o demonstrou com a ajuda de um exemplo tomado de empréstimo à biologia do século XIX, ele é resultado de que – a explicação científica correspondendo sempre à descoberta de uma "ordenação" – toda tentativa desse tipo, mesmo inspirada em princípios não científicos, pode encontrar ordenações verdadeiras. Isso é previsível se se admite que, por definição, o número das estruturas é finito: a "estruturação" possuiria então uma eficácia intrínseca, quaisquer que fossem os princípios e os métodos nos quais ela se inspirasse.

A química moderna reduz a variedade dos sabores e dos perfumes a cinco elementos diversamente combinados: carbono, hidrogênio, oxigênio, enxofre e azoto. Formando tabelas de presença e ausência, calculando as doses e os limites, ela chega a dar conta de diferenças e semelhanças entre qualidades que ela outrora banira de seu domínio como "secundárias". Mas essas aproximações e distinções não surpreendem o sentimento estético, antes o enriquecem e esclarecem, criando associações de que já suspeitava, e, portanto, pode-se compreender melhor por que e em que condições um exercício constante apenas de intuição já teria permitido descobri-las; assim, a fumaça do tabaco pode ser, para uma lógica da sensação, a intersecção de dois grupos: um que compreende também a carne grelhada e a crosta escura do pão (que, como ela, são compostos de azoto), outro do qual fazem parte o queijo, a cerveja e o mel, em virtude da presença do diacetil. A cereja selvagem, a canela, a baunilha e o vinho de Xerez formam um grupo não mais apenas sensível mas inteligível, pois todos contêm aldeído, enquanto os odores aparentados do chá-do-canadá (*winter-green*), da lavanda e da banana são explicados pela presença de ésteres. Somente a intuição incitaria a agrupar a cebola, o alho, a couve, o nabo, o rabanete e a mostarda, enquanto a botânica separa as liliáceas das crucíferas. Justificando o testemunho da sensibilidade, a química demonstra que essas famílias estranhas se juntam num outro plano:

elas contêm enxofre (K., W. 1948). Um filósofo primitivo ou um poeta teria podido trabalhar com esses reagrupamentos, inspirando-se em considerações estranhas à química ou a qualquer outra forma de ciência; a literatura etnográfica revela uma quantidade delas cujo valor empírico e estético não é menor. Ora, isto não é apenas o efeito de um frenesi associativo às vezes fadado ao sucesso por um simples jogo da sorte. Mais inspirado que na passagem citada anteriormente, em que ele adianta essa interpretação, Simpson demonstrou que a exigência de organização é uma necessidade comum à arte e à ciência e, consequentemente, "a taxionomia, ordenadora por excelência, possui um valor estético eminente" (*l.c.*, p. 4). Então, causará menos espanto que o senso estético reduzido a seus próprios recursos possa abrir caminho à taxionomia e mesmo antecipar alguns de seus resultados.

* * *

Entretanto, não voltamos à tese vulgar (e aliás inadmissível, na perspectiva estreita em que se coloca) segundo a qual a magia seria uma forma tímida e balbuciante da ciência, pois privar-nos-íamos de todos os meios de compreender o pensamento mágico se pretendêssemos reduzi-lo a um momento ou a uma etapa da evolução técnica e científica. Mais uma sombra que antecipa seu corpo, num certo sentido ela é completa como ele, tão acabada e coerente em sua imaterialidade quanto o ser sólido por ela simplesmente precedido. O pensamento mágico não é uma estreia, um começo, um esboço, a parte de um todo ainda não realizado; ele forma um sistema bem articulado; independente, nesse ponto, desse outro sistema que constitui a ciência, salvo a analogia formal que os aproxima e que faz do primeiro uma espécie de expressão metafórica do segundo. Portanto, em lugar de opor magia e ciência, seria melhor colocá-las em paralelo, como dois modos de conhecimento desiguais quanto aos resultados teóricos e práticos (pois, desse ponto de vista, é verdade que a ciência se sai melhor que a magia, no sentido de que algumas vezes ela também tem êxito), mas não devido à espécie de operações mentais que ambas supõem e que diferem menos na natureza que na função dos tipos de fenômeno aos quais são aplicadas.

Com efeito, essas relações decorrem das condições objetivas em que aparecem o conhecimento mágico e o conhecimento científico. A história deste último é bastante curta para que estejamos bem informados a seu respeito; mas o fato de que a ciência moderna remonta somente a alguns séculos coloca um problema sobre o qual os etnólogos ainda não refletiram suficientemente: o nome de *paradoxo neolítico* lhe conviria perfeitamente.

Foi no período neolítico que se confirmou o domínio do homem sobre as grandes artes da civilização: cerâmica, tecelagem, agricultura e domesticação de animais. Hoje ninguém mais pensaria em explicar essas conquistas imensas pela acumulação fortuita de uma série de achados feitos por acaso ou revelados pelo espetáculo passivamente registrado de determinados fenômenos naturais.[3]

Cada uma dessas técnicas supõe séculos de observação ativa e metódica, hipóteses ousadas e controladas, a fim de rejeitá-las ou confirmá-las através de experiências incansavelmente repetidas. Notando a rapidez com que as plantas originárias do Novo Mundo foram aclimatadas nas Filipinas, adotadas e nomeadas pelos indígenas que, em muitos casos, parecem mesmo ter redescoberto seus usos medicinais, rigorosamente paralelos àqueles que eram tradicionais no México, um biólogo interpreta o fenômeno da seguinte maneira:

> As plantas cujas folhas ou hastes têm um sabor amargo são correntemente empregadas nas Filipinas contra as dores de estômago. Toda planta introduzida que tiver a mesma característica será rapidamente experimentada. Por fazer constantemente experiências com plantas é que a maior parte das populações filipinas aprende rapidamente a conhecer, em função das categorias de sua própria cultura, os usos possíveis das plantas importadas (Fox 1953, pp. 212-213).

Para transformar uma erva silvestre em planta cultivada, uma besta selvagem em animal doméstico, para fazer aparecer em uma ou em outra propriedades alimentares ou tecnológicas que, em sua origem, estavam

---

3. Procurou-se saber o que aconteceria se um minério de cobre fosse acidentalmente misturado a uma lareira: experiências múltiplas e variadas estabeleceram que nada aconteceria. O procedimento mais simples a que se chegou para obter metal fundido consiste em aquecer intensamente a malaquita finamente pulverizada numa taça de cerâmica coberta por um vaso virado. Esse único resultado já faz prisioneiro o acaso no recinto do forno de algum oleiro especializado em louça vidrada (Coghlan 1940).

completamente ausentes ou apenas podiam ser suspeitadas; para fazer de uma argila instável prestes a esfarelar-se, a se pulverizar ou a rachar uma cerâmica sólida e vedada (mas somente com a condição de ter determinado, dentre uma multidão de materiais orgânicos e inorgânicos, o mais adequado para servir de detergente, assim como o combustível conveniente, a temperatura e o tempo de cozimento, o grau de oxidação eficaz); para elaborar técnicas, muitas vezes longas e complexas, que permitem cultivar sem terra ou sem água; para transformar grãos ou raízes tóxicas em alimentos ou ainda utilizar essa toxicidade para a caça, a guerra ou o ritual, não duvidemos de que foi necessária uma atitude de espírito verdadeiramente científico, uma curiosidade assídua e sempre alerta, uma vontade de conhecer pelo prazer de conhecer, pois apenas uma pequena fração das observações e experiências (sobre as quais é preciso supor que tenham sido inspiradas antes e sobretudo pelo gosto do saber) podia fornecer resultados práticos e imediatamente utilizáveis. E ainda deixamos de lado a metalurgia do bronze e do ferro, a dos metais preciosos e mesmo o simples trabalho de martelagem do cobre nativo, que precedeu de alguns milênios a metalurgia, todos exigindo já uma competência técnica muito avançada.

O homem do neolítico ou da proto-história foi, portanto, o herdeiro de uma longa tradição científica; contudo, se o espírito que o inspirava, assim como a todos os seus antepassados, fosse exatamente o mesmo que o dos modernos, como poderíamos entender que ele tenha *parado* e que muitos milênios de estagnação se intercalem, como um patamar, entre a revolução neolítica e a ciência contemporânea? O paradoxo admite apenas uma solução: é que existem dois modos diferentes de pensamento científico, um e outro funções, não certamente estádios desiguais do desenvolvimento do espírito humano, mas dois níveis estratégicos em que a natureza se deixa abordar pelo conhecimento científico – um aproximadamente ajustado ao da percepção e ao da imaginação, e outro deslocado; como se as relações necessárias, objeto de toda ciência, neolítica ou moderna, pudessem ser atingidas por dois caminhos diferentes: um muito próximo da intuição sensível e outro mais distanciado.

Toda classificação é superior ao caos, e mesmo uma classificação no nível das propriedades sensíveis é uma etapa em direção a uma ordem racional. Se nos pedem para classificar uma coleção de frutas variadas em corpos relativamente mais pesados e relativamente mais leves, será legítimo começar separando as peras das maçãs, ainda que a forma, a cor e o sabor não tenham relação com o peso e o volume; isso porque, entre as maçãs, é mais fácil distinguir as maiores das menores do que se as maçãs continuassem misturadas às frutas de aspecto diferente. Por este exemplo já se pode ver que, mesmo no plano da percepção estética, a classificação tem seu mérito.

Por outro lado, se bem que não haja ligação necessária entre as qualidades sensíveis e as propriedades, existe pelo menos uma relação de fato num grande número de casos, e a generalização dessa relação, mesmo sem base na razão, pode, durante muito tempo, ser uma operação teórica e praticamente satisfatória. Nem todos os sucos tóxicos são ardentes ou amargos, e a recíproca não é mais verdadeira; entretanto, a natureza é feita de maneira a ser mais vantajoso para a ação e o pensamento agir como se uma equivalência que satisfaz o sentimento estético correspondesse também a uma realidade objetiva. Sem que nos caiba aqui pesquisar por que, é provável que espécies dotadas de alguma característica digna de nota, como forma, cor ou cheiro, deem ao observador o que se poderia chamar de "direito de seguir", ou seja, o de postular que essas características visíveis sejam o índice de propriedades igualmente singulares porém ocultas. Admitir que a própria relação entre as duas seja sensível (que um grão em forma de dente proteja contra as mordidas de cobra, que um suco amarelo seja específico para distúrbios biliares etc.), a título provisório, vale mais que a indiferença a qualquer ligação, pois a classificação, mesmo heteróclita e arbitrária, preserva a riqueza e a diversidade do inventário; decidir que é preciso levar tudo em conta facilita a constituição de uma "memória".

Ora, é fato que métodos desse tipo podiam levar a certos resultados indispensáveis para que o homem pudesse abordar a natureza de um outro ponto de vista. Longe de serem, como muitas vezes se pretendeu, obra de uma "função fabuladora" que volta as costas à realidade, os mitos e os ritos oferecem como valor principal a ser preservado até hoje, de forma residual, modos de observação e de reflexão que foram (e sem dúvida permanecem) exatamente adaptados a descobertas de tipo determinado: as que a natureza autorizava, a partir da organização e da exploração especulativa do mundo sensível em termos de sensível. Essa ciência do concreto devia ser, por essência, limitada a outros resultados além dos prometidos às ciências exatas e naturais, mas ela não foi menos científica, e seus resultados não foram menos reais. Assegurados dez mil anos antes dos outros, são sempre o substrato de nossa civilização.

* * *

Aliás, subsiste entre nós uma forma de atividade que, no plano técnico, permite conceber perfeitamente aquilo que, no plano da especulação, pôde ser uma ciência que preferimos antes chamar de "primeira" que de primitiva: é aquela comumente designada pelo termo *bricolage*.* Em sua acepção antiga, o verbo *bricoler* aplica-se ao jogo de pela e de bilhar, à caça e à equitação, mas sempre para evocar um movimento incidental: o da pela que salta muitas vezes, do cão que corre ao acaso, do cavalo que se desvia da linha reta para evitar um obstáculo. E, em nossos dias, o *bricoleur* é aquele que trabalha com suas mãos, utilizando meios indiretos se comparados com os do artista. Ora, a característica do pensamento mítico é a expressão auxiliada por um repertório cuja composição é heteróclita e que, mesmo sendo extenso, permanece limitado; entretanto, é necessário que o utilize, qualquer que seja a tarefa proposta, pois nada mais tem à mão. Ele se apresenta, assim, como uma espécie de *bricolage* intelectual, o que explica as relações que se observam entre ambos.

Assim como o *bricolage*, no plano técnico, a reflexão mítica pode alcançar, no plano intelectual, resultados brilhantes e imprevistos. Reciprocamente, muitas vezes se notou o caráter mitopoético do *bricolage*; seja no plano da arte chamada "bruta" ou "ingênua", na arquitetura fantástica

---

* Para melhor acompanhar o autor em suas considerações sobre o pensamento mítico, mantivemos nesta tradução os termos *bricoler*, *bricoleur* e *bricolage* que, no seu sentido atual, exemplificam, com grande felicidade, o *modus operandi* da reflexão mitopoética. O *bricoleur* é o que executa um trabalho usando meios e expedientes que denunciam a ausência de um plano preconcebido e se afastam dos processos e normas adotados pela técnica. Caracteriza-o especialmente o fato de operar com materiais fragmentários já elaborados, ao contrário, por exemplo, do engenheiro que, para dar execução ao seu trabalho, necessita da matéria-prima. (Nota de Almir de Oliveira Aguiar e M. Celeste da Costa e Souza, tradutores da 1ª edição pela Ed. Nacional.)

da casa de campo do carteiro Cheval, nos cenários de Georges Méliès ou ainda naquele imortalizado por *As grandes esperanças* de Dickens, sem nenhuma dúvida de início inspirado na observação do "castelo" suburbano de Mr. Wemmick, com sua miniatura de ponte-levadiça, seu canhão saudando as nove horas e seu canteiro de alfaces e pepinos, graças ao qual os moradores poderiam sustentar um cerco, se preciso...

A comparação merece ser aprofundada, pois permite melhor acesso às relações reais entre os dois tipos de conhecimento científico que distinguimos. O *bricoleur* está apto a executar um grande número de tarefas diversificadas, porém, ao contrário do engenheiro, não subordina nenhuma delas à obtenção de matérias-primas e de utensílios concebidos e procurados na medida de seu projeto: seu universo instrumental é fechado, e a regra de seu jogo é sempre arranjar-se com os "meios-limites", isto é, um conjunto sempre finito de utensílios e de materiais bastante heteróclitos, porque a composição do conjunto não está em relação com o projeto do momento nem com nenhum projeto particular, mas é o resultado contingente de todas as oportunidades que se apresentaram para renovar e enriquecer o estoque ou para mantê-lo com os resíduos de construções e destruições anteriores. O conjunto de meios do *bricoleur* não é, portanto, definível por um projeto (o que suporia, aliás, como com o engenheiro, a existência tanto de conjuntos instrumentais quanto de tipos de projeto, pelo menos em teoria); ele se define apenas por sua instrumentalidade e, para empregar a própria linguagem do *bricoleur*, porque os elementos são recolhidos ou conservados em função do princípio de que "isso sempre pode servir". Tais elementos são, portanto, semiparticularizados: suficientemente para que o *bricoleur* não tenha necessidade do equipamento e do saber de todos os elementos do *corpus*, mas não o bastante para que cada elemento se restrinja a um emprego exato e determinado. Cada elemento representa um conjunto de relações ao mesmo tempo concretas e virtuais; são operações, porém, utilizáveis em função de quaisquer operações dentro de um tipo.

Da mesma forma, os elementos da reflexão mítica estão sempre situados a meio-caminho entre perceptos e conceitos. Seria impossível extrair os primeiros da situação concreta em que apareceram, enquanto recorrer aos segundos exigiria que o pensamento pudesse, pelo menos provisoriamente, colocar seus projetos entre parênteses.

Ora, existe um intermediário entre a imagem e o conceito: é o signo, desde que sempre se pode defini-lo da forma inaugurada por Saussure a respeito dessa categoria particular que formam os signos linguísticos, como um elo entre uma imagem e um conceito, que, na união assim estabelecida, desempenham respectivamente os papéis de significante e significado.

Assim como a imagem, o signo é um ser concreto, mas assemelha-se ao conceito por seu poder referencial: um e outro não se referem exclusivamente a si mesmos; além de si próprios, podem substituir outra coisa. Todavia, nesse sentido, o conceito possui uma capacidade ilimitada, enquanto a do signo é limitada. A diferença e a semelhança ficam bem ressaltadas com o exemplo do *bricoleur*. Observemo-lo no trabalho: mesmo estimulado por seu projeto, seu primeiro passo prático é retrospectivo, ele deve voltar-se para um conjunto já constituído, formado por utensílios e materiais, fazer ou refazer seu inventário, enfim e sobretudo, entabular uma espécie de diálogo com ele, para listar, antes de escolher, entre elas, as respostas possíveis que o conjunto pode oferecer ao problema colocado. Ele interroga todos esses objetos heteróclitos que constituem seu tesouro,[4] a fim de compreender o que cada um deles poderia "significar", contribuindo assim para definir um conjunto a ser realizado, que no final será diferente do conjunto instrumental apenas pela disposição interna das partes. Este cubo de carvalho pode ser um calço, para suprir a insuficiência de uma tábua de abeto, ou ainda um soco, o que permitiria realçar a aspereza e a polidez da velha madeira. Num caso, ele será extensão, no outro, matéria. Mas essas possibilidades são sempre limitadas pela história particular de cada peça e por aquilo que nela subsiste de predeterminado, devido ao uso original para o qual foi concebida ou pelas adaptações que sofreu em virtude de outros empregos. Assim como as unidades constitutivas do mito, cujas combinações possíveis são limitadas pelo fato de serem tomadas de empréstimo à língua, onde já possuem um sentido que restringe sua liberdade de ação, os elementos que o *bricoleur* coleciona e utiliza são "pré-limitados" (Lévi-Strauss 1960b, p. 35). Por outro lado, a decisão depende da possibilidade de permutar um outro elemento na posição vacante, se bem que cada escolha acarretará uma reorganização completa da estrutura que jamais será igual àquela vagamente sonhada nem a uma outra que lhe poderia ter sido preferida.

---

4. "Tesouro de ideias", dizem admiravelmente da magia Hubert e Mauss (1950, p. 136).

Sem dúvida, o engenheiro também interroga, desde que, para ele, a existência de um "interlocutor" é resultado de que seus meios, seu poder e seus conhecimentos não são nunca ilimitados e que, sob essa forma negativa, esbarra numa resistência com a qual lhe é indispensável transigir. Poderíamos ser tentados a dizer que ele interroga o universo, ao passo que o *bricoleur* se volta para uma coleção de resíduos de obras humanas, ou seja, para um subconjunto da cultura. Aliás, a teoria da informação demonstra como é possível, e muitas vezes útil, reduzir as diligências do físico a uma espécie de diálogo com a natureza, o que atenuaria a distinção que tentamos esboçar. Entretanto, sempre subsistirá uma diferença, mesmo se se leva em conta o fato de que o cientista dialoga não com a natureza pura, mas com um determinado estado da relação entre a natureza e a cultura definível pelo período da história no qual ele vive, pela civilização que é a sua e pelos meios materiais de que dispõe. Tanto quanto o *bricoleur*, posto em presença de uma dada tarefa, ele não pode fazer qualquer coisa, ele também deverá começar inventariando um conjunto predeterminado de conhecimentos teóricos e práticos e de meios técnicos que limitam as soluções possíveis.

A diferença, portanto, não é tão absoluta quanto seríamos tentados a imaginar; entretanto, permanece real na medida em que, em relação a essas limitações que resumem um estado da civilização, o engenheiro sempre procura abrir uma passagem e situar-se *além*, ao passo que o *bricoleur*, de bom ou mau grado, permanece *aquém*, o que é uma outra forma de dizer que o primeiro opera através de conceitos, e o segundo, através de signos. No eixo de oposição entre natureza e cultura, os conjuntos dos quais ambos se servem estão perceptivelmente deslocados. Com efeito, pelo menos uma das maneiras pelas quais o signo se opõe ao conceito está ligada a que o segundo se pretende integralmente transparente em relação à realidade, enquanto o primeiro aceita, exige mesmo, que uma certa densidade de humanidade seja incorporada ao real. Segundo a expressão vigorosa e dificilmente traduzível de Peirce: *It addresses somebody.*

Poder-se-ia, portanto, dizer que tanto o cientista quanto o *bricoleur* estão à espreita de mensagens, mas, para o *bricoleur*, trata-se de mensagens de alguma forma pré-transmitidas e que ele coleciona: como os códigos comerciais que, condensando a experiência passada da profissão, permitem enfrentar economicamente todas as situações novas (porém com a condição de que elas pertençam à mesma classe que as antigas); já o homem de ciência, engenheiro ou físico, antecipa sempre a *outra mensagem* que poderia ser arrancada a um interlocutor, apesar de sua relutância em se pronunciar a respeito de questões cujas respostas não foram dadas anteriormente. O conceito aparece assim como o operador de uma *abertura* do conjunto com o qual se trabalha, sendo a significação o operador de sua *reorganização:* ela não o aumenta nem o renova, limitando-se a obter o grupo de suas transformações.

A imagem não pode ser a ideia, mas ela pode desempenhar o papel de signo ou, mais exatamente, coabitar com a ideia no interior de um signo; e, se a ideia ainda não está lá, respeitar seu futuro lugar e fazer-lhe aparecer negativamente os contornos. A imagem é fixa, está ligada de forma unívoca ao ato de consciência que a acompanha; mas se o signo e a imagem tornada significante ainda não têm compreensão, ou seja, se lhes faltam relações simultâneas e teoricamente ilimitadas com outros seres do mesmo tipo (o que é privilégio do conceito), já são *permutáveis*, isto é, suscetíveis de manter relações sucessivas com outros seres, se bem que em número limitado, e, como se viu, em condições de formar sempre um sistema no qual uma modificação que afete um elemento interessará automaticamente a todos os outros: nesse plano a extensão e a compreensão dos lógicos existem não como dois aspectos distintos e complementares, mas como realidade solidária. Compreende-se, assim, que o pensamento mítico, se bem que aprisionado pelas imagens, já possa ser generalizada e, portanto, científico; ele trabalha também por analogias e aproximações, mesmo que, como no caso do *bricolage*, suas criações se reduzam sempre a um arranjo novo de elementos cuja natureza só é modificada à medida que figurem no conjunto instrumental ou na disposição final (que, salvo pela disposição interna, formam sempre o mesmo objeto): "Dir-se-ia que os universos mitológicos estão destinados a ser desmantelados assim que formados, para que novos universos possam nascer de seus fragmentos" (Boas 1898, p. 18). Essa observação profunda, entretanto, negligencia que, nessa incessante reconstrução com o auxílio dos mesmos materiais, são sempre os antigos fins os chamados a desempenhar o papel de meios: os significados se transformam em significantes, e vice-versa.

Essa fórmula, que poderia servir de definição para o *bricolage*, explica que, para a reflexão mítica, a totalidade dos meios disponíveis deve estar também implicitamente inventariada ou concebida, para que se possa definir um resultado que sempre será um compromisso entre a estrutura do conjunto e a do projeto. Uma vez realizado, isto estará portanto inevitavelmente deslocado em relação à intenção inicial (aliás, simples esquema), efeito que os surrealistas denominaram, com felicidade, "acaso objetivo". Há mais, porém: a poesia do *bricolage* lhe advém, também e sobretudo, do fato de que não se limita a cumprir ou executar, ele não "fala" apenas com as coisas, como já demonstramos, mas também através das coisas: narrando, através das escolhas que faz entre possíveis limitados, o caráter e a vida de seu autor. Sem jamais completar seu projeto, o *bricoleur* sempre coloca nele alguma coisa de si.

Também sob este ponto de vista, a reflexão mítica aparece como uma forma intelectual de *bricolage*. Toda a ciência foi construída sobre a diferenciação do contingente e do necessário, que é também a do fato e da estrutura. As qualidades que reivindicava como suas, no nascimento, eram precisamente aquelas que, não fazendo parte em absoluto da experiência vivida, permaneciam exteriores e como que estranhas aos fatos: esse é o sentido da noção de qualidades primeiras. Ora, é peculiar ao pensamento mítico, assim como ao *bricolage* no plano prático, a elaboração de conjuntos estruturados não diretamente com outros conjuntos estruturados,[5] mas utilizando resíduos e fragmentos de fatos – *odds and ends*, diria o inglês ou, em francês, *des bribes et des morceaux* –, testemunhos fósseis da história de um indivíduo ou de uma sociedade. Num certo sentido, inverte-se a relação entre diacronia e sincronia: o pensamento mítico, esse *bricoleuse*, elabora estruturas organizando os fatos ou os resíduos dos fatos,[6] ao passo que a ciência, "em marcha" a partir de sua própria instauração, cria seus meios e seus resultados sob a forma de fatos, graças às estruturas que fabrica sem cessar e que são suas hipóteses e teorias. Mas não nos enganemos com isso: não se trata de dois estágios ou de duas fases da evolução do saber, pois os dois andamentos

5. O pensamento mítico edifica conjuntos estruturados através de um conjunto estruturado que é a linguagem; mas não é no nível da estrutura que ele se apodera dela, pois constrói seus palácios ideológicos com os restos de um discurso social antigo.
6. O *bricolage* também opera com qualidades "secundárias"; cf. o inglês *second hand*, de segunda mão, de ocasião.

são igualmente válidos. Já a física e a química aspiram a tornarem-se qualitativas, ou seja, a dar conta também das qualidades secundárias que, quando forem explicadas, tornar-se-ão modos de explicação; e talvez a biologia marque passo esperando por isso, para poder, ela própria, explicar a vida. Por outro lado, o pensamento mítico não é apenas o prisioneiro de fatos e de experiências que incansavelmente põe e dispõe a fim de lhes descobrir um sentido; ele é também liberador, pelo protesto que coloca contra a falta de sentido com o qual a ciência, em princípio, se permitiria transigir.

* * *

Por várias vezes, as considerações anteriores fizeram aflorar o problema da arte, e talvez se pudesse, rapidamente, indicar como, nesta perspectiva, a arte se insere a meio caminho entre o conhecimento científico e o pensamento mítico ou mágico, pois todo mundo sabe que o artista tem, ao mesmo tempo, algo do cientista e do *bricoleur:* com meios artesanais, ele elabora um objeto material que é também um objeto de conhecimento. Nós diferenciamos o cientista e o *bricoleur* pelas funções inversas que, na ordem instrumental e final, eles atribuem ao fato e à estrutura, um criando fatos (mudar o mundo) através de estruturas, o outro criando estruturas através de fatos (fórmula inexata, pois peremptória, mas que nossa análise pode permitir matizar).

Observemos agora este retrato de mulher, de Clouet, e interroguemo-nos sobre as razões da tão profunda emoção estética que parece inexplicavelmente provocar a reprodução, fio a fio, de um colarinho de renda em meticuloso *trompe l'oeil* (prancha 1).

O exemplo de Clouet não vem por acaso, pois se sabe que ele gostava de pintar em proporções menores que as da natureza; seus quadros são, portanto, como os jardins japoneses, os carros em miniatura e os barcos dentro de garrafas o que, em linguagem de *bricoleur*, denominam-se "modelos reduzidos". Ora, a questão que se coloca é saber se o modelo reduzido, que é também a "obra-prima" do companheiro, não oferece, sempre e por toda parte, o tipo exato de obra de arte. Pois parece que todo modelo reduzido tem vocação estética (e de onde tiraria essa virtude constante, a não ser de suas próprias dimensões?); inversamente, a imensa maioria das obras de arte é formada de modelos reduzidos. Poder-se-ia crer que essa característica se prende, de início, a uma preocupação com a economia relacionada com meios e materiais e invocar como apoio a essa interpretação obras incontestavelmente artísticas ainda que monumentais. É necessário, ainda, que nos detenhamos nas definições: as pinturas da Capela Sixtina são um modelo reduzido, a despeito de suas dimensões imponentes, pois o tema que ilustram é o do fim dos tempos.

Ocorre o mesmo com o simbolismo cósmico dos monumentos religiosos. Por outro lado, pode-se perguntar se o efeito estético de uma estátua equestre maior que o natural provém do fato de ela elevar um homem às dimensões de um rochedo e não de reduzir às proporções de um homem, o que, no início, é percebido de longe como um rochedo. Enfim, mesmo o "tamanho natural supõe o modelo reduzido, pois que a transposição gráfica ou plástica implica sempre uma renúncia a certas dimensões do objeto: em pintura, o volume; as cores, os cheiros, as impressões táteis, até na escultura; e, nos dois casos, a dimensão temporal, pois a totalidade da obra figurada é apreendida num instante.

Que virtude está portanto ligada à redução, quer seja de escala, quer afete as propriedades? Parece que ela está ligada a uma espécie de inversão do processo de conhecimento: para conhecer o objeto real em sua totalidade, sempre tivemos tendência a proceder começando das partes. Dividindo-a, quebramos a resistência que ela nos opõe. A redução da escala inverte essa situação: quanto menor o objeto, menos temível parece sua totalidade; por ser quantitativamente diminuído, ele nos parece qualitativamente simplificado. Mais exatamente, essa transposição quantitativa aumenta e diversifica nosso poder sobre um homólogo da coisa; através dela, este pode ser tomado, sopesado na mão, apreendido de uma só mirada. A boneca da criança não é mais um adversário, um rival ou mesmo um interlocutor; nela e por ela a pessoa se transforma em sujeito. Inversamente ao que se passa quando procuramos conhecer uma coisa ou um ser em seu tamanho real, com o modelo reduzido o *conhecimento do todo precede o das partes.* E, mesmo que isso seja uma ilusão, a razão desse procedimento é criar ou manter essa ilusão, que gratifica a inteligência e a sensibilidade de um prazer que, nessa base apenas, já pode ser chamado de prazer estético.

Até este ponto, temos encarado apenas considerações de escala, as quais, como vimos, implicam uma relação dialética entre tamanho – vale dizer quantidade – e qualidade. Mas o modelo reduzido possui um atributo suplementar: ele é construído, *man made*, e, mais que isso, "feito à mão". Não é, portanto, uma simples projeção, um homólogo passivo do objeto: constitui uma verdadeira experiência sobre o objeto. Ora, na medida em que o modelo é artificial, torna-se possível compreender como ele é feito, e essa apreensão do modo de fabricação acrescenta uma dimensão suplementar a seu ser. Além do mais – nós o vimos a respeito do *bricolage*, mas o exemplo das "maneiras" dos pintores mostra que também é verdadeiro para a arte –, o problema sempre comporta várias soluções. Como a escolha de uma solução acarreta uma modificação do resultado a que uma outra solução teria conduzido, o que está virtualmente dado é o quadro geral dessas permutas, ao mesmo tempo que a solução específica oferecida ao olhar do espectador, dessa maneira – mesmo sem saber – transformado em agente. Unicamente pela contemplação, o espectador é, se se pode dizê-lo, introduzido na posse de outras modalidades possíveis da mesma obra, das quais confusamente ele se sente melhor criador que o próprio criador que as abandonou, excluindo-as de sua criação; e essas modalidades formam muitas outras perspectivas suplementares, abertas sobre a obra atualizada. Dito de outra maneira, a virtude intrínseca do modelo reduzido é que ele compensa a renúncia às dimensões sensíveis pela aquisição de dimensões inteligíveis.

Voltemos agora ao colarinho de rendas, no quadro de Clouet. Tudo o que acabamos de dizer aplica-se a ele, pois, para representá-lo sob a forma de projeção num espaço de propriedades cujas dimensões sensíveis são menores e menos numerosas que o do objeto, foi necessário proceder de maneira simétrica e inversa de como o teria feito a ciência, se essa se tivesse proposto, como é sua função, produzir – ao invés de reproduzir – não apenas um novo ponto da renda no lugar de um ponto já conhecido, mas também uma renda verdadeira no lugar de uma renda figurada. Com efeito, a ciência teria trabalhado em escala real, mas por meio da invenção de um ofício, enquanto a arte trabalha em escala reduzida, tendo como fim uma imagem homóloga do objeto. O primeiro procedimento é da ordem da metonímia; ela substitui um ser por um outro ser, um efeito por sua causa, ao passo que o segundo é da ordem da metáfora.

Isso não é tudo. Se é verdade que a relação de prioridade entre estrutura e fato se manifesta de maneira simétrica e inversa na ciência e no *bricolage*, é claro que, também desse ponto de vista, a arte ocupa uma posição intermediária. Mesmo se a figuração de um colarinho de renda num modelo reduzido implica, como demonstramos, um conhecimento interno de sua morfologia e de sua técnica de fabricação (e, se se tratasse de uma representação humana ou animal, teríamos dito: da anatomia e das posturas), ela não se reduz a um diagrama ou a uma tabela de tecnologia, ela realiza a síntese das propriedades intrínsecas e das que dependem de um contexto espacial e temporal. O resultado é o colarinho de renda absolutamente como é, mas também tal como, no mesmo instante, sua aparência é afetada pela perspectiva em que se apresenta, colocando em evidência determinadas partes e escondendo outras cuja existência, entretanto, continua a influir sobre o resto: pelo contraste entre sua brancura e as cores das outras peças do vestuário, o reflexo do pescoço nacarado que ele circunda e o do céu de um dia e de um momento; também pelo que ele significa como enfeite banal ou de aparato, trazido – novo ou usado, passado há pouco ou amarrotado por uma mulher comum ou por uma rainha, cuja fisionomia confirma, anula ou qualifica sua condição, num ambiente, numa sociedade, em uma região do mundo, um período da história... Sempre a meio-caminho entre o esquema e a anedota, o gênio do pintor consiste em unir conhecimento interno e externo, ser e devir; em produzir com seu pincel um objeto que não existe como objeto e que, todavia, sabe criar sobre a tela: síntese exatamente equilibrada de uma ou de várias estruturas artificiais e naturais e de um ou vários fatos naturais e sociais. A emoção estética provém dessa união instaurada no âmago de uma coisa criada pelo homem e, portanto, também virtualmente pelo espectador que lhe descobre a possibilidade, através da obra de arte, entre a ordem da estrutura e a ordem do fato.

Esta análise leva a várias observações. Em primeiro lugar, ela permite compreender melhor por que os mitos nos aparecem simultaneamente como sistemas de relações abstratas e como objetos de contemplação estética; com efeito, o ato criador que engendra o mito é inverso e simétrico àquele que se encontra na origem da obra de arte. Nesse último caso, parte-se de um conjunto, formado por um ou vários objetos e por um ou vários fatos, ao qual a criação estética confere um caráter de totalidade, por colocar em evidência uma estrutura comum. O mito percorre o mesmo caminho, mas num outro sentido: ele usa uma estrutura para produzir um objeto absoluto que ofereça o aspecto de um conjunto de fatos (pois que todo mito conta uma história). A arte procede, então, a partir de um conjunto (objeto + fato) e vai *à descoberta* de sua estrutura; o mito parte de uma estrutura por meio da qual empreende a *construção* de um conjunto (objeto + fato).

Se essa primeira observação nos leva a generalizar nossa interpretação, a segunda nos levaria antes a restringi-la. É verdade que toda obra de arte consiste em uma integração da estrutura e do fato? Parece que não se pode dizer nada disso dessa clava *haida* de cedro para abater peixe, que eu vejo colocada numa prateleira de minha biblioteca, enquanto escrevo estas linhas (prancha 2). O artista que a esculpiu em forma de monstro marinho desejou que o corpo do instrumento se confundisse com o corpo do animal, o cabo com a cauda, e que as proporções anatômicas, atribuídas a uma criatura fabulosa, fossem tais, que o objeto pudesse *ser* o animal cruel, matador de vítimas impotentes, ao mesmo tempo que uma arma de pesca bem equilibrada, manejada com desembaraço pelo homem e da qual ele obtém resultados eficazes. Assim, tudo parece estrutural nesse utensílio, que é também uma maravilhosa obra de arte: tanto seu simbolismo mítico quanto sua função prática. Mais exatamente, o objeto, sua função e seu símbolo parecem dobrados um sobre o outro, formando um sistema fechado em que o fato não tem nenhuma chance de se introduzir. A posição, o aspecto e a expressão do monstro nada devem às circunstâncias históricas nas quais o artista pôde percebê-lo "em carne e osso", sonhá-lo ou conceber-lhe a ideia. Dir-se-ia, antes, que seu ser imutável está definitivamente fixado numa matéria lenhosa cuja textura muito fina permite traduzir todos os seus aspectos e num uso ao qual sua forma empírica parece predestiná-lo. Ora, tudo aquilo que acaba de ser dito de um objeto particular vale também para outros produtos da arte primitiva: uma estátua africana, uma máscara melanésia... Não teríamos, portanto, definido apenas uma forma histórica e local da criação estética, acreditando atingir não apenas suas propriedades fundamentais, mas também aquelas pelas quais sua relação inteligível se estabelece com outros modos de criação?

Acreditamos que para suplantar essa dificuldade seja suficiente ampliar nossa interpretação. O que a propósito de um quadro de Clouet tínhamos provisoriamente definido como um fato ou um conjunto de fatos aparece-nos agora sob um ângulo mais geral: o fato nada mais é que um modo da contingência, cuja integração (percebida como necessária) a uma estrutura instaura a emoção estética, qualquer que seja o tipo de arte em questão. De acordo com o estilo, o lugar e a época, essa contingência manifesta-se sob três aspectos diferentes ou em três momentos distintos da criação artística (que, aliás, podem acumular-se): ela está situada no nível da ocasião, da execução ou da finalidade. Apenas no primeiro caso a contingência assume a forma de um fato, isto é, uma contingência exterior e anterior ao ato criador. O artista a apreende de fora: uma atitude, uma expressão, uma iluminação, uma situação, das quais ele capta a relação sensível e inteligível com a estrutura do objeto que essas modalidades afetam e que ele incorpora a sua obra. Mas também é possível que a contingência se manifesta a título intrínseco, no decorrer da execução: no tamanho ou na forma do pedaço de madeira de que dispõe o escultor, no sentido das fibras, na qualidade da textura, na imperfeição dos instrumentos de que ele se serve, nas resistências que a matéria lhe opõe, ou no projeto, no trabalho em vias de finalização, nos incidentes imprevisíveis que surgirão no decorrer da operação. Enfim, a contingência pode ser extrínseca, como no primeiro caso, mas posterior (e não mais anterior) ao ato de criação; é o que acontece cada vez que a obra se destina a um emprego determinado, pois que o artista elaborará sua obra em função das modalidades e das fases virtuais de seu emprego futuro (e, portanto, colocando-se consciente ou inconscientemente no lugar do usuário).

Consequentemente, de acordo com os casos, o processo de criação artística consistirá, no quadro imutável de um confronto entre a estrutura e o acidente, em buscar o diálogo, seja com o *modelo*, seja com a *matéria*, seja com o *usuário*, levando em conta este ou aquele cuja mensagem o trabalho do artista antecipa. *Grosso modo*, cada eventualidade corresponde a um tipo de arte fácil de determinar: a primeira, às artes plásticas do Ocidente; a segunda, às artes ditas primitivas ou de épocas remotas; a terceira, às artes aplicadas. Mas seria excessivamente simplista tomar essas atribuições ao pé da letra. Toda forma de arte comporta os três aspectos e apenas se distingue das outras por sua dosagem relativa. Por exemplo, é bem verdade que mesmo o pintor mais acadêmico se bate com problemas de execução e que todas as artes chamadas primitivas têm duplamente o caráter de aplicadas: primeiro, porque muitas de suas produções são objetos técnicos e, depois, porque mesmo as suas criações que parecem mais ao abrigo das preocupações práticas têm uma finalidade determinada. Sabe-se, enfim, que mesmo entre nós os utensílios se prestam a uma contemplação desinteressada.

Feitas essas reservas, pode-se verificar facilmente que os três aspectos estão funcionalmente ligados e que a predominância de um restringe ou suprime o lugar deixado aos outros. A chamada pintura erudita está ou julgam que esteja liberta da dupla relação da execução e da finalidade. Em seus melhores exemplos, ela atesta um domínio completo das dificuldades técnicas (as quais se podem considerar aliás, definitivamente superadas desde Van der Weyden, depois de quem os problemas que se colocaram os pintores não passam de física recreativa). No limite, tudo se passa como se o pintor pudesse fazer exatamente aquilo que lhe apraz com sua tela, suas cores e seus pincéis. Por outro lado, o pintor tende a fazer de sua obra um objeto independente de toda contingência, que valha em si e por si; aliás, é isso que implica a fórmula do quadro "de cavalete". Livre da contingência, sob o duplo ponto de vista da execução e da finalidade a pintura erudita pode, portanto, referi-la inteiramente à ocasião; e, se é exata nossa interpretação, não pode mesmo dispensá-la. Ela se define, portanto, como pintura "de gênero", com a condição de ampliar consideravelmente o sentido dessa locução. Pois, dentro da perspectiva muito geral sob a qual aqui nos colocamos, o esforço do retratista – seja ele Rembrandt – para captar sobre a tela a expressão mais reveladora e até os pensamentos mais secretos de seu modelo faz parte do mesmo gênero que o de um Detaille, cujas composições respeitam a hora e a ordem da batalha, o número e a disposição dos botões através do que se reconhecem os uniformes de cada guarnição. Se nos pregam uma peça desrespeitosa, num e noutro caso, a "ocasião faz o ladrão". Com as artes aplicadas, as proporções respectivas dos três aspectos se invertem; essas artes dão predominância à finalidade e à execução, cujas contingências são aproximadamente equilibradas nos exemplares que consideramos mais "puros", excluindo ao mesmo tempo a ocasião, como o vemos no fato de uma xícara, uma taça, uma peça de palha ou um tecido nos parecerem perfeitos quando seu valor prático se afirma intemporal: correspondendo plenamente à função para homens diferentes pela época e pela civilização. Se as dificuldades de execução são inteiramente dominadas (como quando a execução é confiada a máquinas), a finalidade pode tornar-se cada vez mais exata e particular, e a arte aplicada se transforma em arte industrial; no caso inverso, nós a chamamos de camponesa ou rústica. Enfim, a arte primitiva situa-se no oposto da arte erudita ou acadêmica; essa última interioriza a execução (da qual é ou se acredita dona) e a finalidade (pois a "arte pela arte" é para si mesma seu próprio fim). Em contrapartida, ela é levada a exteriorizar a ocasião (que pede ao modelo que lhe ofereça); esta se torna, assim, uma parte do significado. Em compensação, a arte primitiva interioriza a ocasião (pois os seres sobrenaturais que lhe apraz representar têm uma realidade intemporal e independente das circunstâncias) e exterioriza a execução e a finalidade, que se tornam, portanto, uma parte do significante.

Reencontramos assim, num outro plano, aquele diálogo com a matéria e os meios de execução através do qual definimos o *bricolage*. Para a filosofia da arte, o problema essencial é o de saber se o artista reconhece ou não a qualidade de interlocutor. Sem dúvida, reconhecemo-la sempre, mas em grau mínimo na arte muito erudita e em grau máximo na arte bruta ou ingênua que se limita com o *bricolage* e, nos dois casos, em detrimento da estrutura. Entretanto, nenhuma forma de arte mereceria esse nome se se deixasse captar inteiramente pelas contingências extrínsecas, seja a da ocasião, seja a da finalidade; pois então a obra entraria na categoria de ícone (suplementar ao modelo) ou de instrumento (complementar à matéria trabalhada). Mesmo a arte mais erudita, se nos emociona, apenas atinge esse resultado com a condição de parar a tempo essa dissipação da contingência em proveito do pretexto e de incorporá-la à obra, conferindo-lhe a dignidade de um objeto absoluto. Se as artes arcaicas, as artes primitivas e os períodos "primitivos" das artes eruditas são os únicos que não envelhecem, devem-no a essa consagração do acidente a serviço da execução, portanto, ao emprego, que procuram tornar integral, do dado bruto como matéria empírica de uma significação.[7]

7. Continuando esta análise, poder-se-ia definir a pintura não figurativa com base em duas características. Uma, que é comum a ela e à pintura de cavalete, consiste numa total rejeição à contingência de finalidade: o quadro não é feito para um uso particular. A outra característica, própria da pintura não figurativa, consiste numa exploração metódica da contingência de execução, da qual se pretende fazer o pretexto ou a ocasião externa do quadro. A pintura não figurativa adota maneiras à guisa de "assuntos"; ela pretende dar uma manifestação concreta das condições formais de qualquer pintura. Paradoxalmente, disso resulta que a pintura não figurativa não cria, como acredita, obras tão reais – ou mais – quanto os objetos do mundo físico,

É preciso acrescentar, enfim, que o equilíbrio entre estrutura e fato, necessidade e contingência, interioridade e exterioridade é um equilíbrio precário, constantemente ameaçado pelas trações exercidas num e noutro sentido, segundo as flutuações da moda, do estilo e das condições sociais gerais. Desse ponto de vista, o impressionismo e o cubismo aparecem menos como duas etapas sucessivas do desenvolvimento da pintura do que como dois empreendimentos cúmplices, ainda que não surgidos no mesmo momento, agindo em conivência para prolongar, através de deformações complementares, um modo de expressão cuja própria existência (hoje se percebe isso melhor) estava gravemente ameaçada. A voga intermitente das "colagens", nascida no momento em que o artesanato expirava, poderia ser, por seu lado, apenas uma transposição do *bricolage* para o terreno dos fins contemplativos. Enfim, a ênfase sobre o aspecto factual pode também dissociar-se, conforme o momento, destacando melhor, à custa da estrutura (é preciso entender: a estrutura de mesmo nível, pois não está excluído que o aspecto estrutural possa se restabelecer alhures e num novo plano), tanto a temporalidade social (como no fim do século XVIII, com Greuze ou com o realismo socialista) quanto a temporalidade natural e mesmo meteorológica (no impressionismo).

* * *

Se, no plano especulativo, o pensamento mítico tem analogia com o *bricolage* no plano prático e se a criação artística se coloca a uma distância igual entre essas duas formas de atividade e a ciência, o jogo e o rito mantêm entre si relações do mesmo tipo.

Todo jogo se define pelo conjunto de suas regras, que tornam possível um número praticamente ilimitado de partidas; mas o rito, que também se "joga", parece-se mais com uma partida privilegiada, retida entre todas as possíveis, pois apenas ela resulta em um certo tipo de equilíbrio entre os dois campos. A transposição pode ser facilmente verificada no caso dos gahuku-gama da Nova Guiné, que aprenderam futebol, mas que jogam

---

mas imitações realistas de modelos não existentes. É uma escola de pintura acadêmica, onde cada artista se esmera em apresentar a maneira pela qual executaria seus quadros se porventura os pintasse.

durante vários dias seguidos, tantas partidas quantas forem necessárias, para que se equilibrem exatamente as perdidas e ganhas por cada campo (Read 1959, p. 429), o que é tratar um jogo como um rito.

Pode-se dizer o mesmo dos jogos que se desenrolavam entre os índios fox, quando das cerimônias de adoção cujo objetivo era substituir um parente morto por um vivo, permitindo, assim, a partida definitiva da alma do defunto.[8] Os ritos funerários dos fox parecem, com efeito, inspirados no cuidado maior de se livrar dos mortos e de impedir que estes se vinguem dos vivos por causa da amargura e das saudades que sentem por não estarem mais no meio deles. Portanto, a filosofia indígena adota resolutamente o partido dos vivos: "A morte é dura; mais dura ainda é a tristeza".

A origem da morte remonta à destruição, pelos poderes sobrenaturais, do mais jovem dos dois irmãos míticos que desempenham o papel de heróis culturais entre todos os algonkin. Mas ela ainda não era definitiva: foi o mais velho que a tornou assim, rejeitando, apesar do seu desgosto, o pedido do fantasma que queria retomar seu lugar entre os vivos. De acordo com esse exemplo, os homens deverão se mostrar firmes em face dos mortos: os vivos os farão compreender que eles nada perdem ao morrer, pois receberão regularmente oferendas de tabaco e de comida; em troca, espera-se deles que, em compensação dessa morte cuja realidade lembra aos vivos e da tristeza que lhes causa por seu óbito, assegurem-lhes uma longa existência, roupas e o que comer: "De agora em diante, são os mortos que trazem a abundância", comenta o informante indígena, "eles (os índios), devem bajulá-los (*coax them*) para isso" (Michelson 1925, pp. 369 e 407).

Ora, os ritos de adoção, indispensáveis para convencer a alma do morto a partir definitivamente para o além, onde assumirá seu papel de espírito protetor, são normalmente acompanhados de competições esportivas, de jogos de destreza ou de azar, entre dois campos constituídos de acordo com uma divisão *ad hoc* em duas metades: *tokan* de um lado, *kicko* de outro; e afirma-se expressamente, repetidas vezes, o jogo opõe vivos e mortos, como se antes de se desembaraçarem definitivamente dele os vivos oferecessem ao defunto o consolo de uma última partida. Mas,

8. Cf. a seguir p. 232n.

dessa simetria inicial entre os dois campos, decorre automaticamente a determinação antecipada do resultado:

> Eis o que se passa quando eles jogam a péla. Se o homem (o defunto) por quem se celebrou o rito de adoção era um tokana, os tokanagi ganham a partida. E, se se deve a festa a uma mulher kicko, os kickoagi ganham, sendo os tokanagis os que não podem ganhar (Michelson 1925, p. 385).

E, com efeito, qual é a realidade? No grande jogo biológico e social que perpetuamente se desenrola entre vivos e mortos, é claro que os únicos ganhadores são os primeiros. Mas – e toda a mitologia norte-americana aí está para confirmá-la – de uma maneira simbólica (que inumeráveis ritos descrevem como real) ganhar um jogo é "matar" o adversário. Prescrevendo sempre o triunfo da equipe dos mortos, dá-se a estes, portanto, a ilusão de que são os verdadeiros vivos e que seus adversários estão mortos, já que eles os "matam". Fingindo jogar com os mortos, estes são enganados e ficam manietados. A estrutura formal do que, numa primeira abordagem, poderia parecer uma competição esportiva é, em todos os sentidos, similar à de um puro ritual, tal como o *mitawit* ou *midewiwin*, dos mesmos povos algonkin, em que os neófitos se fazem matar simbolicamente pelos mortos, *representados* pelos iniciados, a fim de obter uma suplementação da vida real ao preço de uma morte simulada. Nos dois casos, usurpa-se a morte, mas apenas para enganá-la.

O jogo aparece, portanto, como *disjuntivo*: ele resulta na criação de uma divisão diferencial entre os jogadores individuais ou das equipes, que nada indicaria, previamente, como desiguais. Entretanto, no fim da partida, eles se distinguirão em ganhadores e perdedores. De maneira simétrica e inversa, o ritual é *conjuntivo*, pois institui uma união (pode-se dizer aqui, uma comunhão) ou, de qualquer modo, uma relação orgânica entre dois grupos (que, no limite, confundem-se um com a personagem do oficiante; o outro com a coletividade dos fiéis) dissociados no início. No caso do jogo, a simetria é pré-ordenada; e ela é estrutural, pois decorre do princípio de que as regras são as mesmas para os dois campos. Já a assimetria é engendrada: decorre inevitavelmente da contingência dos fatos, dependam estes da intenção, do acaso ou do talento. No caso do ritual, ocorre o inverso: coloca-se uma assimetria preconcebida e postulada entre profano e sagrado, fiéis e oficiante, mortos e vivos, iniciados e não iniciados etc., e o "jogo" consiste em fazer passarem todos os participantes para o lado da parte vencedora, através de fatos cuja natureza e ordenação têm um caráter verdadeiramente estrutural. Como a ciência (se bem que aqui, ainda, ou no plano especulativo, ou no prático), o jogo produz fatos a partir de uma estrutura: compreende-se, portanto, que os jogos competitivos prosperem em nossas sociedades industriais, ao passo que os ritos e os mitos, à maneira do *bricolage* (que essas mesmas sociedades industriais não toleram mais, senão como *hobby* ou passatempo), decompõem e recompõem conjuntos factuais (no plano físico, socio-histórico e técnico) e se servem deles como de outras tantas peças indestrutíveis, em vista de arranjos estruturais que assumem alternativamente o lugar de fins e de meios.

2
A LÓGICA DAS CLASSIFICAÇÕES TOTÊMICAS

Sem dúvida, existe qualquer coisa de paradoxal na ideia de uma lógica cujos termos consistem em sobras e em pedaços, vestígios de processos psicológicos ou históricos e, como tais, desprovidos de necessidade. Contudo, quem diz lógica diz instauração de relações necessárias. Mas como tais relações se estabeleceriam entre termos que nada destina a cumprir essa função? Só se podem encadear proposições de maneira rigorosa, se seus termos foram prévia e inequivocamente definidos. Não nos propusemos, nas páginas anteriores, a impossível tarefa de descobrir as condições de uma necessidade *a posteriori*?

Mas, em primeiro lugar, essas sobras e pedaços assumem esse caráter apenas aos olhos da história que os produziu e não do ponto de vista da lógica a que servem. E somente em relação ao conteúdo que podem ser chamados heteróclitos, pois, no que concerne à forma, existe entre eles uma analogia que o exemplo do *bricolage* permitiu definir; essa analogia consiste na incorporação à sua própria forma de uma certa dose de conteúdo que é aproximadamente igual para todos. As imagens significantes do mito, os materiais do *bricoleur*, são elementos definíveis por um duplo critério: eles *serviram*, como palavras de um discurso que a reflexão mítica "desmonta", à maneira do *bricoleur* que cuida das peças de um velho despertador desmontado e eles *ainda podem servir* para o mesmo uso ou para um uso diferente, por pouco que sejam desviados de sua função primeira.

Em segundo lugar, nem as imagens do mito, nem os materiais do *bricoleur* provêm do puro devir. Esse rigor que parece lhes faltar quando os observamos no momento de seu novo uso possuíram-no outrora, quando faziam parte de outros conjuntos coerentes; e, o que é mais, eles o possuem sempre, na medida em que não são materiais brutos, mas produtos já elaborados: termos da linguagem ou, no caso do *bricolage*, termos de um sistema tecnológico, portanto expressões condensadas de relações necessárias cujos limites repercutirão de diferentes maneiras sobre cada um de seus níveis de utilização. Sua necessidade não é simples e unívoca; ela existe, entretanto, como a invariância de ordem semântica ou estética que caracteriza o grupo de transformações a que se prestam e das que vimos não serem ilimitadas.

Essa lógica trabalha um pouco à maneira do caleidoscópio, instrumento que também contém sobras e pedaços por meio dos quais se realizam arranjos estruturais. Os fragmentos são obtidos num processo de quebra e destruição, em si mesmo contingente, mas sob a condição de que seus produtos ofereçam entre si certas homologias: de tamanho, de vivacidade de cor, de transparência. Eles não têm mais um ser próprio em relação aos objetos manufaturados que falavam uma "linguagem" da qual se tornaram os restos indefiníveis; mas, sob um outro aspecto, devem tê-lo suficientemente para participar de maneira útil da formação de um ser de tipo novo: este consiste em arranjos nos quais, por um jogo de espelhos, os reflexos equivalem a objetos, vale dizer, nos quais signos assumem o lugar de coisas significadas; esses arranjos atualizam possibilidades cujo número, mesmo bastante elevado, não é todavia ilimitado, pois que é função de disposições e equilíbrios realizáveis entre corpos cujo número é por sua vez finito; enfim e sobretudo, esses arranjos engendrados pelo encontro de fatos contingentes (o giro do instrumento pelo observador) e de uma lei (a que preside a construção do caleidoscópio, que corresponde ao elemento invariante dos limites de que falávamos há pouco) projetam modelos de inteligibilidade de algum modo provisórios, pois que cada arranjo se exprime sob a forma de relações rigorosas entre as suas partes e essas relações têm como conteúdo apenas o próprio arranjo, ao qual, na experiência do observador, não corresponde nenhum objeto (se bem que seja possível que, por esse viés, determinadas estruturas objetivas sejam reveladas antes de seu suporte empírico, ao observador que jamais as tenha visto antes, como por exemplo certos tipos de radiolárias e diatomeias).

* * *

Pensamos, portanto, que uma tal lógica concreta seja possível. Falta, agora, definir suas características e a maneira pela qual se manifestam no curso da observação etnográfica. Esta os apreende sob um duplo aspecto, afetivo e intelectual.

Os seres que o pensamento indígena investe de significação são percebidos como que mantendo um certo parentesco com o homem. Os ojibwa creem num universo de seres sobrenaturais:

> ... mas, chamando esses seres de sobrenaturais, falseia-se um pouco o pensamento dos índios. Assim como o próprio homem, eles pertencem à ordem natural do universo, pois assemelham-se ao homem pelo fato de serem dotados de emoção e inteligência. Também como o homem, são machos ou fêmeas e alguns deles podem ter uma família. Uns pertencem a lugares determinados outros se deslocam livremente; e mantêm, face aos índios, disposições hostis ou amistosas (Jenness 1935, p. 29).

Outras observações destacam que esse sentimento de identificação é mais profundo que a noção das diferenças:

> O sentimento de unidade que o havaiano experimenta em relação ao aspecto vívido dos fenômenos indígenas, isto é, com relação aos espíritos, aos deuses e às pessoas enquanto almas, não pode ser corretamente descrito como uma relação e menos ainda com a ajuda de termos como simpatia, empatia, anormal, supranormal ou neurótico, ou ainda místico ou mágico. Ele não é "extra-sensorial", pois é, em parte, da ordem da sensibilidade e, em parte, estranho a ela. Depende da consciência normal... (Handy e Pukui 1958, p. 117).

Os próprios indígenas têm, às vezes, um sentimento agudo do caráter "concreto" de seu saber e opõe-no vigorosamente ao saber dos brancos.

> Sabemos o que fazem os animais, quais são as necessidades do castor, do urso, do salmão e das outras criaturas, porque outrora os homens se casavam com eles e adquiriram esse saber de suas esposas animais... Os brancos viveram pouco tempo neste país e não conhecem muita coisa a respeito de animais; nós estamos aqui há milhares de anos e há muito tempo que os próprios animais nos instruíram. Os brancos anotam tudo num livro, para não esquecer; mas nossos ancestrais desposaram os animais, aprenderam todos os seus costumes e fizeram com que esses conhecimentos passassem de geração em geração (Jenness 1943, p. 540).

Esse saber desinteressado e atento, afetuoso e terno, adquirido e transmitido num clima conjugal e filial é aqui descrito com uma simplicidade tão nobre, que parece supérfluo lembrar, a esse respeito, as hipóteses bizarras que uma visão demasiadamente teórica do desenvolvimento dos conhecimentos humanos inspirou aos filósofos. Nada, aqui, recorre à intervenção de um pretenso "princípio de participação" nem mesmo de um misticismo eivado de metafísica, que só percebemos através do vidro deformante das religiões instituídas.

As condições práticas desse conhecimento concreto, seus meios e seus métodos, os valores afetivos que o impregnam, tudo isso se encontra e pode ser observado bem perto de nós, entre aqueles nossos contemporâneos cujos gostos e profissões os colocam, face aos animais, em uma situação que, *mutatis mutandis*, está tão próxima quanto a nossa civilização pode tolerar da que foi habitual a todos os povos caçadores, a saber, as pessoas do circo e os empregados dos jardins zoológicos. Depois dos testemunhos indígenas que citamos, nada mais instrutivo, a esse respeito, que a narrativa do diretor dos jardins zoológicos de Zurique, de seu primeiro corpo a corpo – se assim se pode dizer – com um delfim. Sem deixar de notar "um olhar exageradamente humano, o bizarro orifício respiratório, a textura lisa e a consistência cerosa da pele, as quatro fileiras de dentes pontudos na boca em forma de bico", o autor assim descreve sua emoção:

Flippy nada tinha de um peixe; e, quando a menos de um metro ele fixava em você seu olhar cintilante, como não se perguntar se realmente se tratava de um animal? Tão imprevista, tão estranha, tão completamente misteriosa era essa criatura, que se ficava tentado a ver nela um ser enfeitiçado. Infelizmente, o cérebro do zoólogo não podia dissociá-la da gélida certeza, quase dolorosa nessa circunstância, de que, em termos científicos, nada havia ali além do *Tursiops truncatus*... (Hediger 1955, p. 138).

Tais afirmações pela pena de um homem de ciência bastariam para demonstrar, se fosse preciso, que o saber teórico não é incompatível com o sentimento, que o conhecimento pode ser objetivo e subjetivo ao mesmo tempo, enfim, que as relações concretas entre o homem e os seres vivos colorem às vezes com matizes afetivos (eles mesmos emanações dessa identificação primitiva na qual Rousseau viu profundamente a condição solidária de todo pensamento e de toda sociedade) o universo inteiro do conhecimento científico, sobretudo nas civilizações em que a ciência é integralmente "natural". Mas, se a taxionomia e a terna amizade podem se dar bem na consciência do zoólogo, não há como invocar princípios separados para explicar o encontro dessas duas atitudes no pensamento dos povos chamados primitivos.

* * *

Depois de Griaule, Dieterlen e Zahan estabeleceram a extensão e o caráter sistemático das classificações indígenas no Sudão. Os dogon dividem os vegetais em 22 famílias principais, das quais algumas são subdivididas em 11 subgrupos. As 22 famílias, enumeradas em ordem conveniente, estão repartidas em duas séries compostas, uma de famílias de ordem ímpar, outras de famílias de ordem par. Na primeira, que simboliza os nascimentos simples, as plantas ditas macho e fêmea estão respectivamente associadas à estação das chuvas e à estação seca; na segunda, que simboliza os nascimentos geminacios, existe a mesma relação, porém invertida. Cada família está também repartida em uma das três categorias: árvore, arbusto, erva;[9] enfim, cada

9. Entre os peul, plantas de tronco vertical, plantas trepadeiras, plantas rastejantes, respectivamente subdivididas em vegetais com ou sem espinhos, com ou sem casca,

família corresponde a uma parte do corpo, uma técnica, uma classe social, uma instituição (Dieterlen 1950, p. 2).

Fatos desse tipo causaram surpresa quando foram trazidos da África pela primeira vez. Entretanto, formas de classificação muito semelhantes foram há muito tempo descritas na América, tendo sido elas a inspirar Durkheim e Mauss um célebre ensaio. Remetendo a eles o leitor, acrescentaremos alguns exemplos àqueles que lá já foram citados.

Os índios navajos, que proclamam a si mesmos como "grandes classificadores", dividem os seres vivos em duas categorias, de acordo com o fato de serem ou não dotados da palavra. Os seres sem palavra compreendem os animais e as plantas. Os animais estão divididos em dois grupos: "corredores", "voadores" e "rastejadores"; cada grupo sofre, por sua vez, uma dupla divisão: "viajantes da terra" e "viajantes da água", de um lado, e, do outro, "viajantes diurnos" e "viajantes noturnos". A classificação das "espécies" obtida por esse método não é sempre a mesma que a da zoologia. Acontece, então, de aves agrupadas em pares na base de uma oposição macho/fêmea pertencerem de fato ao mesmo sexo, mas a gêneros diferentes, pois a associação é baseada, de um lado no tamanho relativo, do outro, em seu lugar na classificação das cores e na função que lhes é atribuída na magia e no ritual (Reichard 1948, p. 2).[10] Mas a taxionomia indígena é muitas vezes suficientemente exata e despida de equívocos para permitir certas identificações; assim, a que foi feita há apenas alguns anos, a da "Grande Mosca", evocada nos mitos, como uma taquínida, *Hystricia pollinosa.*

As plantas são denominadas em função de três características: o sexo suposto, as virtudes medicinais e o aspecto visual ou táctil (espinhoso, viscoso etc.). Uma segunda tripartição, conforme o tamanho (grande, pequena, média), subdivide cada uma das características anteriores. Essa

---

com ou sem frutos (Hampâté Bâ e Dieterlen 1961, p. 23). Para uma classificação tripartida do mesmo tipo, nas Filipinas ("madeira", "cipó" e "erva"), cf. Conklin 1954, pp. 92-94, e, no Brasil, entre os bororos ("árvores" = terra; "cipós" = ar; "ervas do brejo" = água), cf. Colbacchini e Albisetti 1942, p. 202.

10. Com exceção dos canelas, do Brasil, que, "em todos os casos controlados, mostraram-se informados do dimorfismo sexual" (Vanzolini 1956-58, p. 170).

taxionomia é homogênea em toda a reserva de mais ou menos sete mil hectares, a despeito da dispersão dos seus 60 mil ocupantes por um tão vasto território (Reichard 1948; 1950; Wyman e Harris 1941; Vestal 1952; Elmore 1943).

Cada animal ou planta corresponde a um elemento natural, ele mesmo variável de acordo com os ritos de que se conhece a extrema complexidade entre os navajos. Assim, no "ritual da pedra lascada" (*Flint-Chant*) observam-se as seguintes correspondências: groucéu; "pássaro vermelho"-sol; águia-montanha; gavião-rochedo; "pássaro azul"-árvore; colibri-planta; um coleóptero (*corn-beetle*)-terra; garça-água (Haile 1943).

Como os zuñi, que chamaram particularmente a atenção de Durkheim e Mauss, os hopi classificam os seres e os fenômenos naturais por meio de um vasto sistema de correspondências. Juntando as informações esparsas de diversos autores, pode-se obter o quadro a seguir (Tabela 1), que, sem dúvida nenhuma, é nada mais que um modesto fragmento de um sistema total do qual faltam muitos elementos.

Tais correspondências são também reconhecidas pelas populações cuja estrutura social é muito mais frouxa que a dos pueblos: o esquimó escultor de salmões usa, para figurar cada espécie, madeira cuja cor mais se pareça com a da carne: "Todas as madeiras são salmão" (Rasmussen 1932, p. 198).

Limitamo-nos a alguns exemplos dentre outros que seriam ainda mais numerosos se os preconceitos baseados na simplicidade e grosseria "primitivas" não tivessem, em muitos casos, desviado os etnólogos de se informarem sobre sistemas de classificações conscientes, complexos e coerentes, cuja existência lhes teria parecido incompatível com um nível técnico e econômico muito baixo, do qual concluíram, demasiadamente apressados, um nível intelectual equivalente. Estamos apenas começando a suspeitar que antigas observações devidas a pesquisadores tão raros quanto perspicazes – como Cushing – não dependem de casos excepcionais, mas denotam formas de saber e de reflexão extremamente difundidas nas sociedades ditas primitivas. Por isso, a imagem tradicional que fazemos dessa primitividade deve mudar. Nunca e em nenhum lugar o "selvagem" foi esse ser recém-saído da condição animal ainda entregue ao domínio de suas necessidades e instintos que muitas vezes nos aprouve imaginar e

Tabela 1

	NOROESTE	SUDOESTE	SUDESTE	NORDESTE	ZÊNITE	NADIR
CORES	amarelo	azul, verde	vermelho	branco	preto	multicor
ANIMAIS	puma	urso	gato selvagem	lobo	abutre	cobra
AVES	papa-figo	azulão (*Sialia*)	papagaio	pega	andorinha	toutinegra
ÁRVORES	pinheiro-de-douglas	pinheiro branco	salgueiro vermelho	choupo-tremedor		
ARBUSTOS	(*Chrysothamnus*) *green rabbit brush*	salva (*Artemisia*)	*cliff-rose* (*Cowania* stansburiana)	*gray rabbit brush* (*Chrysothamnus*)		
FLORES	"mariposa lily" (*Calochortus*)	pé-de-calhandra (*Delphinium*)	(*Castilleja*)	(*Anogra*)		
MILHO	amarelo	azul	vermelho	branco	púrpura	açucarado
FEIJÃO	vagem (*Phaseolus vulg.*)	feijão-manteiga (*Phas. vulg.*)	feijão miúdo	lima (*Phas. lunatus*)	diversos	

Além disso, os feijões são subdivididos em:

claro	claro	branco	branco	azul
preto	amarelo	preto	cinza	vermelho
vermelho	marrom	malhado	amarelo	rosa
			vermelho	etc.
			preto	

tampouco essa consciência dominada pela afetividade e mergulhada na confusão e na participação. Os exemplos que citamos e os outros que lhes teríamos podido juntar testemunham a favor de um pensamento acostumado a todos os exercícios de especulação, próximo daquele dos naturalistas e herméticos da Antiguidade e da Idade Média: Galeno; Plínio; Hermés Trismegisto; Alberto, o Grande... Desse ponto de vista, as classificações "totêmicas" estão provavelmente menos longe do que parece do emblematismo vegetal dos gregos e dos romanos, que se exprimiam através de coroas de oliveira, de carvalho, de louros, de aipo etc., ou do que ainda se praticava na Igreja medieval, quando, conforme a festa, cobria-se a coroa de feno, de junco, de hera ou de areia.

As ervanarias astrológicas distinguiam sete plantas planetárias, 12 ervas associadas aos signos do zodíaco, 36 plantas atribuídas aos decanos e aos horóscopos. As primeiras, para serem eficazes, deviam ser colhidas num certo dia e numa certa hora, determinados para cada uma: domingo, para a aveleira e a oliveira; segunda-feira, para a arruda, o trevo, a peônia, a chicória; terça-feira, para a verbena; quarta-feira, para a pervinca; quinta-feira, para a verbena, a pervinca, a peônia, o citiso e o quinquefólio, se destinados a usos medicinais; sexta-feira, para a chicória, a mandrágora e a verbena, para encantamentos; sábado, para a cruciata e tanchagem. Encontra-se mesmo, em Teofrasto, um sistema de correspondências entre as plantas e os pássaros em que a peônia está associada ao picanço, a centáurea ao esmerilhão e ao falcão, o heléboro negro à águia (Delatte).

Tudo isso, que de bom grado atribuímos a uma filosofia natural longamente elaborada por especialistas, eles mesmos herdeiros de uma tradição milenar, encontra-se exatamente nas sociedades exóticas. Os índios omaha veem uma das maiores diferenças entre os brancos e eles no fato de que "os índios não colhem as flores", é preciso entender: por prazer; com efeito, "as plantas têm usos sagrados conhecidos somente por seus senhores secretos". Mesmo a saponária (*soapweed*), usada em banhos de vapor, para tratar dor de dentes, das orelhas ou reumatismo, era colhida como se fosse uma raiz sagrada:

> ... no buraco feito pela raiz, colocava-se uma pitada de fumo, às vezes também uma faca e algumas moedas, e o colhedor fazia uma

> prece curta: eu peguei o que me deste mas te deixo isto. Desejo ter uma vida longa e que nenhum mal aconteça a mim e aos meus (Fortune 1932, p. 175).

Quando um feiticeiro-curandeiro do leste canadense colhe raízes, folhas ou cascas de árvores medicinais, não deixa de se harmonizar com a alma da planta, depositando-lhe ao pé uma diminuta oferenda de tabaco, pois está convencido de que, sem o concurso da alma, o "corpo" da planta sozinho não teria nenhuma eficácia (Jenness 1930, p. 60).

Os peul, do Sudão, classificam os vegetais em séries, cada um relacionado com um dia da semana e com uma das oito direções:

> O vegetal... deve ser coletado em função dessas diversas classificações... Casca, raiz, folhas ou frutos devem ser colhidos em relação com o dia do mês lunar ao qual o vegetal corresponde, invocando o *lâre*, "espírito guardião" dos rebanhos, relacionado com a seqüência do mês e em função da posição do sol. Assim, o *silatigi*, dando suas instruções, dirá, por exemplo: "Para fazer tal coisa, tomarás a folha de uma trepadeira espinhosa e sem casca, tal dia, quando o sol estará em tal posição, olhando tal direção cardeal, invocando tal *lâre* (Hampâté Bâ e Dieterlen, 1961, p. 23).

* * *

As classificações indígenas não são apenas metódicas e baseadas num saber teórico solidamente constituído, elas também podem ser comparadas, de um ponto de vista formal, com aquelas que a zoologia e a botânica continuam a usar.

Os índios aimará, do Planalto Boliviano, talvez descendentes dos lendários colla, aos quais se deveria a grande civilização de Tiahuanaco, são hábeis experimentadores em matéria de conservação de produtos alimentares – a um ponto tal, que, imitando diretamente suas técnicas de desidratação durante a última guerra, o exército americano pôde reduzir a um volume de caixa de sapatos as rações de purê de batatas suficientes para cem refeições. Eles foram também os agrônomos e botânicos que desenvolveram – talvez mais do que já se tenha feito – a cultura e a taxionomia do gênero *Salanum*, cuja importância para esses índios se explica em razão de seu estabelecimento a uma altitude superior a quatro mil metros, na qual o milho não atinge a maturidade.

As variedades cujo vocabulário indígena distingue ultrapassam 250, e certamente no passado foram mais numerosas. Essa taxionomia opera através de um termo descritivo de variedade ao qual se acrescenta um adjetivo modificador para cada subvariedade. Assim, a variedade *imilla*, "mocinha", é subdividida ou pela cor (negra, azul, branca, vermelha, sanguínea...), ou por outras características (ervosa, insípida, ovoide etc.). Existem por volta de 22 principais variedades assim subdivididas, dispondo, além disso, de uma dicotomia geral que distingue as variedades e subvariedades conforme sejam imediatamente comestíveis após cozimento ou apenas depois de uma série de congelamentos e fermentações alternadas. Quase sempre, uma taxionomia binomial inspira-se em critérios como forma (chata, espessa, espiralada, em raquete de cacto, em torrão, em ovo, em língua de boi etc.), textura (farinácea, elástica, viscosa etc., "sexo" (menino ou menina) (La Barre 1947).

É um biólogo profissional quem enfatiza quantos erros e confusões poderiam ter sido evitados, dos quais alguns só foram corrigidos em época recente, se os antigos viajantes tivessem confiado nas taxionomias indígenas em vez de improvisar outras, tendo como resultado a atribuição, por 11 autores, do mesmo nome científico *Canis azarae* a três gêneros diferentes, oito espécies e nove subespécies diversas, ou ainda a imposição de vários nomes à mesma variedade da mesma espécie. Ao contrário, os guaranis da Argentina e do Paraguai operavam metodicamente com termos simples, binômios e trinômios, distinguindo assim, por exemplo, entre os felinos, as formas de tamanho grande, as de tamanho pequeno e os tamanhos intermediários: o *dyagua etê* é grande felino por excelência, o *mbarakadya etê*, por excelência também, o pequeno gato selvagem. O *mini* (pequeno) entre os *dyagua* (grande) corresponde ao *guaçu* (grande) entre os *chivi*, felinos de tamanho intermediário:

> De uma maneira geral, pode-se dizer que as denominações guaranis formam um sistema bem elaborado e – *cum grano salis* – apresentam uma certa semelhança com nossa nomenclatura científica. Esses índios primitivos não abandonavam ao acaso a denominação das coisas da natureza, mas reuniam os conselhos da tribo para fixar os

> termos que melhor correspondessem aos caracteres das espécies, classificando com bastante exatidão os grupos e os subgrupos... Guardar a lembrança dos termos indígenas da fauna de um país não é apenas um ato de piedade e de honestidade, é também um dever científico (Dennler 1939, pp. 234 e 244).

Numa grande parte da península do Cabo Iorque, na Austrália setentrional, a alimentação se diferencia em "vegetal" e "animal", através de dois morfemas especiais. Os wik munkan, tribo estabelecida no vale e no estuário do Archer, na Costa Oeste, aprimoram essa divisão prefixando o termo *mai* para cada nome de planta ou de alimento dela derivado e o termo *min* para cada nome de animal, peça de carne ou comida de origem animal. Da mesma forma, *yukk* serve de prefixo para todo nome de árvore ou termo que designe um bastão, um pedaço de madeira ou um objeto de madeira manufaturado; o prefixo *koi* para todas as espécies de fibras e cordoalhas; *wakk* para as ervas, *tukk* para as serpentes, *kämpän* e *wank* para os cestos, conforme forem trançados com palha ou cordinhas. Enfim, o mesmo tipo de construção nominal com o prefixo *ark* permite distinguir as formas da paisagem e sua associação a este ou aquele tipo de flora ou fauna: *ark tomp*, praia; *ark tomp nintän*, zona das dunas por detrás das praias; *ark pint'l*, planícies marginais aos pântanos salgados etc.

> Os indígenas têm um aguçado senso das árvores características, dos arbustos e das ervas próprias de cada "associação vegetal", tomando essa expressão em seu sentido ecológico. Eles são capazes de enumerar nos mínimos detalhes e sem nenhuma hesitação as árvores próprias para cada associação, o gênero de fibra e de resina, as ervas, as matérias-primas que fornecem, assim como os mamíferos e pássaros que freqüentam cada tipo de habitat. Na verdade, seus conhecimentos são tão exatos e detalhados, que sabem também nomear os tipos de transição... Para cada associação, meus informantes descreviam sem hesitar a evolução sazonal da fauna e dos recursos alimentares.

Em matéria zoológica e botânica, a taxionomia indígena permite diferenciar os gêneros, as espécies e as variedades: *mai'watti'yi* (*Dioscorea transversa*) – *mai kä'arra* (*Dioscorea sativa* var. *rotunda*; Bail.); *yukk putta*

(*Eucalyptus papuana*) – *yukk pont* (*E. tetrodonta*); *tukk pol* (*Python spilotes*) – *tukk oingorpän* (*P. amethystinus*); *min pänk* (*Macropus agilis*) – *min ko'impia* (*M. rufus*) – *min lo'along* (*M. giganteus*) etc. Nunca é demais dizer, portanto, como o faz o autor dessas observações, que a distribuição das plantas e dos animais e dos alimentos e matérias-primas deles derivados tem uma certa semelhança com uma classificação simples de Lineu (Thomson 1946, pp. 165-167).

* * *

Perante tanta minúcia e precisão, chega-se a deplorar que todo etnólogo não seja também um mineralogista, um botânico, um zoólogo e mesmo um astrônomo... Pois não é apenas aos australianos e aos sudaneses, mas a todos os povos indígenas, ou quase todos, que se pode aplicar a observação de Reichard a respeito dos navajos:

> Como eles julgam que todas as coisas do universo são essenciais para seu bem-estar, a classificação natural torna-se um problema capital dos estudos religiosos e demanda a maior atenção do ponto de vista da taxionomia. Ser-nos-ia necessária uma lista com os termos ingleses, científicos (latinos) e navajos de todas as plantas, de todos os animais (sobretudo os pássaros, os roedores, os insetos e os vermes), dos minerais e das rochas, das conchas, das estrelas... (Reichard 1948, p. 7).

Com efeito, cada dia mais se percebe que para interpretar corretamente os mitos e os ritos e mesmo para interpretá-los de um ponto de vista estrutural (que não se teria razão para confundir com uma simples análise formal) é indispensável a identificação precisa das plantas e dos animais de que se faz menção ou que são diretamente utilizados sob a forma de fragmentos ou de despojos. Demo-nos rapidamente dois exemplos, um tomado de empréstimo à botânica e o outro à zoologia.

Em quase toda a América do Norte, a planta denominada salva (*sage, sage-brush*) desempenha um papel capital nos mais diferentes rituais, seja sozinha, seja associada e oposta a outras plantas: *Solidago, Chrysothammus, Gutierrezia.* Tudo isso permaneceu anedótico e arbitrário enquanto não se pesquisou a exata natureza da salva americana, que não é uma labiada, mas uma composta. De fato, o termo vernáculo abrange diversas variedades de artemísias (*Artemisia*) (aliás, meticulosamente distintas pelas nomenclaturas indígenas e destinadas cada uma a funções rituais diferentes). Essa identificação, completada por uma pesquisa que versa sobre a farmacopeia popular, demonstra que na América setentrional, assim como no mundo antigo, as artemísias são plantas de conotação feminina, lunar e noturna, usadas principalmente para o tratamento das dismenorreias e dos partos difíceis.[11]

Uma pesquisa similar, referente a um outro grupo vegetal, revela que se tratam de espécies sinônimas ou assimiladas pelo pensamento indígena em razão de suas flores amarelas e de seu emprego tintorial e medicinal (para tratar distúrbios das vias urinárias, isto é, do aparelho genital masculino). Tem-se, portanto, um conjunto simétrico e inverso ao precedente, de conotação masculina, solar, diurna. Disso resulta, em primeiro lugar, que o caráter sagrado pertence ao par significante mais que a cada planta ou tipo de planta considerado isoladamente. Por outro lado, esse sistema, que ressalta de maneira explícita da análise de certos rituais tais como o da caça às águias dos hidatsa (mas apenas graças à perspicácia excepcional do observador Wilson 1928, pp. 150-151), pode ser generalizado a outros casos em que não se tinha evidenciado: assim, entre os índios hopi, a feitura dos "bastões de oração", por adição de raminhos de *Gutierrezia euthamiae* e de *Artemisia frigida* (Figura 1) às plumas, que são seu elemento principal, assim como, entre esses mesmos índios, a qualificação dos pontos cardeais pelas associações diferentes de *Artemisia* e de *Chrysothamnus* (cf., p. ex., Voth 1901a, *passim*; 1901b, p. 75 ss.; 1912, p. 130).

Pode-se perceber, portanto, a forma de colocar, e às vezes mesmo de resolver, diversos problemas negligenciados até hoje, como o da dicotomia, entre os navajos do polo "feminino" no *Chrysothamnus* (entretanto macho, na oposição principal) e *Pentstémon*, uma escrofulariácea (Vestal 1952), que se pode interpretar pelo esquema a seguir.

11. Também no México antigo, a *Artemisia* parece ter tido uma conotação feminina, pois as mulheres se enfeitavam com ela para dançar nas festas de junho, em honra da deusa Huixtociuatl (Reko 1945, pp. 39 e 75; Anderson e Dibble 1951, pp. 88-89). Em tudo o que concerne à etnobotânica nahuatl, cf. Paso y Troncoso 1886.

Figura 1 – *Artemisia frigida* (segundo C. Ledebour, *Icones Plantarum*, Biblioteca do Museu Nacional de História Natural, Londres-Paris, 1834).

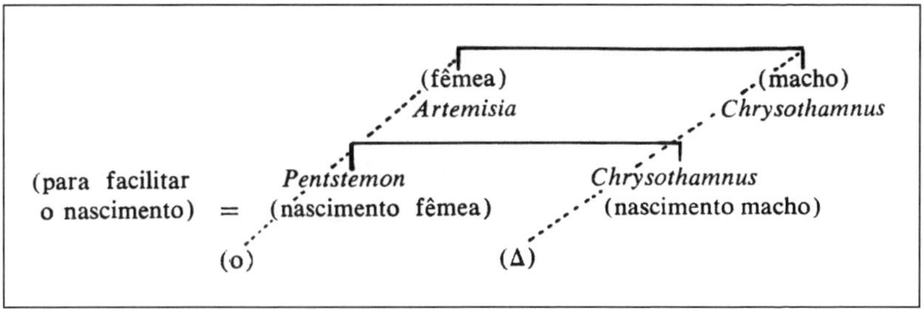

Ao mesmo tempo, descobre-se o sentido de certas particularidades rituais comuns a várias populações, a despeito do distanciamento geográfico e das diferenças de língua e de cultura. Um esboço de sistema aparece em escala continental. Enfim, para quem compara, a analogia entre as posições da *Artemisia* no Velho e no Novo Mundo abre um campo novo para a pesquisa e a reflexão, certamente não menos que o papel reservado à *Solidago virga aurea* (Figura 2), isto é, um "ramo de ouro", no Novo Mundo.

O segundo exemplo está relacionado com os ritos já mencionados no parágrafo anterior: os da caça às águias entre os hidatsa, que, como muitos outros povos americanos, atribuem um caráter eminentemente sagrado a

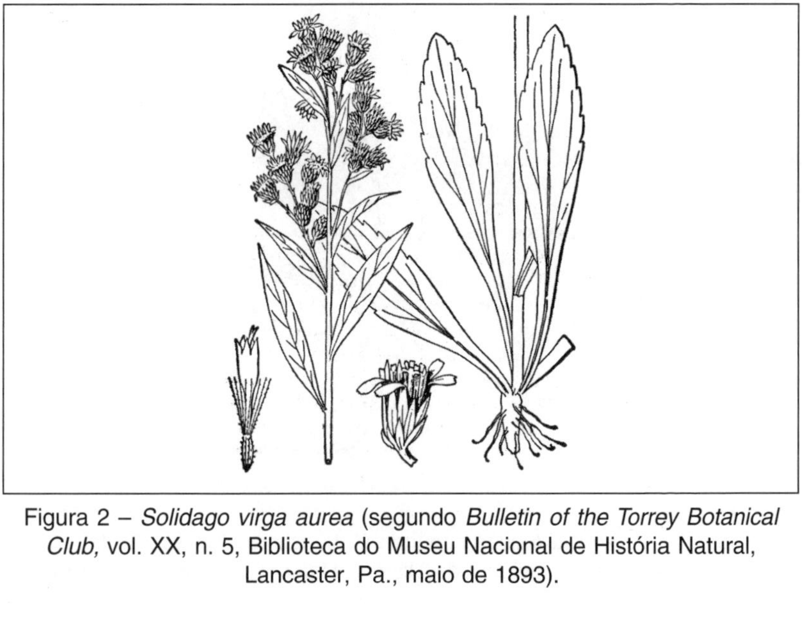

Figura 2 – *Solidago virga aurea* (segundo *Bulletin of the Torrey Botanical Club,* vol. XX, n. 5, Biblioteca do Museu Nacional de História Natural, Lancaster, Pa., maio de 1893).

essa atividade. Ora, segundo os hidatsa, a caça às águias foi ensinada aos homens pelos animais sobrenaturais que primeiro inventaram sua técnica e procedimentos e que os mitos designam muito vagamente como "ursos".

Os informantes parecem hesitar entre o pequeno urso negro e o glutão ou carcaju (ing. *wolverine: Gulo luscus*). Sem ignorar o problema, os especialistas dos hidatsa, Wilson, Densmore, Bowers e Beckwith, não lhe deram grande importância; além disso, trata-se de animais míticos, dos quais se poderia acreditar inútil, senão mesmo impossível, a identificação. E, contudo, toda interpretação do ritual depende dessa identificação.

Em relação à caça às águias, nada há a tirar dos ursos; já os carcajus – adaptação de um nome indígena, que significa "mau caráter" – são uma outra história, pois ocupam um lugar muito particular no folclore; animal enganador na mitologia dos algonkin do Nordeste, o carcaju é um animal odiado e temido tanto pelos esquimós da baía de Hudson quanto pelos athapaskan ocidentais e pelas tribos costeiras do Alaska e da Colômbia britânica. Reunindo informações relativas a todas essas populações, pode-se obter a mesma explicação que a recolhida independentemente por um geógrafo contemporâneo, da boca dos caçadores:

> O glutão é quase que o único membro da família das doninhas que não se pode prender numa armadilha. Ele se diverte em roubar não apenas as presas mas até as armadilhas do caçador. Este só se vê livre dele com o fuzil (Brouillette 1934, p. 155).

Ora, os hidatsa caçam águia escondendo-se em covas; a águia é atraída por uma isca colocada em cima e, quando a ave pousa para pegá-la, o caçador a agarra com as mãos nuas. Essa técnica tem, portanto, um caráter paradoxal: o homem é a armadilha, mas para cumprir esse papel deve descer a uma cova, isto é, assumir a posição do animal preso na armadilha; ele é, ao mesmo tempo, caça e caçador. Dentre todos os animais, o carcaju é o único que sabe superar essa situação contraditória: não somente não teme as armadilhas que lhe são preparadas como rivaliza com o caçador roubando-lhe as presas e às vezes as próprias armadilhas.

Se este princípio de interpretação é exato, segue-se que a importância ritual da caça às águias entre os hidatsa está ligada, pelo menos em parte, ao uso de covas, isto é, à adoção de uma posição singularmente *baixa* pelo caçador (no sentido próprio e também no figurado, como acabamos de ver), para capturar uma presa cuja posição é a mais *alta*, objetivamente falando (a águia voa alto) e também do ponto de vista mítico (em que a águia é colocada no topo da hierarquia das aves).

A análise do ritual confirma em todos os seus detalhes a hipótese do dualismo de uma presa celeste e de um caçador ctônio, que também evoca a maior oposição concebível no mundo da caça, na perspectiva do alto e do baixo. A extraordinária complicação dos ritos que precedem, acompanham e concluem a caça às águias é, portanto, a contrapartida da posição excepcional ocupada por ela no interior da tipologia mítica, que faz dela a expressão concreta de um *afastamento máximo* entre o caçador e sua caça.

Ao mesmo tempo, esclarecem-se certos pontos obscuros do ritual, principalmente a extensão e a significação dos mitos, narrados durante as expedições de caça, que se referem a heróis culturais capazes de se transformar em flechas e que são mestres na caça com arco; por essa razão, duplamente impróprios para desempenhar o papel de isca na caça às águias, sob sua aparência animal de gato selvagem e de racum.* Com efeito, a caça com arco diz respeito à região do espaço imediatamente situada sobre o solo, isto é, o céu atmosférico ou mediano; caça e caçador aí estão em conjunção no espaço intermediário, ao passo que a caça às águias os coloca em disjunção, assinalando-lhes posições opostas: o caçador sob a terra, a caça próxima do firmamento.

Um outro aspecto singular da caça às águias é que as mulheres exercem nela uma influência benéfica durante suas regras, ao contrário das crenças praticamente universais entre os povos caçadores, inclusive os próprios hidatsa, em relação a qualquer outra caça que não à das águias.

---

* O racum (*raton laveur* para os franceses) é um mamífero plantígrado e carnívoro (*Procyon lotor*) que habita o México, Estados Unidos da América e sul do Canadá. De pelagem em geral cinzenta, com manchas brancas e pretas na face, é um dos dois únicos animais norte-americanos com cauda anelada. Semelhante ao urso lavador americano é o nosso guaxinim ou mão-pelada (*P. cancrivorus*). (Nota de Almir de Oliveira Aguiar e M. Celeste da Costa e Souza, tradutores da 1ª edição pela Ed. Nacional.)

Esse detalhe também se esclarece à luz do que acaba de ser dito, se se leva em conta que na caça às águias, concebida como a redução de um afastamento máximo entre caçador e caça, no plano técnico a mediação se estabelece por intermédio da isca, pedaço de carne ou pequena peça de caça, portanto corpo sanguinolento destinado à rápida putrefação. Uma caça primária (a que procura a isca) condiciona uma caça secundária; uma é sanguinolenta (por meio do arco e das flechas), a outra não sanguinolenta (as águias serão estranguladas, sem derramamento de sangue); uma, que consiste numa conjunção próxima de caça e caçador, fornece o termo mediador de uma conjunção tão longínqua, que primeiro se apresenta como uma disjunção insuperável, salvo exatamente pelo sangue.

Num tal sistema, as regras femininas adquirem uma tripla determinação positiva: de um ponto de vista estritamente formal, sendo uma caça o inverso da outra, o papel que se atribui às regras é igualmente inverso; maléficas num caso (por excesso de similaridade), tornam-se benéficas no outro (onde seu sentido metafórico se acresce de sentido metonímico, pois elas evocam a isca como sangue e corrupção orgânica, pois que a isca é uma parte do sistema). De fato, sob o ponto de vista técnico, o corpo sanguinolento, logo carniça, durante horas ou mesmo durante dias contíguo ao caçador vivo, é o meio da captura, e é significativo que o mesmo termo indígena designe o amplexo amoroso e o da isca pela ave. Enfim, no plano semântico, a mácula, pelo menos no pensamento dos índios da América do Norte, consiste numa conjunção muito estreita entre dois termos destinados, cada um, a permanecer em estado "puro". Se, na caça próxima, as regras femininas ameaçam sempre introduzir um excesso de conjunção, levando, por redundância, à saturação da relação primitiva e neutralizando sua virtude dinâmica, na caça à distância ocorre o inverso: a conjunção é deficiente, e o único meio de remediar sua fraqueza consiste em aí introduzir a mácula, que aparecerá como *periodicidade* no eixo das sucessões ou como *corrupção* no eixo das simultaneidades.

Como esses dois eixos correspondem um à mitologia da agricultura e outro à mitologia da caça, através dessa interpretação pode-se chegar a um sistema de referência global que permite perceber homologias entre temas cujo desenvolvimento à primeira vista não aparenta ligação. Ora, no caso da caça às águias, esse resultado é muito importante, pois ela existe, sob diferentes formas (mas sempre fortemente impregnada de ritual), em quase toda a extensão do continente americano e entre povos de culturas diferentes, uns caçadores e outros agricultores. A função modesta porém positiva atribuída à mácula, entre os hidatsa, os mandan e os pawnee (aliás, com variantes de interpretação em função da organização social de cada tribo), pode, desde então, ser tratada como um caso particular de um conjunto mais vasto, do qual um outro caso particular é ilustrado pelo mito pueblo do homem noivo de uma moça-águia, mito ligado, entre os pueblos, a um outro: o da noiva-fantasma (*corpse girl, ghost-wife*), em que a mácula possui uma função forte (noiva-cadáver, em lugar de mulher menstruada), mas negativa (acarreta a morte do caçador em vez de seu êxito), pois, segundo os índios pueblos (e como o explicam os mitos), *não é preciso fazer sangrarem* os coelhos que constituem o *objeto* por excelência da caça ritual, enquanto que, para os hidatsas, *é preciso fazê-las sangrar*, para que possam servir de *meio* à caça ritual por excelência: a caça às águias, as quais não devem sangrar. Com efeito, os pueblos capturam as águias, criam-nas mas não as matam, e certos grupos se abstêm mesmo da caça completamente, com medo de esquecer de alimentar as aves e fazê-las morrer de fome.

Para voltar rapidamente aos hidatsa, podem-se colocar outros problemas que dizem respeito ao papel mítico reservado ao carcaju, numa região limítrofe da área de maior distribuição, mais setentrional, dessa espécie animal.[12] Lembramos esse ponto para assinalar que os problemas de ordem histórica e geográfica assim como semântica e estrutural estão todos ligados à identificação precisa de um animal que cumpre uma função mítica: o *Gulo luscus*. Essa

12. Tão longe quanto remontam suas tradições, os hidatsa parecem ter vivido em diversos pontos do estado de Dakota do Norte. Quanto ao carcaju, "é uma espécie circumpolar das florestas setentrionais dos dois continentes. Na América do Norte, ele era encontrado outrora desde o limite da floresta, ao norte, até a Nova Inglaterra e o estado de Nova Iorque, ao sul, e nas montanhas Rochosas, até o Colorado. Enfim, na Serra Nevada, até o monte Whitney, na Califórnia" (Nelsen 1918, p. 428). O carcaju comum era encontrado "desde o Oceano Ártico e a Baía de Baffin, ao norte, e do Pacífico ao Atlântico, até a zona fronteiriça do nordeste dos Estados Unidos: Wisconsin, Michigan, Minnesota, Dakota do Norte, e, nas Montanhas Rochosas, até aos Estados de Utah e Colorado" (Anthony 1928, p. III ss.). Espécies provavelmente semelhantes foram assinaladas nas montanhas da Califórnia e em Fort Union, Dakota do Norte (*id.*).

identificação repercute profundamente na interpretação dos mitos provenientes de povos tão distantes do *habitat* do carcaju como os pueblos, ou mesmo, no coração da América tropical, os xerentes do Brasil central, que também possuem o mito da noiva-fantasma. Contudo, não estamos insinuando que todos esses mitos foram retirados de uma cultura setentrional, a despeito das distâncias consideráveis; a questão poderia ser colocada somente para os hidatsa, desde que o carcaju figura explicitamente em seus mitos. Nos outros casos, limitar-nos-emos a constatar que estruturas lógicas análogas podem ser construídas através de recursos lexicais diferentes. Não são constantes os elementos, mas apenas as relações.

* * *

Essa última observação leva ao exame de uma outra dificuldade. Não basta identificar com exatidão cada animal, cada planta, pedra, corpo celeste ou fenômeno natural evocado nos mitos e no ritual – tarefas múltiplas para as quais o etnólogo raramente está preparado – é preciso saber também que papel cada cultura lhe atribui no interior de um sistema de significações. Certamente, é útil ilustrar a riqueza e a finura da observação indígena e descrever seus métodos: atenção prolongada e repetida, exercício assíduo de todos os sentidos, engenhosidade que não rejeita a análise metódica dos dejetos dos animais, para conhecer melhor seus hábitos alimentares etc. Dentre todos esses mínimos detalhes pacientemente acumulados ao longo de séculos e fielmente transmitidos de uma geração à outra, somente alguns são retidos para destinar ao animal ou à planta uma função significante num sistema. Ora, é necessário saber quais, pois essas relações não são constantes de uma sociedade para outra e para a mesma espécie.

Os iban ou dayak do mar, do sul de Bornéu, fazem presságios interpretando o canto e o voo de várias espécies de pássaros. O canto precipitado do gaio de crista (*Platylophus galericulatus* Cuvier) evoca, dizem eles, o crepitar das brasas e, portanto, augura favoravelmente o sucesso da queimada de um campo inculto; o grito de alarme de um *trogon* (*Harpactes diardi* Temminck), comparado aos estertores de um animal degolado, pressagia uma boa caça, enquanto o grito de alarme do *Sasia abnormis* Temminck parece apartar, como que raspando-os, os maus espíritos que frequentam as culturas, pois se parece com o raspar de uma faca. Um outro *trogon* (*Harpactes duvauceli* Temminck) augura com o seu "riso" o êxito das expedições comerciais e com capuz vermelho brilhante lembra o prestígio que está ligado às guerras vitoriosas e às viagens longínquas.

É claro que os mesmos detalhes poderiam receber significações diferentes e que outros traços característicos dos mesmos pássaros poderiam ter sido preferidos àqueles. O sistema divinatório escolhe apenas alguns traços distintivos, empresta-lhes uma significação arbitrária e se limita a sete aves cuja escolha surpreende em razão de sua insignificância. Mas, arbitrário no nível dos termos, o sistema torna-se coerente quando se pode percebê-lo em seu conjunto: retém somente as aves cujos costumes se podem prestar facilmente a um simbolismo antropomórfico e que são fáceis de diferenciar umas das outras por meio de traços combináveis entre si, a fim de criar as mensagens mais complexas (Freeman 1961). Entretanto, levando em conta a riqueza e a diversidade do material bruto, do qual apenas alguns elementos, dentre tantos possíveis, são utilizados pelo sistema, não se poderia duvidar de que um considerável número de sistemas do mesmo tipo teria demonstrado igual coerência e que nenhum estivesse predestinado a ser escolhido por todas as civilizações. Os termos nunca têm significação intrínseca; sua significação é "de posição", por um lado, função da história e do contexto cultural e, por outro, da estrutura do sistema em que são chamados a figurar.

Essa atitude seletiva se manifesta já no nível do vocabulário. Em navajo, o peru selvagem é a ave que "pica com o bico"; já o picanço "martela". Vermes, larvas e insetos são agrupados sob um termo genérico que exprime o fervilhamento, a erupção, a ebulição, a efervescência. Portanto, pensa-se nos insetos em estado larvar mais que sob a forma de crisálida ou de adulto. O nome da cotovia está relacionado com seu esporão alongado, ao passo que o inglês prefere lembrar as penas protuberantes da sua cabeça (*horned-lark*) (Reichard 1948, pp. 10-11).

Quando começou a estudar a maneira pela qual os hanunoo, das ilhas Filipinas, classificam as cores, Conklin primeiro ficou desconcertado com as aparentes confusões e contradições; entretanto, estas desapareciam quando se pedia ao informante para definir não mais amostras isoladas, mas oposições internas a pares em contraste. Havia então um sistema coerente que não podia surgir dos termos do nosso próprio sistema e que emprega dois eixos: o do valor e o do cromatismo. Todos os equívocos foram sanados quando se compreendeu que o sistema hanunoo também comporta dois eixos, mas definidos de outra maneira: ele distingue as cores, de um lado, em relativamente claras e relativamente escuras, de outro, segundo sejam peculiares às plantas frescas ou às secas; assim, os indígenas aproximam do verde a cor marrom brilhante de um pedaço de bambu recém-cortado, enquanto nós a aproximaríamos do vermelho, se fôssemos classificá-la nos termos da oposição simples entre as cores vermelho e verde encontrada entre os hanunoo (Conklin 1955).

Do mesmo modo, animais muito próximos podem frequentemente aparecer no folclore, se bem que com significações diferentes. O picanço e seus congêneres pertencem a este caso. Se o picancilho desperta o interesse dos australianos é porque, como o demonstrou Radcliffe-Brown (1958, cap. V), habita o oco das árvores; mas os índios das pradarias da América do Norte estão atentos a um outro detalhe: o picanço de cabeça vermelha é tido como protegido das aves de rapina, porque seus vestígios nunca são encontrados (Schoolcraft 1956). Um pouco mais ao sul, os pawnee, do alto Missouri, estabelecem uma relação (como os antigos romanos, parece) entre o picanço, a tempestade e a borrasca (Fletcher 1904), enquanto os osage associam esse pássaro ao sol e às estrelas (La Flesche). Porém, para os iban, de Bornéu, de quem falamos há pouco, uma variedade de picanço (*Blythipicus rubiginosus* Swainson) recebe um papel simbólico em virtude de seu canto "triunfal" e do caráter de advertência solene atribuído a seu grito. Sem dúvida, não se trata exatamente das mesmas aves, mas o exemplo permite compreender melhor como diferentes populações poderiam utilizar o mesmo animal em seu simbolismo, baseando-se em caracteres sem relação entre si: *habitat*, associação meteorológica, grito etc.; animal vivo ou animal morto. Cada detalhe, ainda, poderia ser interpretado de diversas maneiras. Os índios do sudoeste dos Estados Unidos, que vivem da agricultura, consideram o corvo sobretudo como um saqueador de hortas, ao passo que os índios da Costa Noroeste do Pacífico, exclusivamente caçadores e pescadores, veem a mesma ave como um comedor de carniça e de excrementos, portanto. A carga semântica de *Corvus* é diferente nos dois casos, vegetal ou animal; e de rivalidade com o homem, na similaridade, ou de antagonismo, numa conduta inversa.

A abelha é um animal totêmico tanto na África quanto na Austrália. Mas, entre os nuer, trata-se de um totem secundário associado ao píton, porque as duas espécies têm o corpo marcado de maneira semelhante. Quem tem o píton como totem abstém-se, então, de matar as abelhas e de comer seu mel. Existe uma associação do mesmo tipo entre formiga vermelha e cobra, porque o nome dessa última significa propriamente "o moreno" (Evans-Pritchard 1956, p. 68).

Infinitamente mais complexa é a posição semântica da abelha entre as tribos australianas de Kimberley, cujas línguas comportam classes nominais. Assim, os ungarinyin reconhecem três dicotomias sucessivas: primeiro, coisas e seres animados e inanimados; depois, seres animados racionais e irracionais; e, enfim, seres racionais machos e fêmeas. Nas línguas com seis classes, a classe reservada aos objetos manufaturados compreende tanto o mel quanto as pirogas, pois que um é "fabricado" pelas abelhas enquanto as outras o são pelos homens. É compreensível, portanto, que as línguas que perderam classes venham a agrupar juntos os animais e os objetos manufaturados (Capell 1960).

Existem casos nos quais se podem aventar hipóteses sobre a lógica das classificações ou de que se sabe terem confirmado as interpretações indígenas. As nações iroquesas eram organizadas em clãs cujo número e denominações variavam sensivelmente de uma para outra. Entretanto, sem muito esforço pode-se definir um "plano-piloto" que se baseia em uma tripartição fundamental em clãs da água (tartaruga, castor, enguia, narceja, garça-real), clãs da terra (lobo, cervo, urso) e clãs do ar (gavião, ? bola); mas mesmo assim decide-se arbitrariamente sobre o caso das aves aquáticas que, como pássaros, poderiam pertencer mais ao ar que à água, e não parece certo que uma pesquisa versando sobre a vida econômica, as técnicas, as representações míticas e as práticas rituais pudesse fornecer um contexto etnográfico suficientemente rico para decidir.

A etnografia dos algonkin centrais e a de seus vizinhos winnebago sugere uma classificação em cinco categorias que correspondem respectivamente à terra, à água, ao mundo subaquático, ao céu atmosférico e ao céu empíreo.[13] As dificuldades começam quando se quer assinalar um

13. "Entre os winnebago e outras tribos sioux, como entre os algonkin centrais, encontra-se uma classificação em cinco grupos: animais terrestres, animais celestes, animais

lugar para cada clã. Os menomini contavam uns 50, que seríamos tentados a repartir em quadrúpedes de terra firme (lobo, cão, cervo), quadrúpedes de lugares úmidos (alce americano, alce, marta, castor, pekan), aves "terrestres" (águias, gaviões, corvo, gralha), aves aquáticas (grou, garça-real, pato, frango-d'água) e, enfim, os animais ctônios. Mas essa categoria é particularmente rebelde, pois muitos dos animais a classificar (urso, tartaruga, porco-espinho) poderiam ser colocados em outros lugares. As dificuldades seriam maiores ainda para todos os termos restantes.

A Austrália oferece problemas do mesmo tipo. Depois de Frazer, Durkheim e Mauss meditaram sobre as classificações totais de certas tribos como os wotjobaluk, que enterram seus mortos, orientando-os numa direção especial para cada clã.

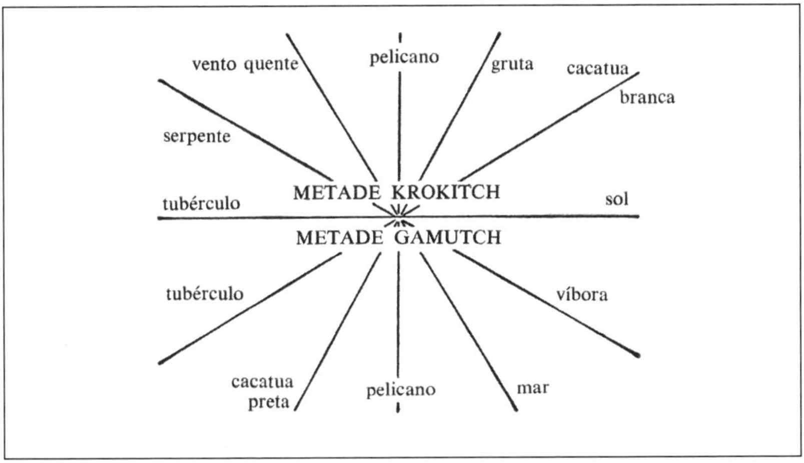

Além de as informações serem, sem dúvida, fragmentárias, só se podem assinalar esboços de organização que, aliás, têm esse caráter apenas para o observador, desde que o contexto etnográfico – o único que permitiria interpretá-los – está quase inteiramente ausente: a cacatua branca, "diurna",

---

do céu empíreo, animais aquáticos e animais subaquáticos. Entre os winnebago, o pássaro-trovão pertence ao céu empíreo; a águia, o gavião e o pombo, ao céu atmosférico; o urso e o lobo, à terra; os peixes, à água, e o gênio das águas, ao mundo subaquático" (Radin, 1923, p. 186).

é vizinha do sol, e a cacatua negra, que lhe está quase diametralmente oposta, é vizinha dos tubérculos, vegetais "ctônios", mesmo estando no mesmo eixo que a gruta, ela também "ctônia". As serpentes estão num eixo; os seres "marinhos": pelicano, mar, vento quente, parecem também axialmente agrupados. Mas esse vento é da terra ou do mar? Não sabemos; e, como acontece com tanta frequência, a resposta a um problema etnográfico está nas mãos do geógrafo e do meteorologista, quando não entre as do botânico, do zoólogo ou do geólogo...

A verdade é que o *princípio de uma classificação nunca se postula*, somente a pesquisa etnográfica, ou seja, a experiência, pode apreendê-lo *a posteriori.*[14] O exemplo dos osage, sioux meridionais, é revelador, pois suas classificações têm um caráter sistemático, pelo menos na aparência. Os osage dividiam os seres e as coisas em três categorias respectivamente associadas ao céu (sol estrela, grou, corpos celestes, noite, constelação das Plêiades etc.), à água (mexilhão, tartaruga, *Typha latifolia* (um junco), nevoeiro, peixes etc.) e à terra firme (urso negro e branco, puma, porco-espinho, cervo, águia etc.). A posição da águia seria incompreensível se não se conhecesse o caminho que percorre o pensamento osage, associando a águia ao raio, o raio ao fogo, o fogo ao carvão e o carvão à terra: é, portanto, como um dos "senhores do carvão" que a águia é um animal "terrestre". Do mesmo modo, e sem que nada possa sugeri-lo antecipadamente, o pelicano desempenha um papel simbólico em virtude da idade avançada a que chega, e o metal, devido a sua dureza. Às vezes, um animal desprovido de qualquer utilidade prática é invocado nos ritos: a tartaruga de cauda denteada em serra. Sua importância seria sempre ininteligível se não se soubesse, por outro lado, que o número 13 possui um valor místico para os osage. O sol nascente emite 13 raios, que se dividem num grupo de seis e num grupo de sete, correspondendo respectivamente ao lado esquerdo e ao lado direito, à terra e ao céu, ao verão e ao inverno. Ora, os dentes da cauda dessa espécie de tartaruga são em número de seis ou sete, conforme o caso; o peito do animal representa, então, a abóbada celeste, e a linha cinzenta que o atravessa, a via láctea. Não seria menos

14. Retomamos aqui algumas páginas de um texto destinado aos *Mélanges Alexandre Koyré.*

difícil predizer a função pansimbólica atribuída ao cervo, cujo corpo é uma verdadeira *imago mundi:* seus pelos representam a relva; suas coxas, as colinas; seus flancos, as planícies; sua espinha, as elevações; seu pescoço, os vales; sua galhada, toda a rede hidrográfica... (La Flesche, *passim*).

Algumas interpretações osage são reconstituíveis, portanto. A razão disso é que se dispõe de uma enorme documentação a seu respeito, reunida por La Flesche, ele próprio filho de um chefe omaha e particularmente respeitador de todos os meandros do pensamento indígena. Mas as dificuldades são insuperáveis no caso de uma tribo quase extinta como os creek, outrora divididos em mais de 50 clãs totêmicos e matrilineares, nomeados sobretudo a partir de animais, mas também de algumas plantas, fenômenos meteorológicos (geada, vento), geológicos (sal) ou anatômicos (pelos pubianos). Esses clãs eram agrupados em frátrias, e as aldeias também eram divididas em dois grupos, talvez correspondentes a animais terrestres e animais aéreos, se bem que isso não resulte de sua designação como "pessoas de outra língua" e "brancos", ou como "vermelhos" e "brancos". Mas por que os totens são diferenciados em "tios" e "sobrinhos" (assim como os hopis distinguem os totens em "irmãos da mãe", por um lado, "pai", "mãe" ou "avó", por outro);[15] e sobretudo por que, levando-se em conta essa divisão, às vezes é o animal menos "importante" que ocupa a posição de destaque, sendo o lobo, por exemplo, o "tio" do urso, e o gato selvagem, o do grande felino denominado "pantera", no sul dos Estados Unidos? Por que o clã do jacaré está associado ao do peru (como poderia, a não ser por sua qualidade de ovíparo?) e o do racum ao clã da batata? No pensamento dos creek, o lado dos "brancos" é o da paz, mas o pesquisador obtém explicações desesperadoramente vagas: o vento (nome de um clã "branco") traz o bom tempo, isto é, o tempo "pacífico"; o urso e o lobo são animais sempre atentos e, portanto, levados às obras pacíficas etc. (Swanton 1928a).

15. Sugeriu-se uma interpretação de uma distinção análoga, numa tribo africana: "Deus é o pai dos mais importantes espíritos do ar e diz-se que os espíritos menores são os filhos de seus filhos, portanto, de sua linhagem. Diz-se com freqüência que os espíritos totêmicos são os filhos de suas filhas e, portanto, estranhos à linhagem, o que, para os nuer, é uma forma de colocá-los ainda mais baixo na hierarquia das forças espirituais" (Evans-Pritchard 1956, p. 119).

As dificuldades ilustradas por esses exemplos são de dois tipos: extrínsecas ou intrínsecas. As primeiras são resultado de nossa ignorância a respeito das observações – reais ou imaginárias – dos fatos ou dos princípios que inspiram as classificações. Os índios tlingit dizem que bicho da madeira é "limpo e malicioso" e que a lontra terrestre "tem horror ao cheiro dos dejetos humanos" (Laguna 1954, pp. 177 e 188). Os hopis acreditam que os mochos exercem uma influência favorável sobre os pessegueiros (Stephen 1936, pp. 78, 91 e 109; Voth 1901a, 37n.). Se esses atributos devessem ser levados em conta para assegurar a esses animais um lugar numa classificação dos seres e das coisas, poder-se-ia procurar a chave indefinidamente, a menos que a sorte fornecesse essas mínimas porém preciosas indicações. Os índios ojibwa, da ilha Parry, possuem, entre outros "totens", a águia e o esquilo. Felizmente, uma glosa indígena explica que esses animais funcionam como símbolos das árvores que frequentam, respectivamente: o abeto-cicuta (*Tsuga canadensis*) e o cedro (*Thuja occidentalis*) (Jenness 1935). Então, o interesse dos ojibwa pelo esquilo é um interresse voltado para uma árvore, não tem ligação com o que os asmat, de Nova Guiné, prodigalizam também ao esquilo mas por razões diferentes:

> Os papagaios e os esquilos são grandes comedores de frutas... e os homens que vão à caça de cabeças sentem-se próximos deles e os chamam seus irmãos... [em virtude do] paralelismo entre o corpo humano e uma árvore, entre a cabeça humana e seu fruto (Zegwaard 1959, p. 1.034).

O mesmo esquilo está proibido às mulheres grávidas pelos fang, do Gabão, em razão de considerações de uma outra ordem: esse animal se refugia nas cavidades dos troncos de árvore, e a futura mãe, se comer sua carne, corre o risco de que o feto imite o animal e se recuse a sair do útero.[16] O mesmo raciocínio poderia ser aplicado às doninhas e aos texugos, que vivem

16. E não somente o esquilo: "O perigo mais temível que ameaça as mulheres grávidas provém dos animais que vivem ou que são capturados dentro de buracos (das árvores ou da terra). Pode-se falar, a esse respeito, de um verdadeiro *horror vacui.* Se a mulher comesse um animal desse tipo, a criança poderia, ela também, permanecer em seu buraco, "dentro da barriga", e se deveria esperar um parto difícil. Da mesma

em tocas; entretanto, os índios hopis seguem uma linha de reflexão inversa: consideram a carne desses animais favorável ao parto por causa de sua aptidão para cavar sob o solo um caminho para escapar quando são perseguidos pelo caçador, portanto ajudam a criança a "descer depressa"; como consequência, pode-se também invocá-los para que a chuva caia (Voth 1901a, 34n.).

Um encantamento ritual dos osage associa de maneira enigmática uma flor (*Lacinaria pycnostachya*) chamada *blazing star*, em inglês, uma planta alimentar, o milho, e um mamífero, o bisão (La Flesche, p. 279). As razões dessa associação seriam incompreensíveis se uma outra fonte não revelasse, independentemente, que os omaha, parentes próximos dos osage, caçavam o bisão durante o verão, até que a *blazing star* florescesse nas planícies; sabiam, então, que o milho estava maduro e voltavam à aldeia para a colheita (Fortune 1932a, pp. 18-19).

As dificuldades intrínsecas são de uma outra natureza. Elas não provêm de nossa ignorância dos caracteres objetivamente retidos pelo pensamento indígena, para estabelecer uma conexão entre dois ou vários termos, mas da natureza polivalente de lógicas que apelam simultaneamente para vários tipos formais de ligação. Os luapula, da Rodésia setentrional, ilustram bem esse aspecto. Seus clãs, que levam nomes de animais, vegetais ou objetos manufaturados, não são totêmicos no sentido dado habitualmente a esse termo; mas, como entre os bemba e os ambo, relações de chiste une-os dois a dois, em função de uma lógica que, do ponto de vista em que nos colocamos, apresenta o mesmo interesse. Com efeito, demonstramos num trabalho anterior e continuamos a estabelecer aqui que o pretenso totemismo é apenas um caso particular do problema geral das classificações e um exemplo dentre outros do papel frequentemente atribuído aos termos específicos para elaborar uma classificação social.

Estão em relação de chiste, entre os luapula, os seguintes clãs: leopardo e cabra, porque um come o outro; cogumelo e termiteira, porque um cresce

---

forma, durante esse período, os pais não devem procurar retirar ninhos de pássaros dos ocos das árvores, e um de meus empregados, que engravidara uma mulher, recusou categoricamente fazer para mim uma espécie de micha de mandioca, sob o pretexto de que ela estava oca" (Tessmann 1913, p. 71).

sobre o outro; papa e cabra, porque se prefere comer a papa acompanhada de carne; elefante e argila, porque outrora as mulheres, em vez de modelar os vasos, recortavam no solo as pegadas dos elefantes e empregavam essas formas naturais como recipientes; termiteira e serpente ou erva, porque a erva cresce bem nela, e as serpentes nela se escondem; ferro e todos os clãs "animais", porque ele os mata. Raciocínios do mesmo tipo permitem estabelecer uma hierarquia dos clãs: o leopardo é superior à cabra; o ferro, aos animais; e a chuva, ao ferro, porque ela o enferruja; aliás, o clã da chuva é superior a todos os outros, pois sem chuva os animais morreriam de fome e de sede, seria impossível fazer a papa (nome de clã), a cerâmica (nome de clã) etc. (Cunnison 1959).

Os navajos justificam com grande número de considerações diferentes o valor e as modalidades de emprego de suas plantas medicinais: a planta cresce ao lado de uma planta medicinal mais importante; uma de suas partes assemelha-se a uma parte do corpo humano; o cheiro da planta é "como deve ser" (ou o tato, ou o sabor); a planta tinge a água "como deve"; a planta está associada a um animal (como seu alimento, ou por contato, ou por *habitat* comum); ela foi revelada pelos deuses; alguém ensinou o seu uso; colheram-na perto de uma árvore fulminada; ela cura determinada doença, logo, também é boa para uma doença análoga ou que afete o mesmo órgão etc. (Vestal 1952, p. 58). Nos nomes de plantas dos hanunoo, os termos diferenciais referem-se aos seguintes domínios: forma da folha, cor, *habitat*, tamanho, dimensão, sexo, tipo de crescimento, sabor, cheiro (Conklin 1954, p. 131).

Esses exemplos completam os anteriores, demonstrando que tais lógicas trabalham simultaneamente sobre vários eixos. As relações que colocam entre os termos são, o mais das vezes, baseadas na contiguidade (cobra e termiteira, entre os luapula, assim como entre os toreya, do sul da Índia)[17] ou na semelhança (formiga vermelha e cobra, semelhantes por sua

17. "Os membros do clã da serpente rendem um culto aos formigueiros... porque eles servem de morada às serpentes" (Thurston 1909, vol. VII, p. 176). Da mesma forma, na Nova Guiné: "Certos tipos de plantas, assim como seus parasitas animais e vegetais, são tidas como pertencentes ao mesmo conjunto mítico e totêmico" (Wirz 1922, vol. II, p. 21).

"cor", segundo os nuer). Desse ponto de vista, elas não se distinguem formalmente de outras taxionomias mesmo modernas, em que contiguidade e semelhança desempenham sempre um papel fundamental: a contiguidade, para descobrir coisas que "do ponto de vista tanto estrutural quanto funcional procedem... do mesmo sistema", e a semelhança, que não exige a participação num sistema e se baseia somente na posse comum de um ou de vários caracteres por coisas que são todas "ou amarelas, ou lisas, ou aladas, ou ainda, que têm dez pés de altura" (Simpson 1961, pp. 3-4).

Mas outros tipos de relação intervêm nos exemplos que examinamos. Com efeito, as relações podem ser sensíveis (marcas corporais da abelha e do píton) ou inteligíveis (função de fabricação, como traço comum entre a abelha e o carpinteiro): o mesmo animal, a abelha, funciona – se podemos dizê-lo – em níveis de abstração diferentes nas duas culturas. A relação pode ser igualmente próxima ou distante, sincrônica ou diacrônica (relação entre cedro e esquilo, de um lado, e entre ceramista e pegada de elefante, de outro), estática (papa e cabra) ou dinâmica (o ferro mata os animais, a chuva "mata" o ferro; a floração de uma planta significa que é tempo de voltar à aldeia) etc.

É provável que o número, a natureza e a "qualidade" desses eixos lógicos não sejam os mesmos, segundo as culturas, e que se poderia classificá-las em mais ricas e em mais pobres a partir das propriedades formais dos sistemas de referência que demandam para construir suas estruturas de classificação. Todavia, mesmo as menos dotadas sob esse aspecto operam com lógicas de várias dimensões, cujo inventário, análise e interpretação exigiriam uma riqueza de informações etnográficas e gerais que muitas vezes nos faltam.

* * *

Até o momento, lembramos dois tipos de dificuldades próprias às lógicas "totêmicas". De início, na maior parte das vezes, ignoramos de que plantas ou de que animais se tratava exatamente; vimos, com efeito, que uma identificação vaga não é suficiente, pois as observações indígenas são tão precisas e matizadas que o lugar atribuído a cada termo no sistema frequentemente diz respeito a um detalhe morfológico ou a um comportamento, definível apenas no nível da variedade ou da subvariedade.

Os esquimós de Dorset esculpiam efígies de animais em pedaços de marfim do tamanho de cabeças de fósforo, com uma exatidão tal que, examinando-as ao microscópio, os zoólogos distinguem as variedades de uma mesma espécie: por exemplo, o mergulhão comum e o mergulhão de pescoço vermelho (Carpenter). Em segundo lugar, cada espécie, variedade ou subvariedade está apta a preencher um número considerável de funções diferentes nos sistemas simbólicos nos quais apenas certas funções lhes são efetivamente designadas. A gama dessas possibilidades é-nos desconhecida e, para determinar as escolhas, é preciso referir-se não apenas ao conjunto dos dados etnográficos, mas também a informações provenientes de outras fontes: zoológica, botânica, geográfica etc. Quando as informações são suficientes – o que raramente acontece – constata-se que mesmo culturas vizinhas constroem sistemas inteiramente diferentes com elementos que parecem superficialmente idênticos ou muito próximos. Se as populações da América do Norte podem considerar o sol, conforme o caso, como um "pai" e um benfeitor ou como um monstro canibal ávido de carne e de sangue humanos, que diversidade de interpretações não se pode esperar quando se trata de seres tão especiais como uma subvariedade de planta ou de ave?

Como exemplo da recorrência de uma estrutura de oposição muito simples mas com inversão das cargas semânticas pode-se comparar o simbolismo das cores entre os luvale, da Rodésia, e em certas tribos australianas do nordeste da província meridional, em que os membros da metade matrilinear de um defunto se pintam com ocre vermelho e se aproximam do cadáver, ao passo que os da outra metade se pintam com argila branca e se mantêm afastados. Os luvale também utilizam terra vermelha e branca, mas entre eles a argila e a farinha brancas servem para as oferendas destinadas aos espíritos ancestrais; substituem-nas pela argila vermelha por ocasião dos ritos de puberdade, porque essa é a cor da vida e da procriação (White 1961, pp. 46-47).[18] Então, se nos dois casos o branco corresponde à situação "não marcada", o vermelho – polo cromático de oposição – está associado ou à morte, ou à vida. Ainda na Austrália, no distrito de Forrest River, os membros da geração do defunto pintam-se de

18. Como na China, onde o branco é a cor do luto e o vermelho, a do casamento.

branco e preto e se mantêm distanciados do cadáver, enquanto os das outras gerações não se pintam e se aproximam do cadáver. Com carga semântica igual, consequentemente, a oposição branco/vermelho é substituída por uma oposição branco + preto/0. Em vez de, como no caso anterior, os valores do branco e do vermelho estarem invertidos, o valor do branco (aqui associado ao preto, cor não cromática) permanece constante, sendo o conteúdo do polo oposto que se inverte, passando do vermelho, "supercor", à ausência total de cor.

Enfim, uma outra tribo australiana, os bard, constroem seu simbolismo através da oposição preto/vermelho. O preto é a cor do luto para as gerações de ordem par (avô, ego, neto); o vermelho, para as gerações de ordem ímpar (pais, filhos) (Elkin 1961, pp. 298-299), isto é, aquelas às quais não se assimila a geração do sujeito. Uma oposição entre dois termos desigualmente marcados – morte e vida – entre os luvale, "sua" morte e "minha" morte, na Austrália, exprime-se, portanto, por pares de elementos extraídos de uma mesma cadeia simbólica: ausência de cor, preto, branco, preto + branco, vermelho (como presença suprema de cor etc.).

Ora, entre os índios fox, encontra-se a mesma oposição fundamental porém transposta da ordem das cores para a das sonoridades: enquanto se desenrola a cerimônia de inumação, "os que enterram o morto falam entre si, mas os outros não dizem uma palavra (Michelson 1925, p. 411). A oposição entre fala e mutismo, ruído e silêncio, corresponde, então, à oposição entre cor e ausência de cor ou entre dois cromatismos de graus diversos. Essas observações parecem-nos fazer justiça a todas as teorias que invocam "arquétipos" ou um "inconsciente coletivo"; apenas as formas podem ser comuns mas não os conteúdos. Se existem conteúdos comuns, a razão disso deve ser procurada ou do lado das propriedades objetivas de certos seres naturais ou artificiais, ou do lado da difusão e do empréstimo, vale dizer, fora do espírito, em ambos os casos.

Uma outra dificuldade diz respeito à complicação natural das lógicas concretas, para a qual o fato da ligação é mais essencial que a natureza dessas ligações; no plano formal constituem, se podemos dizê-lo, flecha de toda madeira. Segue-se que, diante de dois termos dados em conexão, não podemos nunca postular a natureza formal desta. Como os termos, as relações entre os termos devem ser aproximadas indiretamente e, de certo modo, de lado. A linguística estrutural encontra hoje essa dificuldade, se bem que em terreno diferente, porque ela também se assenta numa lógica qualitativa: toma pares de oposições formados por fonemas, mas o espírito de cada oposição permanece amplamente hipotético; num estádio preliminar, é difícil evitar um certo impressionismo para defini-los, e várias soluções para o mesmo problema permanecem possíveis por longo tempo. Uma das maiores dificuldades da linguística estrutural, que ela superou apenas de forma imperfeita, está ligada ao fato de que a redução que opera, graças à noção de oposição binária, deve ser feita a expensas de uma diversidade de natureza insidiosamente reconstituída em proveito de cada oposição; diminuído num plano, o número das dimensões se restabelece num outro. Entretanto, poderia ser que, em vez de uma dificuldade de método, tivéssemos aí um limite inerente à natureza de certas operações intelectuais cuja fraqueza e força, ao mesmo tempo, seria poderem ser lógicas, permanecendo enraizadas na qualidade.

* * *

É preciso encarar separadamente um último tipo de dificuldade que concerne mais particularmente às classificações ditas "totêmicas", em sentido amplo, ou seja, aquelas que são não apenas concebidas, mas vividas. Cada vez que grupos sociais são denominados, o sistema conceitual formado por essas denominações fica como que entregue aos caprichos de uma evolução demográfica que possui suas próprias leis mas que é contingente em relação a ele. Com efeito, o sistema é dado na sincronia, enquanto a evolução demográfica se desenvolve na diacronia; ou seja, dois determinismos dos quais cada um opera por sua conta e sem se preocupar com o outro.

Esse conflito entre sincronia e diacronia existe também no plano linguístico; é provável que os caracteres estruturais de uma língua mudem se a população que a utiliza, antes muito numerosa, torna-se progressivamente menor; e é claro que uma língua desaparece com os homens que a falam. Apesar disso, o laço entre sincronia e diacronia não é rígido, primeiro, porque, *grosso modo*, todos os falantes se equivalem (fórmula que logo se tornaria falsa se se quisessem determinar casos particulares); em seguida e sobretudo, porque a estrutura da língua está relativamente protegida por sua função prática, que é a de assegurar a comunicação: portanto, a língua só é sensível à influência das mudanças demográficas dentro de certos limites e contanto que sua função não seja comprometida. Mas os sistemas conceituais que estudamos aqui não são (ou o são apenas subsidiariamente) meios de comunicar, são meios de pensar, atividade cujas condições são muito menos estritas. Alguém se faz compreender ou não, mas pensa mais ou menos bem. A ordem do pensamento comporta graus, e um meio de pensar pode degenerar insensivelmente em meio de lembrar-se. Isso explica por que as estruturas sincrônicas dos sistemas ditos totêmicos são extremamente vulneráveis aos efeitos da diacronia; um meio mnemotécnico opera com menor dispêndio que um meio especulativo, que é, ele próprio, menos exigente que um meio de comunicação.

Ilustremos esse ponto com um exemplo imaginário. Tome-se uma tribo outrora dividida em três clãs, cada um com o nome de um animal símbolo de um elemento natural:

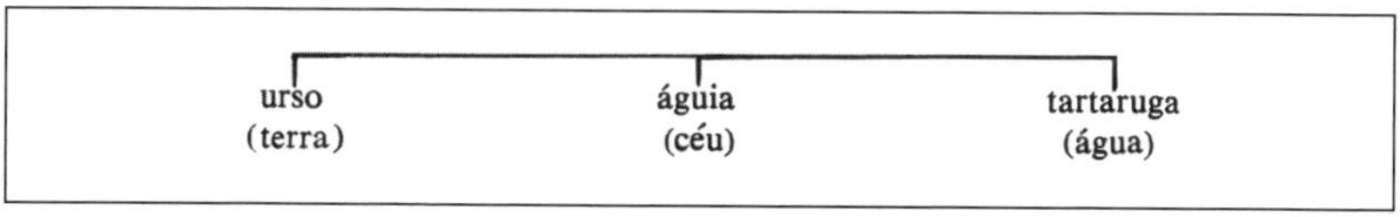

Suponhamos que a evolução demográfica provocou a extinção do clã do urso e a proliferação do da tartaruga, o qual, em consequência, dividiu-se em dois subclãs que assumiram o estatuto de clã posteriormente. A antiga estrutura desaparecerá completamente e dará lugar a uma estrutura do tipo:

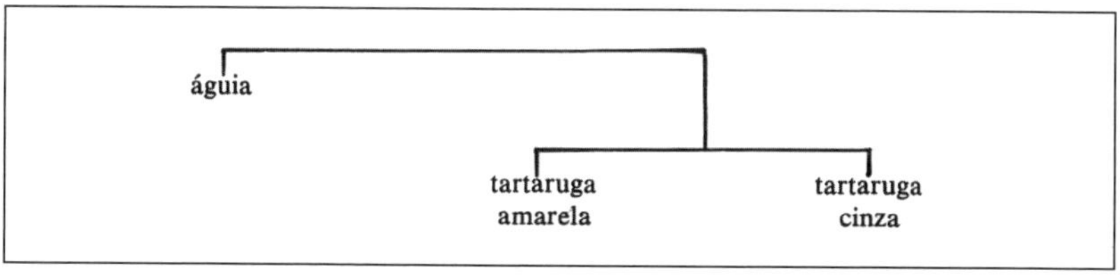

Na ausência de outra informação, será vão procurar o plano inicial por trás dessa nova estrutura e é mesmo possível que, consciente ou inconscientemente, todo o plano tenha desaparecido por completo do pensamento indígena e que, depois dessa perturbação, os três nomes de clã sobrevivam apenas como rótulos tradicionalmente aceitos, desprovidos de significação no plano cosmológico. É provável que essa saída seja muito frequente, e ela explica que um sistema subjacente possa ser postulado de direito às vezes, se bem que seja impossível reconstituí-lo de fato. Mas, muitas vezes também, as coisas se passarão de outro modo.

Numa primeira hipótese, o sistema inicial poderá sobreviver na forma mutilada de uma oposição binária entre céu e água. Uma outra solução resultaria do fato de que, no início, havia três termos e que três termos subsistem no fim; entretanto, os três primeiros termos exprimiam uma tripartição irredutível, ao passo que os outros três resultam de duas dicotomias sucessivas, antes entre céu e água, depois entre amarelo e cinza. Recebendo essa oposição de cores um sentido simbólico, por exemplo, sob a relação do dia e da noite, têm-se não mais uma, mas duas oposições binárias: céu/água e dia/noite, isto é, um sistema de quatro termos.

Vê-se, portanto, que a evolução demográfica pode romper a estrutura, mas, se a orientação estrutural resiste ao choque, a cada perturbação ela dispõe de vários meios para restabelecer um sistema senão idêntico ao sistema anterior pelo menos formalmente do mesmo tipo. Ora, isso não é tudo, pois até agora consideramos apenas uma dimensão do sistema e este possui sempre várias que não são igualmente vulneráveis às mudanças demográficas. Retomemos o exemplo no início. Quando nossa sociedade teórica estava no estádio de três elementos, essa tripartição não funcionava apenas no plano das denominações do clã, o sistema estava baseado em mitos de criação e de origem e impregnava todo o ritual. Mesmo se a base demográfica se esboroa, essa perturbação não repercute instantaneamente sobre todos os planos. Os mitos e os ritos mudarão, mas com um certo atraso e como se fossem dotados de uma persistência que, durante um tempo, preservasse neles toda ou parte da orientação primitiva. Então, através deles, esta permanecerá agindo indiretamente para manter as novas soluções estruturais na linha aproximativa da estrutura anterior. Supondo um momento inicial (cuja noção é totalmente teórica) em que o conjunto dos sistemas tenha sido exatamente ajustado, esse conjunto reagirá a toda mudança que afete a princípio uma de suas partes, como uma máquina de *feedback*: dominada (nos dois sentidos do termo) por sua harmonia anterior, ela orientará o órgão desregulado no sentido de um equilíbrio que será, pelo menos, um ajuste entre o estado antigo e a desordem introduzida de fora.

Correspondendo ou não à realidade histórica, as tradições lendárias dos osage mostram que o pensamento indígena pôde considerar interpretações desse tipo, baseadas na hipótese de uma regulação estrutural do devir histórico. Diz-se que, quando os ancestrais emergiram das profundezas da terra, eram divididos em dois grupos, um pacífico, vegetariano e associado do lado esquerdo, o outro belicoso, carnívoro e associado do lado direito. Os dois grupos resolveram se aliar e trocar seus respectivos alimentos. No decorrer de suas migrações, esses grupos encontraram um outro, feroz, que se alimentava exclusivamente de carniça, com o qual se uniram. Cada um dos três grupos compreendia primitivamente sete clãs, o que perfazia um total de 21. A despeito dessa simetria tripartida, o sistema estava desequilibrado, pois os recém-chegados pertenciam também ao lado da guerra, havendo 14 clãs de um lado e sete do outro. Para remediar esse inconveniente e respeitar o equilíbrio entre o lado da guerra e o lado da paz, reduziu-se o número dos clãs de um dos grupos guerreiros a cinco e o do outro a dois. Desde então, os acampamentos osage, de forma circular e com a entrada aberta para o leste, compreendem sete clãs da paz, que ocupam a metade norte, à esquerda da entrada, e sete clãs da guerra, que ocupam a metade sul, à direita da entrada (Dorsey 1888, p. 2). A lenda invoca, assim, um duplo devir: um, puramente estrutural, que passa de um sistema dualista a um sistema tripartido, com volta ao dualismo anterior; outro, ao mesmo tempo estrutural e histórico, que consiste na anulação de uma perturbação da estrutura primitiva resultante de fatos históricos ou concebidos como tal – migrações, guerra, aliança. Ora, a organização social dos osage tal como pôde ser observada no século XIX integrava, de fato, os dois aspectos; se bem que comportando o mesmo número de clãs, o lado da paz e o da guerra estavam em desequilíbrio, pois que um era puramente "céu" enquanto o outro, dito também da "terra", compreendia dois grupos de clãs respectivamente associados à terra firme e à água. Portanto, o sistema era simultaneamente histórico e estrutural, binário e ternário, simétrico e assimétrico, estável e sem apoio...

Diante de uma dificuldade do mesmo tipo, nossos contemporâneos reagem de modo bem diferente. Como prova, esse atestado de desacordo, com o qual termina um recente colóquio:

> *Sr. Bertrand de Jouvenel* – M. Priouret, poderia concluir com algumas palavras?
> *Sr. Roger Priouret* – Parece-me que, de fato, encontramo-nos diante de duas teses totalmente opostas.

> Raymond Aron retoma a tese de André Siegfried. Para André Siegfried, havia duas atitudes políticas fundamentais da França. Nosso país é ora bonapartista, ora orleanista. Bonapartista, vale dizer, quando aceita o poder pessoal e mesmo o deseja. Orleanista, vale dizer, quando entrega aos deputados o cuidado de gerir os negócios públicos. Diante de cada crise, uma derrota de 1871 ou uma guerra que se prolonga, como a da Argélia, a França muda de atitude, ou seja, passa do bonapartismo ao orleanismo, como em 1871, ou do orleanismo ao bonapartismo, como em 13 de maio de 1958.
> Pessoalmente, ao contrário, penso que a mudança atual, sem ser totalmente independente dessas constantes do temperamento político francês, está ligada às perturbações que a industrialização acarreta para a sociedade. É uma outra aproximação histórica que me vem ao pensamento. À primeira revolução industrial corresponde o golpe de Estado de 2 de dezembro de 1851; à segunda, o golpe de Estado de 13 de maio de 1958. Em outros termos, uma perturbação das condições de produção e de consumo parece inconciliável na história com o regime parlamentar e leva nosso país em direção à forma de poder autoritário que corresponde a seu temperamento, ou seja, ao poder pessoal (Sedeis, p. 20).

É provável que esses dois tipos de oposição (uma sincrônica e outra diacrônica) servissem de ponto de partida para os osage; em vez de pretender escolher entre elas, admiti-las-iam em pé de igualdade, procurando elaborar um esquema único que lhes permitisse integrar o ponto de vista da estrutura com o do fato.

Considerações do mesmo gênero poderiam explicar, sem dúvida, de maneira bastante satisfatória para o espírito, a curiosa dosagem de divergências e homologias que caracteriza a estrutura social das cinco nações iroquesas e, em mais vasta escala histórica e geográfica, as semelhanças e as diferenças de que dão testemunho os algonkin, do leste dos Estados Unidos. Nas sociedades de clãs unilineares e exógamos, o sistema das denominações de clã está quase sempre a meio caminho entre a ordem e a desordem, o que somente poderia explicar, parece, a ação conjunta das duas tendências: uma, de origem demográfica, que leva à desorganização, outra, de inspiração especulativa, que leva à reorganização, numa linha também o mais próxima possível do estado anterior.

O fenômeno se evidencia com o exemplo dos índios pueblos cujas aldeias oferecem outras tantas variações sociológicas ao redor de um tema que, suspeita-se, poderia ser o mesmo para todos. Computando informações relativas aos pueblos hopi, zuñi, keres e tanoan, Kroeber outrora acreditou poder demonstrar "que um esquema único e preciso reina sobre a organização social de todos os pueblos", se bem que cada aldeia dele ofereça apenas uma ilustração parcial e deformada. Esse esquema consistiria numa estrutura com 12 pares de clãs: cascavel-pantera, cervo-antílope, abóbora-grou, nuvem-milho, lagarto-terra, coelho-tabaco, "mostarda selvagem" (*Stanleya*)-galo selvagem, "Katchina" (corvo-papagaio; pinheiro-álamo), lenha-coiote; um grupo de quatro clãs (flecha-sol, águia-peru), texugo-urso, turquesa-concha ou coral (Kroeber, pp. 137-140).

Essa engenhosa tentativa para reconstituir um "plano-piloto" foi criticada por Eggan, na base de informações mais numerosas e menos ambíguas do que aquelas das quais Kroeber podia dispor em 1915-1916, data a que remontam suas observações. Mas poder-se-ia opor a Kroeber um outro argumento, de ordem prejudicial: como um plano-piloto teria podido sobreviver às evoluções demográficas divergentes de cada aldeia? Atendo-nos às informações publicadas pelo próprio Kroeber, comparemos a distribuição dos clãs em zuñi (1.650 habitantes, em 1915) e em duas aldeias hopi da primeira "mesa", cujo número de população o autor multiplicou por cinco (resultado: 1.610), a fim de tornar o confronto mais fácil:

	ZUÑI	HOPI (walpi e sichumovi)
Sol, águia, peru	520	90
Corniso	430	55
Milho, rã	195	225
Doninha, urso	195	160
Grou	100	000
Coiote	75	80
Mostarda, galo selvagem	60	255
Tabaco	45	185
Cervo, antílope	20	295
Cascavel	00	120
Lagarto, terra	00	145
(Clã desconhecido)	10	000
TOTAL	1.650	1.610

Se traçarmos a curva de distribuição dos clãs zuñi, colocando-os em ordem demográfica decrescente, superpondo-se a curva dos clãs hopis da primeira "mesa", constata-se que as evoluções demográficas são divergentes e que a comparação teoricamente não deveria permitir a reconstituição de um plano comum (Figura 3).

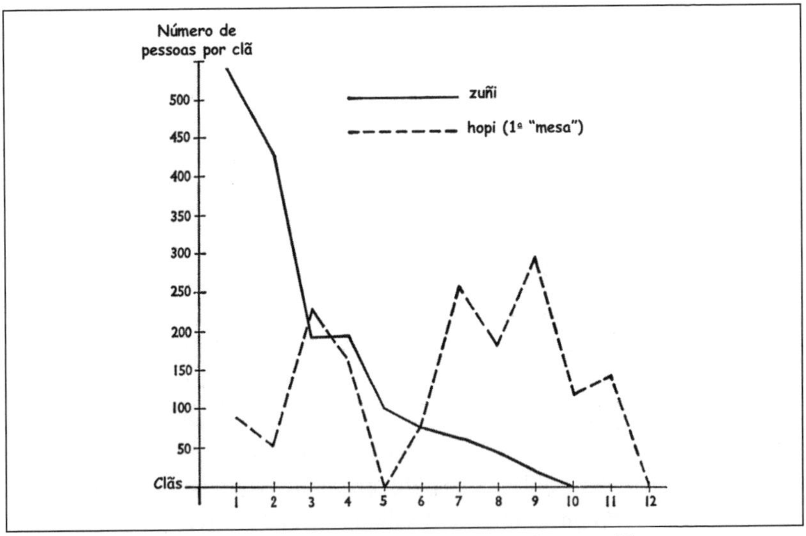

Figura 3 – Distribuição da população por clãs em zuñi e entre os hopi da primeira "mesa".

Nessas condições e mesmo admitindo que a reconstituição de Kroeber violente a experiência em alguns pontos, não é menos digno de nota que tantos elementos comuns e ligações sistemáticas subsistam nas diferentes organizações locais, o que supõe, no plano especulativo, tenacidade e fidelidade às distinções e oposições, das quais, no plano prático, um botânico colheu provas tão convincentes.

No México, trabalhei sobretudo com camponeses de extração completa ou parcialmente européia. Mesmo aqueles que tinham o aspecto de indígenas preferiam falar espanhol e não se consideravam índios. Encontrei o mesmo tipo de população na Guatemala, mas lá trabalhei também com índios que tinham conservado sua antiga língua e sua cultura tradicional e, para grande surpresa minha,

> constatei que suas plantações de milho eram, em relação ao tipo, selecionadas de maneira bem mais estrita que entre seus vizinhos de língua espanhola. Suas plantações tinham permanecido tão autênticas quanto o foram, nos Estados Unidos, as plantações de milho na grande época dos concursos agrícolas, quando os fazendeiros se aplicavam, com os requintes mais sutis, em manter uma uniformidade que contava muito na competição. O fato era digno de nota em virtude da extrema variabilidade do milho guatemalteco em geral e da facilidade com que o milho se torna híbrido: basta que um pouco de pólen seja transportado, pelo vento, de uma plantação a outra, e toda a colheita se mestiça. Somente uma meticulosa escolha das espigas para semeadura e a erradicação das plantas degenerativas pode permitir conservar uma variedade pura dentro de tais condições. E, entretanto, no México, na Guatemala e em nosso próprio sudoeste, a situação é clara: é lá onde as velhas culturas índias resistiram melhor que o milho se conservou mais homogêneo, nos limites da variedade.
>
> Bem mais tarde, cultivei uma coleção de grãos de milho obtida junto a um povo ainda mais primitivo: os naga, de Assam, que alguns etnólogos descrevem como ainda estando na idade da pedra em tudo o que concerne à vida cotidiana. Cada tribo cultiva algumas variedades de milho diferentes umas das outras de forma marcante; contudo, no interior de cada variedade não existem diferenças de uma planta para outra. Além disso, algumas variedades dentre as mais originais eram cultivadas por famílias diferentes, mas por tribos diferentes em regiões igualmente diferentes. Seria preciso uma ligação fanática a um tipo ideal para conservar essas variedades tão puras, quando foram transmitidas ou adquiridas de família a família ou de tribo a tribo. Portanto, parece inexato pretender, como se tem feito muitas vezes, que as variedades mais instáveis sejam encontradas entre os povos mais primitivos. É exatamente o contrário. Pois são sobretudo os indígenas visitados com freqüência, os que vivem perto das grandes vias de comunicação e das cidades e cuja cultura tradicional se deteriorou com mais gravidade, que estão na origem da crença de que os povos primitivos são horticultores negligentes (Anderson 1952, pp. 218-219).

Anderson ilustra aqui, de forma surpreendente, a preocupação com os desvios diferenciais que impregna tanto a atividade empírica quanto a especulativa daqueles que chamamos primitivos. Por seu caráter formal e pela "tomada" que exerce sobre toda espécie de conteúdos, essa preocupação explica por que as instituições indígenas, ainda que elas mesmas levadas pelo fluxo da temporalidade, podem manter-se à distância constante da contingência histórica e da imutabilidade de um plano, navegando, se assim se pode dizer, numa corrente de inteligibilidade. Sempre a uma distância razoável de Cila e Caribdes: diacronia e sincronia, fato e estrutura, estética e lógica, sua natureza só pôde escapar aos que pretendiam defini-la apenas por um aspecto. Entre o profundo absurdo das práticas e das crenças primitivas proclamado por Frazer e sua validação especiosa através das evidências de um pretenso senso comum invocado por Malinowski, há lugar para toda uma ciência e toda uma filosofia.

3
OS SISTEMAS DE TRANSFORMAÇÕES

Como acabamos de ver, as lógicas prático-teóricas que regem a vida e o pensamento das sociedades chamadas primitivas são movidas pela exigência de cortes diferenciais. Essa exigência, já manifesta nos mitos fundadores das instituições totêmicas (Lévi-Strauss 1962, pp. 27-28 e 36-37), aparece também no plano da atividade técnica, ávida de resultados marcados com o selo da permanência e da descontinuidade. Ora, tanto no plano especulativo quanto no plano prático, o que importa é a evidência dos cortes, muito mais que seu conteúdo; desde que existem, formam um sistema utilizável à maneira de uma grade que, a fim de decifrá-lo, se aplica sobre um texto cuja ininteligibilidade primeira confere a aparência de um fluxo indistinto e no qual a grade permite introduzir recortes e contrastes, ou seja, as condições formais de uma mensagem significante. O exemplo teórico discutido no capítulo anterior demonstra como um sistema qualquer de cortes diferenciais – desde que apresente caráter de sistema – permite organizar uma matéria sociológica trabalhada pela evolução histórica e demográfica que consiste, portanto, numa série teoricamente ilimitada de conteúdos diferentes.

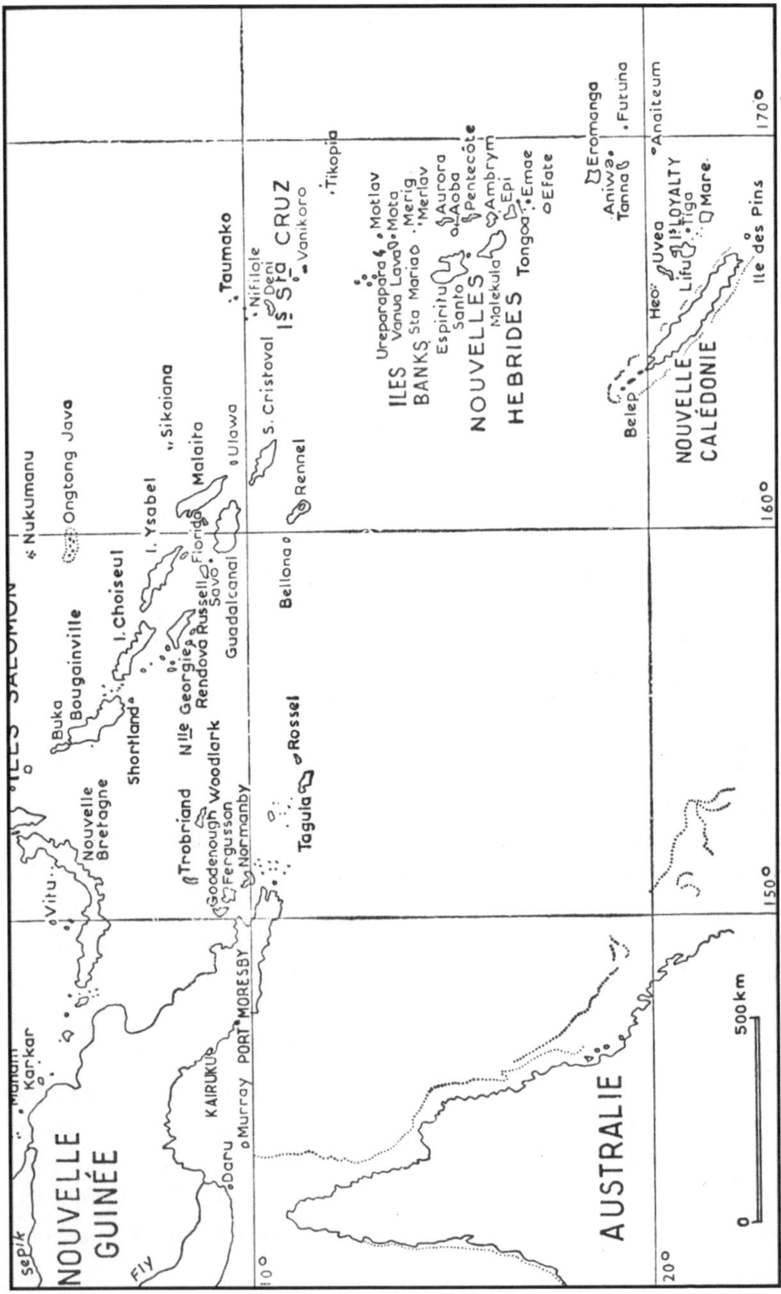

Figura 4 – Mapa parcial da Melanésia (Centro Documental sobre a Oceania da École Pratique des Hautes Études).

O princípio lógico é o de sempre *poder opor* termos que um empobrecimento prévio da totalidade empírica permite conceber como distintos. *Como opor* é, em relação a essa primeira exigência, uma questão importante, cuja consideração vem depois. Dito de outra forma, os sistemas de denominação e classificação comumente chamados totêmicos retiram seu valor operatório de seu caráter formal, são códigos aptos a veicular mensagens transponíveis nos termos de outros códigos e a exprimir em seu próprio sistema as mensagens recebidas pelo canal de códigos diferentes. O erro dos etnólogos clássicos foi querer reificar essa forma, ligando-a a um conteúdo determinado, enquanto ela se apresenta ao observador como um método para assimilar toda espécie de conteúdo. Longe de ser uma instituição autônoma, definível por caracteres intrínsecos, o totemismo ou o que como tal se apresenta corresponde a certas modalidades arbitrariamente isoladas de um sistema formal, cuja função é garantir a convertibilidade ideal dos diferentes níveis da realidade social. Assim como Durkheim parece ter entrevisto, às vezes é numa "sócio-lógica" que reside o fundamento da sociologia (Lévi-Strauss 1960a, p. 36; 1962, p. 137).

No segundo volume de *Totemismo and exogamia*, Frazer interessou-se particularmente pelas formas simples das crenças totêmicas observadas na Melanésia por Codrington e por Rivers. Acreditou reconhecer nelas formas primitivas que estariam na origem do totemismo concepcional australiano, de onde, segundo ele, derivariam todos os outros tipos. Nas Novas Hébridas (Aurora) e nas ilhas Banks (Mota), certos indivíduos pensam que sua existência está ligada à de uma planta, de um animal ou de um objeto, chamados *atai* ou *tamaniu*, nas ilhas Banks, e *nunu,* em Aurora; o sentido de *nunu* e talvez também o de *atai* é, aproximadamente, o de alma (Figura 4).

De acordo com Codrington, um indígena de Mota descobre seu *tamaniu* através de uma visão ou com o auxílio de técnicas divinatórias. Mas, em Aurora, é a futura mãe quem imagina que um coco, uma fruta-pão ou outro objeto qualquer está misteriosamente ligado à criança, que dele seria uma espécie de eco. Rivers encontrou as mesmas crenças em Mota, no qual muitas pessoas observam proibições alimentares porque cada um pensa ser um animal ou uma fruta encontrada ou notada por sua mãe quando estava grávida. Nesse caso, a mulher leva a planta, o fruto ou o animal à aldeia, onde se informa sobre o sentido do incidente. Explicam-lhe que dará à luz uma criança que se parecerá com a coisa ou será essa própria coisa. Então, ela a leva de volta ao lugar onde a encontrou e, se se trata de um animal, constrói-lhe um abrigo de pedra, visita-o todos os dias e o alimenta.

Quando o animal desaparece, é porque penetrou no corpo da mulher, de onde sairá, sob a forma de criança.

Sob pena de doença ou de morte, esta não poderá consumir a planta ou o animal com o qual foi identificada. Se se trata de um fruto não comestível, a árvore que o traz não deverá nem mesmo ser tocada. Sua ingestão ou o contato com ela é assimilado a uma espécie de autocanibalismo; a relação entre o homem e o objeto é tão íntima que o primeiro possui as características do segundo: conforme o caso, a criança será fraca e indolente como a enguia e a cobra-d'água, colérica como o bernardo-eremita, doce e gentil como o lagarto, precipitada e insensata como o rato, ou terá ainda uma barriga grande que lembra a forma de uma maçã silvestre etc. Essas equivalências também são encontradas em Motlav (nome de uma parte da ilha Saddle; Rivers 1912, p. 462). A conexão entre um indivíduo, de um lado, e uma planta, animal ou objeto, de outro, não é geral, afeta apenas algumas pessoas. Não é, tampouco, hereditária e não acarreta proibições exógamas entre homens e mulheres que o acaso tenha associado a seres da mesma espécie (Frazer 1910, vol. II, pp. 81-83 e 89-91 (citando Rivers), e vol. IV, pp. 286-287).

Frazer vê nessas crenças a origem e a explicação daquelas que foram assinaladas em Lifu, nas ilhas Loyauté, e em Ulawa e Malaita, no arquipélago das ilhas Salomão. Em Lifu, às vezes acontece de, antes de morrer, um homem indicar o animal – pássaro ou borboleta – sob a forma do qual será reencarnado.[19] O consumo ou a destruição desse animal tornam-se proibidos para todos os seus descendentes: "É nosso ancestral", dizem, e lhe fazem uma oferenda. Da mesma forma nas ilhas Salomão (Ulawa), onde Codrington notava que os habitantes se recusavam a plantar bananeiras e comer bananas porque outrora uma importante personagem os proibira antes de morrer, a fim de poder reencarnar-se nelas. Consequentemente, na Melanésia central,

19. O fato é confirmado por Ivens (1927, pp. 269-270), que adianta uma interpretação ligeiramente diferente. Contudo, esse autor cita outras proibições que têm como origem a reencarnação de um ancestral, cf. pp. 272, 468 e *passim*. Cf. também Fox, 1924, para crenças do mesmo tipo, em San Cristoval.

a origem dos tabus alimentares deveria ser procurada na imaginação extravagante de alguns ancestrais; resultado indireto e repercussão à distância, acredita Frazer, dos desejos ou imaginações doentias frequentes nas mulheres grávidas. Com esse traço psicológico elevado ao patamar de fenômeno natural e universal ter-se-ia a origem última de todas as crenças e práticas totêmicas (Frazer 1910, vol. II, pp. 106-107 e *passim*).

Que as mulheres de sua época e de seu meio experimentassem desejos quando estavam grávidas e que esse traço lhes fosse comum com as selvagens da Austrália e da Melanésia bastava para convencer Frazer de sua universalidade e de sua origem natural. Senão, seria preciso atribuir à cultura o que se retirara da natureza e, portanto, admitir que, sob determinados aspectos, poderia haver semelhanças alarmantes, porque diretas, entre as sociedades europeias do fim do século XIX e as dos antropófagos. Mas, além de os desejos das mulheres grávidas não serem atestados em todos os povos do mundo, atenuaram-se consideravelmente na Europa, há meio século, e se poderia mesmo dizer que desapareceram completamente em certos meios. Existiam, sem dúvida, na Austrália e na Melanésia, mas sob que forma? Como meio institucional, servindo para definir por antecipação certos elementos do estatuto das pessoas ou dos grupos. E é provável que mesmo na Europa os desejos das mulheres grávidas não sobrevivam ao desaparecimento das crenças do mesmo tipo, que as encorajavam – sob pretexto de se referir a elas – a diagnosticar (em vez de prognosticar) certas particularidades físicas ou psicológicas salientadas depois (e não antes) do nascimento das crianças. Supondo que os desejos das mulheres grávidas tenham um fundamento natural, este não poderia dar conta, portanto, das crenças e práticas que estão longe de ser genéricas e que podem assumir formas diferentes conforme as sociedades.

Por outro lado, não se percebe o que pôde estimular Frazer a dar prioridade aos caprichos das mulheres grávidas em relação aos dos velhos agonizantes, a não ser que, para morrer, é preciso primeiro ter nascido; mas, assim, todas as instituições sociais deveriam ter surgido no intervalo de uma geração. Enfim, se o sistema de Ulawa, de Malaita e de Lifu fosse derivado do de Motlav, de Mota e de Aurora, deveriam subsistir nestes traços ou vestígios daquele. Ao contrário, o que surpreende é que os dois sistemas estão exatamente emparelhados. Nada sugere que um seja cronologicamente anterior ao outro; a relação entre eles não se dá de uma forma primitiva a uma derivada, mas sim entre formas simétricas e inversas uma da outra, como se cada sistema representasse uma transformação do mesmo grupo.

Em lugar de outorgar prioridades, coloquemo-nos, então, no nível do grupo e procuremos definir suas propriedades. Elas se resumem numa oposição tríplice: de um lado, entre o nascimento e a morte; de outro, entre o caráter individual ou coletivo ligado seja a um diagnóstico, seja a uma proibição. Notemos, aliás, que a proibição decorre de um prognóstico: quem comer o fruto ou o animal proibido perecerá.

No sistema Motlav-Mota-Aurora, o termo pertinente da primeira oposição é o nascimento, e no sistema Lifu-Ulawa-Malaita é a morte; e, de maneira correlata, todos os termos das outras oposições também se invertem. Quando o nascimento é o fato pertinente, o diagnóstico é coletivo, e a proibição (ou o prognóstico) é individual: a mulher grávida ou próxima de o estar, encontrando um animal ou um fruto, às vezes no chão, às vezes perdido em sua tanga, volta à aldeia, onde interroga parentes e amigos; o grupo social diagnostica coletivamente (ou pela boca de seus representantes qualificados) o estatuto distintivo de uma pessoa que logo vai nascer e que estará sujeita a uma proibição individual. Mas em Lifu, Ulawa e Malaita todo esse sistema oscila. A morte torna-se o fato pertinente, e ao mesmo tempo o diagnóstico se faz individual, pois que é pronunciado pelo agonizante, e a proibição se faz coletiva, submetendo todos os descendentes de um mesmo antepassado e, às vezes, como em Ulawa, toda uma população. Portanto, no interior de um grupo, os dois sistemas estão numa relação de simetria invertida, como se pode perceber pelo quadro a seguir, em que os signos + e - correspondem respectivamente ao primeiro e ao segundo termo de cada oposição.

Oposições significativas:		*Motlav* *Mota — Aurora*	*Lifu* *Ulawa — Malaita*
nascimento/morte		+	–
individual/coletivo	**diagnóstico**	–	+
	proibição	+	–

Enfim, os fatos que relacionamos permitem aferir um caráter comum no nível do grupo que o distingue como grupo de todos os que também fazem parte do mesmo conjunto, a saber: o conjunto dos sistemas de classificação que colocam uma homologia entre as diferenças naturais e as diferenças culturais (fórmula preferível à das instituições totêmicas). O caráter comum dos dois sistemas que acabamos de discutir diz respeito a sua natureza estatística e não universal. Nem um nem outro pode ser indistintamente aplicado a todos os membros da sociedade: somente algumas crianças são concebidas por obra de um animal ou planta; somente alguns agonizantes se reencarnam numa espécie natural. O domínio regido por cada sistema consiste então numa amostra na qual, pelo menos teoricamente, a seleção é confiada ao acaso. Por esse duplo título, esses sistemas devem ser imediatamente colocados ao lado dos sistemas australianos de tipo aranda, como o observara Frazer, equivocando-se sobre a relação – lógica e não genética – que os liga, porém respeitando sua especificidade. Com efeito, os sistemas aranda possuem também um caráter estatístico, mas sua regra de aplicação é universal, ainda que o domínio regido por eles seja coextensivo à sociedade global.

* * *

No decorrer de sua travessia da Austrália, Spencer e Gillen já se tinham surpreendido com o caráter coerente de sistema que apresentavam as instituições das populações distribuídas no eixo sul-norte, desde a grande baía australiana, até o golfo de Carpentária.

> Entre os arunta e os warramunga, as condições (sócio-religiosas) são exatamente inversas, mas como existem, aliás, outros exemplos, os kaitish ilustram um estado intermediário (Spencer e Gillen 1904, p. 164).

Ao sul, os arabanna reconhecem duas metades exógamas e clãs totêmicos exógamos, igualmente matrilineares. O casamento, dado por Spencer e Gillen como preferencial com a filha do irmão mais velho da mãe ou da irmã mais velha do pai, era, segundo Elkin, do tipo aranda, mas complicado por restrições totêmicas que, como se sabe, não existem entre os aranda.

Nos tempos míticos (*ularaka*), os ancestrais totêmicos depuseram espíritos-crianças (*mai-aurli*) em lugares totêmicos. Essa crença tem seu equivalente entre os aranda. Contudo, para esses últimos, em vez de os espíritos retornarem regularmente a seu lugar de origem, à espera de uma nova encarnação, depois de cada encarnação os espíritos arabanna mudam de sexo, de metade e de totem, se bem que cada espírito percorra regularmente um ciclo completo de *status* biológicos e sócio-religiosos (Spencer e Gillen 1904, p. 146 ss.).

Se essa descrição correspondesse exatamente à realidade, forneceria a imagem de um sistema simétrico e inverso ao dos aranda. Entre esses últimos, a filiação é patrilinear (e não matrilinear), as dependências totêmicas não são determinadas por uma regra de filiação, mas pelo acaso do lugar por onde passou a mulher quando tomou conhecimento de sua gravidez; dito de outra maneira, a repartição dos totens é feita de acordo com uma regra entre os arabanna, estatisticamente e pelo jogo de oportunidades entre os aranda. Estritamente exógamos, num caso, os grupos totêmicos são estranhos à regulamentação dos casamentos, em outro; com efeito, entre os aranda, trata-se de um sistema de oito subseções (e não mais de apenas duas metades), sem relação com as filiações totêmicas, que rege as alianças matrimoniais, pela operação de um ciclo que se pode representar da seguinte maneira (Figura 5).[20]

Simplificando bastante e atendo-nos, por enquanto, às informações antigas, poderíamos ser tentados então a dizer que entre os aranda as coisas se passam para os humanos assim como se passam para os espíritos entre os arabanna. De fato, a cada geração, os espíritos mudam de sexo e de metade (deixamos de lado a mudança de grupo totêmico, pois a dependência totêmica não é pertinente no sistema aranda e nós o substituímos por uma mudança de subseção, que é o fenômeno pertinente); traduzidas em termos do sistema aranda, essas suas exigências corresponderiam ao ciclo:

$$
\begin{array}{c}
A_1 \\
| \\
D_1 = a_2 \\
| \\
B_1 = d_2 \\
| \\
C_1 = b_2 \\
| \\
A_1 = c_2
\end{array}
$$

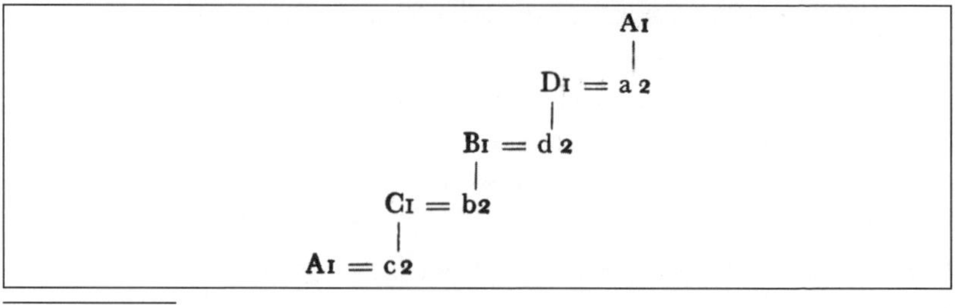

20. Devemos esse modo de representação gráfica, sob a forma de um toro, a nosso colega G. Th. Guilbaud.

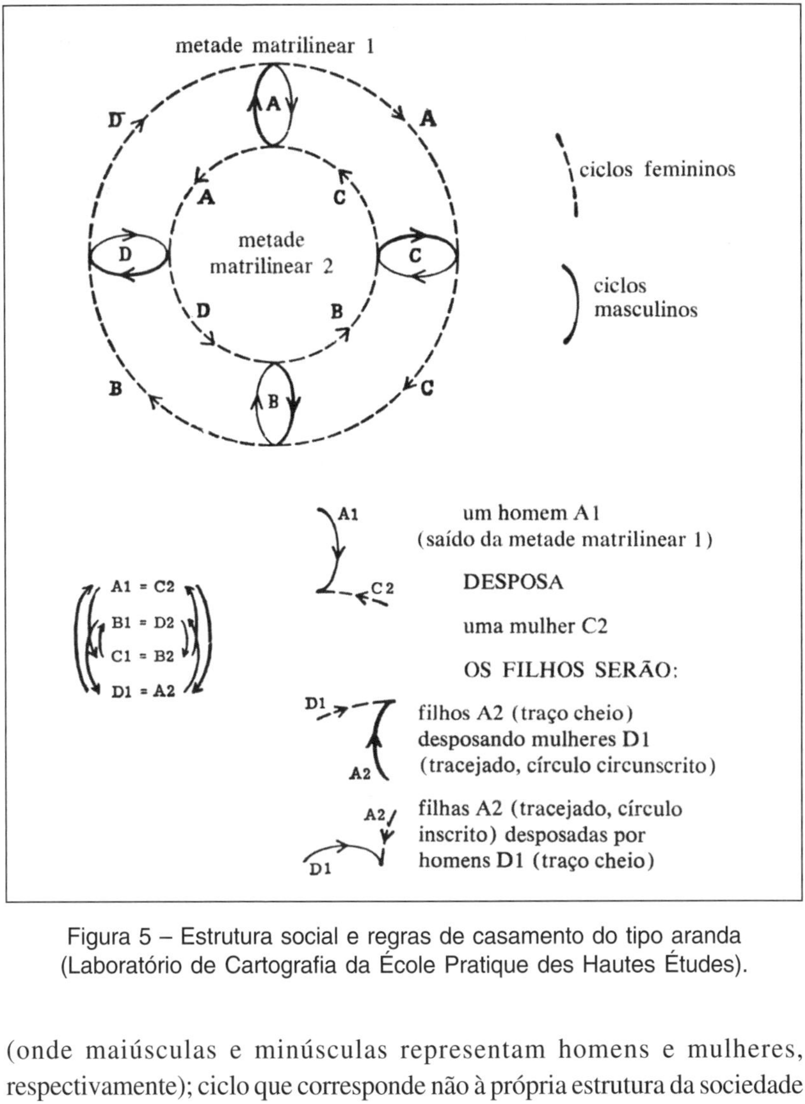

Figura 5 – Estrutura social e regras de casamento do tipo aranda (Laboratório de Cartografia da École Pratique des Hautes Études).

(onde maiúsculas e minúsculas representam homens e mulheres, respectivamente); ciclo que corresponde não à própria estrutura da sociedade aranda, que distingue ciclos exclusivamente masculinos e ciclos exclusivamente femininos, mas ao procedimento (implícito nos termos do sistema) pelo qual esses pedaços são, se assim se pode dizer, *cosidos* juntos.

Todavia, é conveniente levar em conta as críticas formuladas por Elkin contra a descrição de seus predecessores. Elkin supõe que Spencer e

Gillen perceberam, entre os aranda, apenas uma forma de totemismo (Elkin 1961, pp. 138-139), quando existiriam duas, como ele próprio verificou entre os arabanna: uma patrilinear e cultual, a outra matrilinear e social, portanto exógama.

> Os membros de um culto totêmico patrilinear celebram ritos de crescimento com a ajuda dos filhos de suas irmãs e lhes entregam ritualmente esse totem cultual (depois a outros, por seu intermédio) *para comê-lo*, mas disso não se deduz que eles próprios estejam sujeitos a uma proibição alimentar. Em compensação... eles se abstêm de uma maneira estrita de consumir seu *madu*, ou totem social, ao qual, aliás, não rendem culto (Elkin 1934, p. 180).

À descrição de Spencer e Gillen, Elkin objeta, portanto, que a hipótese de um ciclo completo percorrido pelos espíritos totêmicos é contraditória, pois implica uma mistura de duas formas de totemismo que ele mesmo considera irredutíveis. Pode-se apenas admitir que os totens cultuais, patrilineares, alternam-se entre as duas metades no interior de uma linhagem masculina determinada.

Sem a pretensão de resolver, limitar-nos-emos a lembrar as objeções de princípio que formulamos em outro lugar contra as análises particularizantes de Elkin; por outro lado, é justo enfatizar que Spencer e Gillen conheceram a cultura arabanna ainda intata, a qual, segundo seu próprio testemunho, Elkin encontrou num estado avançado de deterioração. Mesmo se fosse necessário ater-se à interpretação restritiva de Elkin, não seria menos verdade que, entre os aranda, são os vivos que "ciclam", ao passo que, entre seus vizinhos meridionais, são os mortos. Em outros termos, o que entre os aranda aparece como um *sistema* entre os arabanna se desdobra sob a forma de uma *receita*, de um lado, e de uma *teoria*, de outro, pois a regulamentação dos casamentos pelo arrolamento das incompatibilidades totêmicas descrita por Elkin é um procedimento puramente empírico, enquanto o ciclo dos espíritos repousa, está claro, na especulação pura. Essa diferença entre os dois grupos é acompanhada por outras que correspondem a verdadeiras inversões e que se manifestam em todos os planos: matrilinear/patrilinear; duas metades/oito subseções; totemismo mecânico/totemismo estatístico; enfim, na hipótese em que as análises de Spencer e Gillen seriam exaustivas, totemismo exógamo/ totemismo não exógamo. Notar-se-á, também, que as subseções aranda têm um grande rendimento funcional porque são transitivas: as crianças saídas do casamento *X* = *y* serão *Z*, *z*, ou seja, de um grupo (social) que não o de seus pais; ao contrário, os grupos (totêmicos) arabanna (que têm a mesma função sociológica de regulamentação dos casamentos) têm um fraco rendimento funcional porque são intransitivos: os filhos do casamento *X* = *y* serão *Y*, *y*, reproduzindo somente o grupo da mãe. A transitividade (total ou parcial, conforme se adote a interpretação de Spencer e Gillen ou a de Elkin) encontra-se apenas no além arabanna, que reconstitui uma imagem de acordo com a da sociedade dos aranda vivos.

Enfim, a mesma inversão caracteriza o papel reservado por cada tribo ao quadro territorial: os aranda lhe conferem um valor real e absoluto; dentro de seu sistema, é o único conteúdo significante, pois cada sítio é, desde a origem dos tempos, destinado exclusiva e permanentemente a uma espécie totêmica. Entre os arabanna, esse valor é relativo e formal, pois o conteúdo local perde (em razão da aptidão dos espíritos para percorrer um ciclo) muito de sua capacidade significante. Os sítios totêmicos são portos de união mais que domínios ancestrais...

Comparemos agora a estrutura social dos aranda com a de uma população mais ao norte, os warramunga, também patrilineares. Entre esses últimos, os totens estão ligados às metades, isto é, eles têm uma função inversa daquelas que preenchem entre os aranda e análoga (mas de outra maneira) às que têm entre os arabanna, cuja situação geográfica é simétrica e inversa (vizinhos respectivamente setentrionais e meridionais dos aranda) em relação ao grupo de referência. Como os arabanna, os warramunga têm totens paternos e maternos, mas, diferentemente do que ocorre entre os primeiros, são os totens paternos os absolutamente proibidos, ao passo que os maternos são autorizados por intermédio da metade alterna (já entre os arabanna, os totens paternos são autorizados à metade alterna, por intermédio dos grupos cultuais membros da mesma metade).

O papel atribuído à metade alterna se presta de fato a uma análise por transformação. Não existe reciprocidade de metade nos ritos de multiplicação dos aranda: cada grupo cultual celebra seus ritos apenas de acordo com suas conveniências, para o benefício de outros grupos que são, eles próprios, livres para consumir um alimento, somente tornado mais abundante pelo ministério do grupo oficiante. Entre os warramunga, ao contrário, a metade consumidora intervém ativamente para conseguir que a outra metade celebre as cerimônias, das quais ela mesma receberá os benefícios.

Essa diferença acarreta outras que lhe são correlatas: num caso, os ritos de crescimento são assunto individual, em outro, assunto do grupo. Entre os aranda, a celebração dos ritos de crescimento, sendo deixada à iniciativa do homem, que é seu proprietário, apresenta um caráter estatístico, cada um oficia quando quer e sem coordenar sua iniciativa com a de outros. Entre os warramunga, porém, existe um calendário ritual, e as festas se sucedem numa ordem prescrita. Reencontramos aqui, então, no plano do ritual, uma oposição já levantada (mas para os aranda e os arabanna) entre uma estrutura periódica e uma estrutura aperiódica, que nos pareceu característica da comunidade dos vivos e da comunidade dos mortos. A mesma oposição formal existe, entre os aranda, de um lado, e entre os warramunga e os arabanna, de outro, mas desta vez ela se manifesta num outro plano. Simplificando bastante, poder-se-ia dizer que a situação entre os warramunga a esse respeito é simétrica à que prevalece entre os arabanna, com a diferença de que a filiação, patrilinear num caso, é matrilinear no outro; enquanto os aranda, patrilineares como os warramunga, opõem-se aos seus vizinhos do norte e do sul através de rituais de celebração estatística, que contrastam com os rituais de celebração periódica.[21]

Isso não é tudo. Arabanna e warramunga concebem os ancestrais totêmicos como personagens únicas, cuja aparência meio humana, meio animal apresenta, de imediato, um caráter acabado. A essa concepção, os aranda preferem a de uma multiplicidade de ancestrais (para cada grupo totêmico), mas que são seres humanos incompletos. Nesse sentido, e como Spencer e Gillen o demonstraram, os grupos situados entre os aranda e os warramunga – kaitish e unmatjera – ilustram um caso intermediário, pois seus ancestrais são representados nos mitos sob a forma de um

21. Entre os aranda, "não há ordem fixa... cada cerimônia é propriedade de um indivíduo determinado"; mas, entre os warramunga, "as cerimônias têm lugar dentro de uma seqüência regular A, B, C, D" (Spencer e Guillen 1904, p. 193).

conglomerado de seres humanos incompletos e de homens feitos. De uma maneira geral, a distribuição das crenças e dos costumes sobre um eixo norte-sul faz aparecer ora uma mudança gradual que vai de um tipo extremo a sua forma invertida, ora a recorrência das mesmas formas aos dois polos, mas então expressos num contexto invertido: patrilinear ou matrilinear; a reviravolta estrutural ocorre no meio, ou seja, entre os aranda (Tabela 2).

Tabela 2

	SUL		NORTE	
	Arabanna	*Aranda*	*Kaitish Unmatjera*	*Warramunga*
Ancestrais totêmicos	seres completos semi-humanos, semianimais únicos	seres humanos incompletos múltiplos	seres humanos incompletos + homens feitos . múltiplos	seres completos semi-humanos semianimais únicos
Organização social	totemismo exógamo	não congruência entre totens e metades totemismo não exógamo		congruência entre totens e metades totemismo exógamo
Ritual		exclusivismo recíproco das metades	iniciativa do grupo totêmico + assistência da metade alterna	reciprocidade das metades: iniciativa da metade alterna
Cerimônias totêmicas		propriedade individual		propriedade coletiva
Celebração		aperiódica		periódica

Pode-se, portanto, perceber que, se assim se pode dizer, indo dos aranda para os warramunga, passa-se de um sistema de mitologia coletivista (multiplicidade de ancestrais), mas com ritual individualizado, para um sistema inverso, de mitologia individualizada em que o ritual é coletivista. Do mesmo modo, entre os aranda, o solo é qualificado religiosamente (por suas atribuições totêmicas) enquanto o é socialmente entre os warramunga (os territórios são repartidos entre as metades). Enfim, de sul a norte observa-se um desaparecimento progressivo dos churinga, fenômeno quase previsível a partir das observações precedentes, desde que o churinga funciona, no meio aranda, como a unidade de uma multiplicidade: representando o corpo físico de um ancestral e feito por uma série de indivíduos sucessivos como a prova de sua filiação genealógica, o churinga atesta, na diacronia, a continuidade individual, cuja possibilidade poderia ser excluída pela imagem que os aranda se fazem dos tempos míticos.[22]

Todas essas transformações deveriam ser sistematicamente inventariadas. Os karadjeri, entre os quais o *homem sonha* a filiação totêmica de seu futuro filho, ilustram um caso simétrico e inverso dos aranda, entre os quais é a *mulher* que a *vive*. No norte da Austrália, o caráter sempre mais exigente das proibições totêmicas oferece uma espécie de equivalente "culinário" das sujeições próprias do sistema com oito subseções, no plano da exogamia. Assim, certas populações proíbem não apenas o consumo do próprio totem mas ainda (completa ou condicionalmente) o dos totens do pai, da mãe, do pai do pai (ou do pai da mãe). Entre os kauralaig das ilhas ao norte da península do Cabo Iorque, um indivíduo reconhece como totem o seu próprio e os da mãe do pai, do pai da mãe, da mãe da mãe; o casamento é proibido nos quatro clãs correspondentes (Sharp 1943, p. 66). Discutimos mais acima as proibições alimentares resultantes da crença em que um ancestral se reencarnou numa espécie animal ou vegetal. Uma estrutura do mesmo tipo aparece nas ilhas Melville e Bathurst, mas desta vez no plano linguístico: todas as homófonas do nome do morto são evitadas por seus descendentes, mesmo quando se trata de termos de uso corrente cuja semelhança fonética é longínqua.[23] Não se proíbem as bananas mas as palavras. Conforme os grupos considerados, as mesmas fórmulas aparecem e desaparecem, idênticas ou transpostas de um nível de consumo a outro, visando ora ao uso das mulheres, ora ao dos alimentos, ora ao das palavras do discurso.

Talvez seja porque as observações de Spencer e Guillen digam respeito a um número bastante restrito de tribos australianas (embora sendo extraordinariamente ricas para cada uma) que eles tiveram, melhor que seus continuadores, uma consciência aguda das relações sistemáticas entre

22. Cf. a seguir, pp. 277-278.

23. Como em diversas tribos índias onde a proibição de pronunciar o nome dos sogros estende-se a todos os nomes que entrem em sua composição. Cf. a seguir, p. 206.

os diferentes tipos. Mais tarde, os especialistas viram seu horizonte restringir-se à pequena área que estudavam; e, para aqueles que não renunciavam à síntese, a própria massa das informações e também a prudência os dissuadiram de se porem em busca de leis. Quanto mais nossos conhecimentos se acumulam, mais fica obscurecido o esquema de conjunto, pois as dimensões se multiplicam e o crescimento dos eixos de referência para além de um certo limiar paralisa os métodos intuitivos, não se chega mais a imaginar um sistema, pois que sua representação exige um *continuum* que ultrapasse três ou quatro dimensões. Mas não é proibido sonhar que um dia se possa transferir para cartões perfurados toda a documentação disponível a respeito das sociedades australianas, e demonstrar, com o auxílio de um ordenador, que o conjunto de suas estruturas tecnoeconômicas, sociais e religiosas se assemelha a um vasto grupo de transformações.

A ideia é tanto mais sedutora quanto possamos imaginar por que a Austrália, melhor que qualquer outro continente, ofereceria um terreno privilegiado para tal experiência. Apesar dos contatos e das trocas com o mundo exterior que também lá ocorreram, as sociedades australianas provavelmente evoluíram em mundo fechado, a um grau mais alto do que deve ter ocorrido em outros lugares. Por outro lado, essa evolução não foi sofrida passivamente, ela foi desejada e concebida, pois poucas civilizações, como a australiana, parecem ter tido o gosto pela erudição, pela especulação e pelo que às vezes parece um dandismo intelectual, por mais estranha que possa parecer a expressão quando aplicada a homens cujo nível de vida material era tão rudimentar. Mas não nos enganemos com isso. Esses selvagens peludos e barrigudos cuja aparência física lembra-nos burocratas adiposos ou veteranos do Império, tomando sua nudez ainda mais incongruente, esses adeptos meticulosos de práticas que nos parecem assinalar uma perversidade infantil – manipulações e apalpadelas genitais, torturas, usos industriosos de seu próprio sangue e de suas próprias excreções e secreções (como nós fazemos discretamente e sem pensar, umedecendo os selos com saliva, para colá-los) – foram, sob muitos aspectos, verdadeiros esnobes; o termo lhes foi, aliás, aplicado por um especialista, nascido e crescido entre eles, falando sua língua (Strehlow 1947, p. 82). Quando os encaramos a essa luz, parece menos surpreendente que, tão logo lhes ensinaram as artes recreativas, tenham-se posto a pintar aquarelas tão insípidas e aplicadas quanto se poderia esperar de solteironas (prancha 8).

Se durante séculos ou milênios a Austrália viveu voltada para si mesma[24] e se nesse mundo fechado as especulações e discussões fizeram furor, enfim, se as influências da moda aí foram muitas vezes determinantes, pode-se compreender que se tenha constituído uma espécie de estilo sociológico e filosófico comum que não excluía variações metodicamente pesquisadas, das quais mesmo as mais ínfimas eram salientadas e comentadas numa intenção favorável ou hostil. Sem dúvida, cada grupo era guiado por seus motivos, menos contraditórios do que parecem, de fazer como os outros, tão bem quanto os outros, melhor do que os outros e não como os outros, ou seja, de refinar constantemente os temas dos quais apenas os contornos gerais estavam fixados pela tradição e pelo uso. Em suma, no domínio da organização social e do pensamento religioso, as comunidades australianas procederam com as sociedades camponesas da Europa em matéria de vestimentas, no fim do século XVIII e começo do XIX. Que cada comunidade devesse possuir o seu traje e que, para homens e mulheres respectivamente, esse fosse de maneira geral composto dos mesmos elementos, não era colocado em questão; empenhavam-se apenas em se distinguir da aldeia vizinha e em ultrapassá-la pela riqueza ou engenhosidade do detalhe. Todas as mulheres usam coifas, mas elas são diferentes de uma região para outra; aliás, em termos de endogamia, a linguagem das coifas servia, entre nós, para formular as regras do casamento ("não se casam a não ser na coifa"), à maneira dos australianos – mas em termos de exogamia – na linguagem das seções ou dos totens. A dupla ação do conformismo geral (que é fato de um universo fechado) e do particularismo de paróquia tende, tanto aqui quanto lá, entre os selvagens australianos e nas sociedades camponesas, a tratar a cultura conforme a fórmula musical de "tema e variações".

* * *

Dentro dessas condições históricas e geográficas sucintamente definidas, pode-se portanto conceber que, talvez mais completa e sistematicamente que em outras regiões do mundo, as culturas australianas

24. Com exceção das regiões setentrionais, com certeza, e a estas não faltavam contatos com o resto do continente. Portanto a fórmula tem apenas um valor relativo.

aparecem, umas e outras, numa relação de transformação. Mas essa relação externa não deve permitir negligenciar a própria relação, desta vez interna, existente entre os diferentes níveis de uma cultura específica, de maneira muito mais geral. Como já sugerimos, as noções e crenças de tipo "totêmico" merecem atenção sobretudo porque constituem para as sociedades que as elaboraram ou adotaram códigos que permitem, sob a forma de sistemas conceituais, assegurar a convertibilidade das mensagens aferentes a cada nível, sejam eles tão distantes uns dos outros quanto os que dizem respeito, parece que exclusivamente, à cultura ou à sociedade, ou seja, relações que os homens mantêm entre si ou manifestações de ordem técnica e econômica que se poderiam crer referentes mais às relações do homem com a natureza. Essa mediação entre natureza e cultura, que é uma das funções distintivas do operador totêmico, permite compreender o que pode haver de verdadeiro mas também de parcial e mutilado nas interpretações de Durkheim e Malinowski, que tentaram alojar o totemismo dentro de um único dos seus dois domínios, quando ele é sobretudo um meio (ou uma esperança) de transcender sua oposição.

É justamente o que evidenciou Lloyd Warner a respeito dos murngin, da terra de Arnhem. Esses australianos setentrionais explicam a origem dos seres e das coisas através de um mito que funda também uma parte importante de seu ritual. Na origem dos tempos, as duas irmãs Wawilak puseram-se a caminho, em direção ao mar, nomeando, na passagem, os lugares, os animais e as plantas; uma estava grávida, a outra carregava o seu filho. Antes de partir, elas se tinham unido incestuosamente a homens de sua metade.

Depois de a mais nova dar à luz, elas prosseguiram viagem e pararam, um dia, perto de uma bacia onde vivia a grande serpente Yurlunggur, totem da metade dua, a que elas pertenciam. Mas a mais velha poluiu a água com sangue menstrual; indignado, o píton saiu e provocou um dilúvio, seguido de uma inundação geral, engolindo depois as mulheres e seus filhos. Enquanto a serpente se manteve levantada, as águas recobriram a terra e a vegetação. Desapareceram, quando ela tornou a se deitar.

Ora, tal como explica Warner, os murngin associam conscientemente a serpente à estação das chuvas, que causa uma inundação anual. Nessa região do mundo, o desenrolar das estações é tão regular que se pode predizêla um dia antes, como salienta um geógrafo. As precipitações frequentemente se elevam a 150 cm, num espaço de 2 a 3 meses. Ultrapassa 5 cm de outubro a 25 de dezembro e 40 em janeiro; a estação seca também sobrevém com rapidez. Um diagrama das precipitações em Port Darwin, estabelecido num período de 46 anos, poderia ser a própria imagem da serpente Yurlunggur, erguida acima de seu poço, a cabeça tocando o céu e inundando a terra (Figura 6).

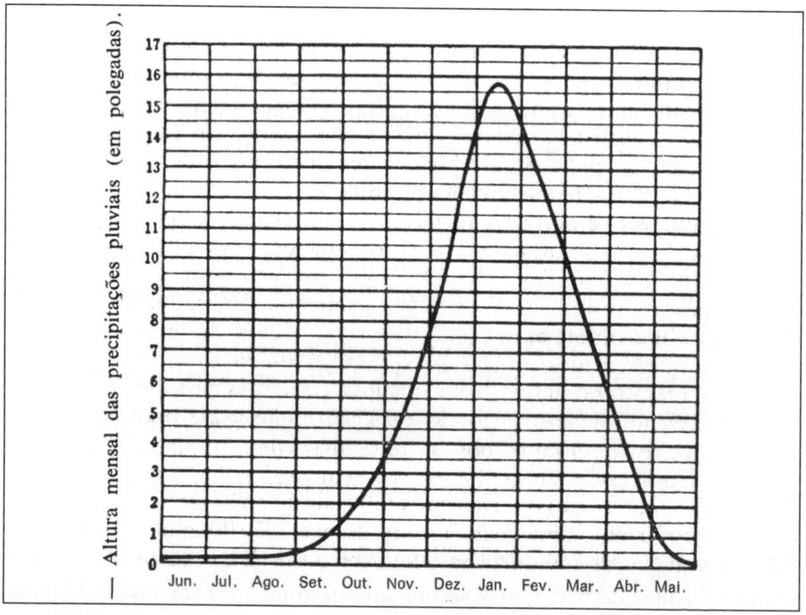

Figura 6 – Altura média das precipitações pluviais em Port Darwin, calculada num período de 46 anos (conforme Warner, gráfico XI, p. 380).

Essa divisão do ano em duas estações contrastadas, uma que dura sete meses, caracterizada por uma intensa seca, a outra de cinco meses, acompanhada de violentas precipitações e de grandes ressacas que inundam a planície costeira numa extensão de várias dezenas de quilômetros, impõe sua marca à atividade e ao pensamento indígenas. A estação das chuvas impele os murngin a se dispersarem. Em pequenos grupos, eles se refugiam nas zonas não submersas, onde levam uma existência precária, ameaçada pela fome e pela inundação. Mas, quando as águas se retiram, uma copiosa vegetação surge em alguns dias e aparecem os animais; a vida coletiva recomeça: reina a abundância. Entretanto, nada disso teria sido possível se as águas não tivessem invadido e fecundado a planície.

Do mesmo modo que as estações e os ventos são partilhados pelas duas metades (a estação das chuvas, os ventos do oeste e do noroeste são dua; estação seca e os ventos do sudeste são yiritja), os protagonistas do grande drama mítico estão respectivamente associados, a serpente à estação das chuvas, as irmãs Wawilak à estação seca: uma representa o elemento masculino e iniciado, as outras o elemento feminino e não iniciado. É preciso que os dois colaborem para que haja vida; como explica o mito, se as irmãs Wawilak não tivessem cometido incesto e poluído o poço de Yurlunggur, não teria havido nem vida nem morte sobre a terra, e o ritmo sazonal não teria existido.

O sistema mítico e as representações que proporciona servem, então, para estabelecer relações de homologia entre as condições naturais e as condições sociais ou, mais exatamente, para definir uma lei de equivalência entre contrastes significativos situados em vários planos: geográfico, meteorológico, zoológico, botânico, técnico, econômico, social, ritual, religioso e filosófico. O quadro das equivalências, de maneira geral, apresenta-se assim:

puro, sagrado	macho	superior	fertilizante (chuvas)	estação má
impuro, profano	fêmea	inferior	fertilizado (terra)	estação boa

Salta aos olhos que esse quadro, que formula o cânone da lógica indígena, contém uma contradição. Com efeito, os homens são superiores às mulheres, os iniciados aos não iniciados, o sagrado ao profano. Entretanto, todos os termos superiores são colocados como homólogos à estação das chuvas, que é a da fome, do isolamento e do perigo, ao passo que os termos inferiores são homólogos à estação seca, durante a qual reina a abundância e são celebrados os ritos sagrados:

> A classe de idade masculina dos iniciados é um elemento "serpente" e purificador, e o grupo sociológico das mulheres constitui o grupo

> impuro. Engolindo o grupo impuro, o grupo masculino serpente "engole" os neófitos (e assim os faz passar) à classe de idade masculina ritualmente pura, ao mesmo tempo que a celebração do ritual total purifica o grupo ou tribo em sua totalidade.
> De acordo com o simbolismo murngin, a serpente é o princípio natural civilizador, e isso explica que ela seja identificada à sociedade dos homens mais que à das mulheres; se não, dever-se-ia exigir que o princípio macho, ao qual estão ligados os mais altos valores sociais, estivesse associado, pelos murngin, à estação seca, que é também o período do ano dotado do mais alto valor do ponto de vista social (Warner 1958, p. 387).

Verifica-se, portanto, num sentido, o primado da infraestrutura; a geografia, o clima e sua repercussão sobre o plano biológico colocam o pensamento indígena frente a uma situação contraditória: há duas estações, assim como há dois sexos, duas sociedades, dois graus de cultura (uma "alta" – a dos iniciados –, a outra "baixa"; para essa distinção, cf. Stanner 1960, p. 77); mas, no plano natural, a estação boa está subordinada à má, enquanto que, no plano social, prevalece a relação inversa entre os termos correspondentes. Em consequência, é necessário escolher que sentido será dado à contradição. Se a estação boa fosse decretada masculina, desde que é superior à má e que os homens são superiores às mulheres e aos não iniciados (categoria da qual também as mulheres fazem parte), seria necessário atribuir ao elemento profano e feminino não apenas o poder e a eficácia, mas também a esterilidade, o que seria duplamente contraditório, pois o poder social pertence aos homens, e a fecundidade natural, às mulheres. Resta então a outra escolha, cuja contradição – não menos real – pode ser ao menos mascarada pela dupla dicotomia da sociedade global em homens e mulheres (ritualmente e não mais apenas naturalmente diferenciados) e do grupo dos homens em velhos e novos, iniciados e não iniciados, conforme o princípio de que, na sociedade dos homens, os não iniciados estão para os iniciados na mesma relação em que estão as mulheres para os homens, no plano da sociedade geral. Por isso, os homens renunciam a encarnar o lado feliz da existência, pois não podem regê-lo e personificá-lo ao mesmo tempo. Irrevogavelmente consagrados ao papel de proprietários melancólicos de uma felicidade acessível apenas à pessoa interposta, talharão de si mesmos uma imagem conforme um modelo ilustrado por seus anciãos e por seus sábios; e é surpreendente que dois tipos de pessoas, as mulheres de um lado e os homens velhos de outro, a título de meios ou de senhores da felicidade, formem os dois polos da sociedade australiana e que, para ter acesso à plena masculinidade, os homens jovens devam renunciar provisoriamente a umas e submeter-se permanentemente a outras.

Sem dúvida, os privilégios sexuais dos anciãos e o controle por eles exercido sobre uma cultura esotérica e sobre sinistros e misteriosos ritos de iniciação são traços gerais das sociedades australianas, dos quais se encontrarão exemplos em outros lugares do mundo. Portanto, não pretendemos que todos esses fenômenos sejam explicados como uma consequência de condições naturais que, elas sim, estão nitidamente localizadas. Para evitar mal-entendidos, dos quais o menor não seria a acusação de ressuscitar um velho determinismo geográfico, é necessário que especifiquemos nosso pensamento.

Em primeiro lugar, as condições naturais não são aceitas passivamente. E o que é mais, elas não têm existência própria, pois são função das técnicas e do gênero de vida da população que as define e que lhes dá um sentido, explorando-as numa determinada direção. A natureza não é contraditória em si; ela só o pode ser nos termos da atividade humana particular que nela se inscreve; e as propriedades do meio adquirem significações diferentes segundo a forma histórica e técnica de que se reveste este ou aquele gênero de atividade. Por outro lado, e mesmo promovidas ao nível humano que, só ele, pode lhes conferir inteligibilidade, as relações do homem com o meio natural desempenham o papel de objetos de pensamento; o homem não as percebe passivamente, ele as tritura depois de tê-las reduzido a conceitos, para deles inferir um sistema que nunca é predeterminado: supondo-se que a situação seja a mesma, ela sempre se presta a várias sistematizações possíveis. O erro de Mannhardt e da escola naturalista foi acreditar que os fenômenos naturais são *o que* os mitos procuram explicar, enquanto são mais aquilo *por meio de que* os mitos tentam explicar realidades, elas mesmas de ordem não natural, mas lógica.

Eis, portanto, em que consiste o primado das infraestruturas. Primeiro, o homem é semelhante ao jogador que, quando se senta à mesa, toma na mão cartas que não inventou, pois o jogo de cartas é um *dado* da história e da civilização. Em segundo lugar, cada repetição das cartas resulta de uma distribuição contingente entre os jogadores e se faz sem que eles percebam. Há *mãos* aceitas passivamente mas que cada sociedade, assim como cada jogador, interpreta nos termos de vários sistemas, que podem ser comuns ou particulares: regras de um jogo ou regras de uma tática. E se sabe muito bem que com a mesma mão jogadores diferentes não farão a mesma partida, se bem que não possam, coagidos também pelas regras, jogar qualquer partida com qualquer mão.

Para explicar a frequência observada em certas soluções sociológicas, que não se podem prender a condições objetivas particulares, não invocaremos o conteúdo, mas a forma. A matéria das contradições conta menos que o fato de que existem contradições, e seria preciso grande casualidade para que a ordem social e a ordem natural se prestassem conjuntamente a uma síntese harmoniosa. Ora, as formas de contradições são bem menos variadas que seus conteúdos empíricos. Nunca se salientará o suficiente a indigência do pensamento religioso; ele explica por que os homens tantas vezes recorreram aos mesmos meios para resolver problemas cujos elementos concretos podem ser muito diferentes, mas que têm em comum o fato de pertencerem todos a "estruturas de contradição".

Para voltar aos murngin, vê-se bem como o sistema das representações totêmicas permite unificar campos semânticos heterogêneos, ao preço de contradições que o ritual terá a função de ultrapassar, "representando-as": a estação das chuvas literalmente engole a estação seca, assim como os homens "possuem" as mulheres, como os iniciados "devoram" os não iniciados, como a fome destrói a abundância etc. Mas o exemplo dos murngin não é único, e temos para outras regiões do mundo indicações significativas de "codificação", em termos totêmicos, de uma situação natural. Interrogando-se sobre a representação, tão frequente na América do Norte, do trovão sob a forma de pássaro, um especialista dos ojibwa faz a seguinte observação:

> Segundo as observações meteorológicas, o número médio de dias nos quais se ouve o trovão começa por um, em abril, e aumenta até cinco, no meio do verão (julho), depois diminui para um só dia, em outubro. Ora, se se consulta o calendário da passagem dos pássaros, constata-se que as espécies que hibernam no sul começam a aparecer em abril, desaparecendo quase completamente

> o mais tardar em outubro... Assim, o caráter "de ave" dos pássaros-trovão pode ser explicado racionalmente, até um certo ponto, em função de fenômenos naturais e de sua observação (Hallowell 1960, p. 32).

Se se quer interpretar corretamente as personificações de fenômenos naturais, frequentes no panteão havaiano, é necessário, como o fez Warner para a Austrália, reportar-se às indicações meteorológicas. Com efeito, é impossível diferenciar e situar com precisão os deuses Kane-hekili (o macho, sob a forma de chuva branda), Ka-poha-'ka'a (o macho (= céu) que move os rochedos), idêntico a Ka'uilanuimakeha (o macho (= céu) do relâmpago violento) etc., se não se coletam antes alguns dados pertinentes:

> As chuvas, que sobrevêm no final de janeiro e continuam em fevereiro e março... revestem-se dos seguintes aspectos meteorológicos: primeiro, cúmulos baixos e sombrios sobre o mar e as terras altas, acompanhados de uma imobilidade atmosférica que parece opressiva e sinistra; depois trovões "secos", ruidosos e ameaçadores quando próximos, ou percebidos como um canhoneio longínquo, bem depressa seguidos de uma chuva doce e calma, que rapidamente engrossa e se transforma em aguaceiro; um trovão forte o acompanha, sonoro, fustigando as terras altas envolvidas em nuvens e cortinas de chuva, passando lentamente ao longo das cristas ou contornando as montanhas, para desaparecer, às vezes, do lado do mar, onde ressoa em golpes surdos, antes de voltar pela direção oposta àquela que tomara ao longo das cristas, fenômeno provocado pela ação ciclônica em miniatura dos ventos e pela convecção (Handy e Pukui 1958, n. 17, p. 118).

* * *

Se as representações totêmicas se reduzem a um código que permite passar de um sistema a outro, seja formulado quer em termos naturais, quer em termos culturais, perguntar-se-á, talvez, por que essas representações são acompanhadas de regras de ação; pelo menos à primeira vista, o totemismo – ou o que se apresenta como tal – ultrapassa os limites de uma simples linguagem, não se contenta em colocar regras de compatibilidade entre signos e funda uma ética, prescrevendo ou interditando comportamentos. É, pelo menos, o que parece resultar da associação tão frequente das representações totêmicas de um lado com proibições alimentares e de outro com regras de exogamia.

Responderemos, primeiro, que essa suposta associação procede de uma petição de princípio. Se se convencionou definir o totemismo pela presença simultânea de denominações animais ou vegetais, de proibições que recaem sobre as espécies correspondentes e de interdição de casamento entre pessoas que dividem o mesmo nome e a mesma proibição, então está claro que a ligação entre essas observâncias coloca um problema. Mas, como já assinalamos há tempos, cada uma pode se apresentar sem as outras, ou duas quaisquer dentre elas sem a terceira.

Isso é particularmente evidente no caso das proibições alimentares, que formam um conjunto vasto e complexo cujas interdições ditas totêmicas (isto é, resultantes de uma afinidade coletiva com uma espécie natural ou uma classe de fenômenos ou de objetos) ilustram apenas um caso particular. O feiticeiro ndembu, que é sobretudo um vidente, não deve consumir a carne do cefalófio, pois o couro desse animal é manchado irregularmente, senão, sua presciência estaria arriscada a extraviar-se a torto e a direito em vez de se concentrar em questões importantes. O mesmo raciocínio proíbe-lhe também a zebra, os animais de pelagem escura (que obscureceriam sua clarividência), uma espécie de peixe de espinhas aceradas (que ameaçariam picar-lhe o fígado, órgão da adivinhação) e várias espécies de espinafres de folhas "escorregadias", a fim de que seu poder não escape para fora (Turner 1961, pp. 47-48).

Durante o período de iniciação, o jovem luvale só pode urinar contra o tronco das seguintes árvores: *Pseudolachnostylis deckendti*, *Hymenocardia mollis*, *Afrormosia angolensis*, *Vangueriopsis lanciflora*, *Swartzia madagascariensis*, essências de madeira dura que simbolizam o pênis em ereção e cujos frutos evocam a fertilidade e a vida. É-lhe proibido também comer a carne de diversos animais: *Tilapia melanopleura*, peixe de ventre vermelho, cor de sangue; *Sarcodaces* sp. e *Hydrocyon* sp., de dentes pontiagudos, simbólicos das dores consecutivas à circuncisão; *Clarias* sp., cuja pele viscosa evoca as cicatrizações difíceis; o ginete malhado, símbolo da lepra; a lebre de incisivos cortantes e as pimentas "picantes", evocadoras dos sofrimentos dos circuncidados. As moças iniciadas estão sujeitas a proibições paralelas (White 1961, p. 2).

Citamos essas proibições porque elas são especializadas, bem definidas e racionalizadas com precisão. Na categoria geral das proibições alimentares, elas podem ser situadas no lado oposto das proibições totêmicas, das quais facilmente se distinguem. Todavia, entre os fang do Gabão, Tessmann arrolou um elevado número de proibições que ilustram não apenas os tipos extremos, mas formas intermediárias, o que explica por que, mesmo entre os partidários das interpretações totêmicas, a existência do totemismo entre os fang pôde ser asperamente discutida.

As proibições, que os fang denominam com o termo genérico *beki*, conforme o caso atingem homens e mulheres, os iniciados e os não iniciados, os adolescentes e os adultos, os casais que esperam ou não um filho. Por outro lado, situam-se em campos semânticos muito variados. Não se deve comer o interior das presas do elefante porque é uma substância mole e amarga; a tromba do elefante, porque se corre o risco de os membros amolecerem; os carneiros e as cabras, devido à crença de que eles transmitem sua respiração ofegante; o esquilo é proibido às mulheres grávidas porque torna os partos difíceis (cf. anteriormente, pp. 78-79); o rato o é especialmente às moças, pois é imprudente, rouba a mandioca quando é lavada, e as moças estariam arriscadas a ser igualmente "roubadas"; mas o rato também é proibido num plano mais geral, porque vive perto das moradias e é considerado um membro da família... Algumas aves são evitadas em razão de seu grito desagradável ou de seu aspecto físico. As crianças não devem comer larvas de libélula, que lhes poderiam transmitir incontinência urinária.

A hipótese de uma experiência dietética enfocada por Tessmann foi recentemente retomada por Fischer a respeito dos indígenas de Ponapê, os quais acreditam que a violação dos tabus alimentares acarreta desordens fisiológicas muito parecidas em sua descrição aos fenômenos de alergia. Mas esse autor demonstra que, mesmo entre nós, as desordens alérgicas muitas vezes têm origem psicossomática, para muitas pessoas, são o resultado da violação de um tabu de natureza psicológica e moral. O sintoma, de aparência natural, concerne, portanto, a um diagnóstico cultural.

No caso dos fang, de quem citamos apenas algumas proibições tomadas ao acaso na imponente lista elaborada por Tessmann, trata-se mais de analogias religiosas: animais de chifres associados à lua; chimpanzé, porco, serpente píton etc., em razão de seu papel simbólico em certos cultos. Que as proibições não são resultado das propriedades intrínsecas da espécie visada mas do lugar que lhes é designado em um ou vários sistemas de significação ressalta nitidamente do fato de que a galinha-d'angola é proibida às iniciadas do culto feminino nkang, enquanto nos cultos masculinos prevalece a regra inversa: o animal cultual é permitido aos iniciados mas proibido aos noviços (Tessmann 1913, pp. 58-71).

Portanto existem proibições alimentares organizadas em sistema mesmo sendo extra ou paratotêmico. Ao contrário, muitos sistemas tradicionalmente tidos por totêmicos comportam proibições que não são alimentares. A única proibição alimentar constatada entre os bororos, do Brasil, diz respeito à carne dos cervídeos, isto é, de espécies não totêmicas; mas os animais ou plantas que servem de epônimos aos clãs e subclãs não parecem ser objeto de proibições especiais. Os privilégios e proibições ligados às dependências de clã manifestam-se num outro plano: o das técnicas, matérias-primas e ornamentos, pois que cada clã se distingue do outro, sobretudo nas festas, pelos enfeites de plumas, de nácar e de outras substâncias, das quais não apenas a natureza mas a forma e a maneira de as trabalhar são estritamente fixadas em cada clã (Lévi-Strauss 1955, cap. XXII).

Os tlingit setentrionais, que vivem na costa do Alaska, também têm brasões e emblemas de clã ciosamente guardados. Mas os animais figurados ou evocados não são objeto de nenhuma proibição, salvo sob forma derisória: o povo do lobo não pode criar esse animal, nem o do corvo a sua ave epônima, e diz-se que os membros do clã da rã têm medo desses batráquios (McClellan 1954).

Entre os algonkin centrais, que ignoram as proibições alimentares que atingem os animais epônimos dos clãs, esses últimos se diferenciam sobretudo pelas pinturas corporais, trajes particulares e pelo uso de um alimento cerimonial especial para cada um. Entre os fox, as interdições de clã nunca, ou quase nunca, são alimentares e dizem respeito aos mais diversos gêneros: o clã do trovão não tem o direito de fazer desenhos do lado oeste dos troncos das árvores nem de se lavar nu; é proibido ao clã do peixe construir barragem de pesca, e ao clã do urso, subir nas árvores. O clã do bisão não pode esfolar um animal de cascos nem olhá-lo quando morre; o do lobo não pode proceder à inumação de seus membros nem bater em cães; o clã da ave não pode fazer mal às aves; usar uma pena na cabeleira é proibido ao clã da águia. Os membros do clã "chefe" nunca podem falar mal de um ser humano; os do clã do castor não podem atravessar um curso d'água a nado; os do lobo branco não têm o direito de gritar (Michelson 1937).

Mesmo onde as proibições alimentares são mais bem testemunhadas, é surpreendente verificar que raras vezes constituem um traço difundido de maneira uniforme. Numa região tão bem circunscrita como a península de Iorque, na Austrália setentrional, uma dezena de culturas vizinhas (compreendendo uma centena de tribos) foi descrita e analisada. Todas possuem uma ou mais formas de totemismo: de metade, de clã ou de grupo cultual, mas apenas alguns acrescentam proibições alimentares. Entre os kauralaig, patrilineares, o totemismo de clã comporta proibições. E o contrário entre os yathaikeno, igualmente patrilineares, nos quais apenas os totens iniciáticos, transmitidos em linha materna, são proibidos. Os koko yao possuem totens de metade transmitidos em linha materna e proibidos, totens de clã transmitidos em linha paterna e permitidos, enfim, totens iniciáticos transmitidos em linha materna e proibidos. Os tjongandji têm apenas totens de clã patrilineares, não atingidos por nenhuma proibição. Os okerkila distinguem-se em dois grupos, oriental e ocidental, dos quais um tem proibições e o outro não. Os maithakudi abstêm-se de comer os totens de clã, que entre eles são matrilineares; ainda que patrilineares, os laierdila obedecem à mesma regra (Sharp 1943; ver Figura 7).

Como afirma o autor dessas observações:

> A proibição de matar e de comer os totens comestíveis está sempre ligada aos cultos maternos e ao totemismo social em linha materna. Os tabus são mais variáveis no que concerne os totens cultuais transmitidos em linha paterna e são encontrados, então, mais freqüentemente no plano dos totens de metade que nos totens de clã (Sharp 1943, p. 70).

Acha-se assim confirmada, para uma região particular, uma relação geral apontada por Elkin em escala continental, entre proibições alimentares e instituições matrilineares. Como as instituições sociais são obra dos homens – em regra geral e muito particularmente na Austrália – vale dizer que existe uma conexão entre macho e consumidor, fêmea e produto consumido sobre a qual voltaremos a falar.

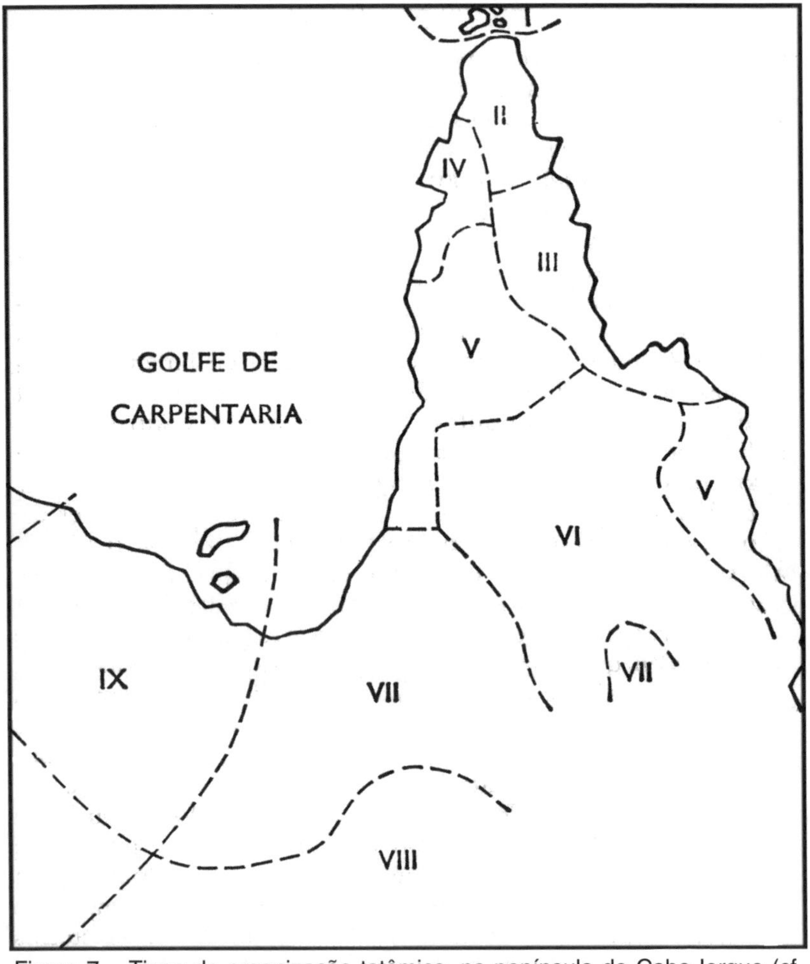

Figura 7 – Tipos de organização totêmica, na península do Cabo Iorque (cf. Sharp 1943). I. tipo kauralaig – II. tipo yaithaikeno – III. tipo koko yao – IV. tipo tjongandji – V. tipo yiryoront – VI. tipo olkol – VII. tipo okerkila – VIII. tipo maithakudi – IX. tipo laierdila.

Enfim, conhecem-se casos em que a noção de proibição alimentar vira no avesso como uma luva, se assim se pode dizer; de proibição torna-se obrigação, e esta atinge não a mim mas a outrem; enfim, recai não mais sobre o animal totêmico encarado como alimento, mas sobre o alimento desse alimento. Essa notável transformação foi observada em certos grupos de índios chippewa, que permitem matar e consumir o totem mas não insultá-lo. Se um indígena ridiculariza ou insulta o animal epônimo de um outro indígena, este informa a seu clã, que prepara um festim, de preferência composto com o alimento do animal totêmico: assim, bagas e grãos selvagens, se o animal for um urso. O insultador, solenemente convidado, é obrigado a se empanzinar "até arrebentar", dizem os informantes, até que reconheça o poder do totem (Ritzenthaler 1945).

Duas conclusões podem ser tiradas de tais fatos. Em primeiro lugar, a diferença entre espécie permitida e espécie proibida se explica menos por uma suposta nocividade que seria atribuída à segunda, portanto como uma propriedade intrínseca de ordem física ou mística, do que pela preocupação de introduzir uma distinção entre espécie "marcada" (no sentido dado pelos linguistas a esse termo) e espécie "não marcada". Proibir determinadas espécies não é mais que um meio entre outros de afirmá-las como significativas, e a regra prática aparece assim como um operador a serviço do sentido, dentro de uma lógica que, sendo qualitativa, pode trabalhar com o auxílio tanto de comportamentos quanto de imagens. Desse ponto de vista, certas observações antigas poderão parecer mais dignas de atenção do que se tem geralmente acreditado: a organização social dos wakelbura do Queensland, na Austrália oriental, foi descrita como sendo formada por quatro classes rigorosamente exógamas mas – se assim se pode dizer – "endoculinárias". Esse traço já despertara dúvidas em Durkheim, e Elkin assinala que ele repousa sobre um testemunho único e pouco digno de fé. Entretanto Elkin nota que a mitologia aranda lembra uma situação comparável, pois que os ancestrais totêmicos se nutriam exclusivamente com seu alimento particular, enquanto hoje ocorre o inverso: cada. grupo totêmico se alimenta dos outros totens e proíbe-se os seus.

Essa observação de Elkin é importante porque demonstra bem que a hipotética organização dos wakelbura pode ser transformada em instituições aranda, com a única condição de inverter todos os termos: entre os aranda, os totens não são pertinentes em relação ao casamento, mas sim em relação à alimentação; a endogamia totêmica é possível, mas não a endocozinha; entre os wakelbura, em que a endocozinha seria imperativa, a endogamia totêmica parece ter sido objeto de uma proibição particularmente rigorosa. Sem dúvida, trata-se de uma tribo extinta há muito e sobre a qual as informações são contraditórias (a esse respeito, estabelecer-se-á comparação entre a interpretação de Frazer 1910, vol. I, p. 423, e a de Durkheim 1925, n. 2, p. 215). Porém, seja qual for a interpretação admitida, é surpreendente que subsista a simetria com as instituições aranda: a suposta relação entre regras de casamento e regras de nutrição aparece somente ou como suplementar ou como complementar. Ora, o exemplo dos cultos fang, femininos ou masculinos, mostrou-nos que se pode "dizer a mesma coisa" através de regras formalmente idênticas das quais apenas o conteúdo é invertido. No caso das sociedades australianas, quando os alimentos "marcados" são pouco numerosos e mesmo quando se reduzem a uma única espécie, como acontece com frequência, a proibição oferece o mais rentável método diferencial; mas quando o número dos alimentos "marcados" aumenta (fenômeno frequente, conforme vimos na p. 106, naquelas tribos do norte que respeitam o totem da mãe, o do pai e o da mãe da mãe, além do próprio), concebe-se muito bem que, sem que o espírito das instituições mude por isso, as marcas distintivas se invertem e, como na fotografia, o "positivo" pode ser mais bem lido que o "negativo", apesar de veicular a mesma informação.

Proibições e prescrições alimentares aparecem, portanto, como meios teoricamente equivalentes para "significar a significação", dentro de um sistema lógico cujas espécies consumíveis constituem, no todo ou em parte, os elementos. Mas esses sistemas podem ser, eles próprios, de diversos tipos, o que nos leva a uma segunda conclusão. Nada evoca o totemismo entre os bosquímanos da África do Sul, os quais, entretanto, observam proibições alimentares exigentes e complicadas, pois ali o sistema funciona num outro plano.

Toda caça morta com arco é proibida, *soxa*, até que o chefe tenha comido um pedaço. A proibição não se aplica ao fígado, que os caçadores comem no lugar, mas que, em todas as circunstâncias, continua *soxa* para as mulheres. Além dessas regras gerais, existem *soxa* permanentes para determinadas categorias funcionais ou sociais. Assim, a esposa do caçador só pode comer a carne e a gordura superficial do quarto traseiro, as entranhas e as patas. Esses pedaços constituem a porção reservada às mulheres e às crianças. Os adolescentes masculinos têm direito à parede abdominal, aos rins, aos órgãos genitais e às mamas; o caçador, ao quarto dianteiro e às costelas, retiradas de uma das metades do animal. A parte do chefe consiste numa grossa fatia de cada quarto e de cada filé e numa costela retirada de cada lado (Fourie 1925-26).

À primeira vista, não se pode imaginar um sistema que esteja mais distante de um sistema de proibições "totêmicas". Entretanto, uma transformação muito simples permite passar de um a outro: basta substituir uma etnozoologia por uma etno-anatomia. O totemismo coloca uma equivalência lógica entre uma sociedade de espécies naturais e um universo de grupos sociais; os bosquímanos colocam a mesma equivalência formal, mas entre as partes constitutivas de um organismo individual e as classes funcionais da sociedade, isto é, da própria sociedade considerada organismo. Em cada caso, o corte natural e o corte social são homólogos, e a escolha de um corte dentro de uma ordem implica a adoção do corte correspondente em outra, pelo menos como forma privilegiada.[25]

O próximo capítulo será inteiramente dedicado a interpretar da mesma maneira, isto é, como o resultado de uma transformação no seio de um grupo, as relações empiricamente observáveis entre endogamia e exogamia. Portanto, contentar-nos-emos aqui em estabelecer a ligação desse problema com o que acaba de ser discutido.

Entre as regras do casamento e as proibições alimentares existe, em primeiro lugar, uma ligação de fato. Tanto entre os tikopia, da Oceania, quanto entre os nuer, da África, o marido se abstém de consumir os animais ou plantas proibidos a sua mulher, em razão de que o alimento ingerido contribui para a formação do esperma: se o homem agisse de outra maneira, no momento do coito introduziria o alimento proibido no corpo de sua

---

25. Com efeito, as sociedades ditas "totêmicas" praticam também o corte anatômico mas utilizam-no para operar distinções secundárias: as dos subgrupos no interior dos grupos ou dos indivíduos no interior dos grupos. Portanto não há incompatibilidade entre os dois cortes; é antes o seu respectivo lugar numa hierarquia lógica que deve ser tida como significativa. Voltaremos a esse ponto mais adiante, cf. p. 204.
Se, como assinala G. Dieterlen (1962), os dogon fazem correspondência entre seus totens e as partes do corpo de um ancestral sacrificado, é pela aplicação de um sistema classificatório de alcance intertribal. Consequentemente, os agrupamentos totêmicos no interior de cada tribo, descobertos pela correspondência com as partes do corpo, já são de fato unidades de segundo plano.

mulher (Firth 1931, pp. 319-320; Evans-Pritchard 1956, p. 6). À luz das observações precedentes, é interessante notar que os fang fazem o raciocínio inverso: uma das múltiplas razões invocadas em auxílio da proibição atinente ao interior das presas de elefante é que o pênis poderia tornar-se flácido como as gengivas do paquiderme (que, parece, o são particularmente). Em respeito a seu marido, uma mulher também observa essa proibição, senão poderia enfraquecê-lo durante o coito (Tessmann 1913, pp. 70-71).

Ora, essas aproximações nada mais fazem que ilustrar, em casos particulares, a analogia profunda que, em todo o mundo, o pensamento humano parece fazer entre o ato de copular e o de comer, a tal ponto que um grande número de línguas os denominam com a mesma palavra.[26] Em yoruba, "comer" e "casar" se dizem por um verbo único, que tem o sentido geral de "ganhar, adquirir", uso simétrico ao francês, que aplica o verbo *consommer* ao casamento e à refeição. Na língua dos koko yao, da península do Cabo Iorque, a palavra *kuta kuta* tem o duplo sentido de incesto e de canibalismo, que são as formas hiperbólicas da união sexual e do consumo alimentar; pela mesma razão, o consumo do totem e o incesto são ditos do mesmo modo em Ponapê e, entre os mashona e os matabele, da África, a palavra totem possui igualmente o sentido de "vulva da irmã", o que proporciona uma verificação indireta da equivalência entre comer e copular.

Se a ingestão do totem é uma forma de canibalismo, compreende-se que o canibalismo real ou simbólico possa ser o castigo reservado aos que violam – voluntariamente ou não – a proibição: assim, o cozimento do culpado num forno, em Samoa. Mas verifica-se de novo a equivalência no uso paralelo dos wotjobaluk, da Austrália, que efetivamente comem, no interior do grupo totêmico, o homem que cometeu o crime de raptar uma mulher proibida pela lei da exogamia. Sem procurar tão longe e sem invocar outros ritos exóticos, citaremos Tertuliano – "A gula é a porta da impureza" (*De Jejuno,* I) – e São João Crisóstomo – "O jejum é o princípio da castidade" (*Homilia in Epistolam II ad Thessalonicenses*).

Essas aproximações poderiam ser multiplicadas ao infinito. As que citamos como exemplos mostram o quanto é vão procurar estabelecer uma

26. Para um exemplo sul-americano particularmente demonstrativo, cf. Henry 1941, p. 146.

relação de prioridade entre as proibições alimentares e as regras de exogamia. A ligação entre ambas não é causal mas metafórica. Relação sexual e relação alimentar são imediatamente pensadas em similitude, mesmo hoje; para nos convencermos disso, basta referirmo-nos às criações da gíria, tais como *faire frire*, *passer à la casserole** etc. Mas qual é a razão desse fato e da sua universalidade?

Aqui, ainda, atinge-se o nível lógico pelo empobrecimento semântico: o "maior" denominador comum da união dos sexos e da união do comedor e do comido é que um e outro operam uma *conjunção por complementaridade*:

> O que é privado de movimento é o alimento dos seres dotados de locomoção; os animais sem presas servem de alimento aos que as têm, os privados de mãos aos que têm mãos, e o tímido é comido pelo orgulhoso (leis de Manu, v. 30).

Se a equivalência mais familiar para nós e sem dúvida também a mais difundida no mundo coloca o macho como o que come e a mulher como a que é comida, não se pode esquecer que a fórmula inversa se dá, muitas vezes, no plano mítico, no tema da *vagina dentata* que, de modo significativo, é "codificada" em termos de alimentação, isto é, em estilo direto (verificando-se, assim, a lei do pensamento mítico em que a transformação de uma metáfora termina numa metonímia). Aliás, é possível que o tema da *vagina dentata* corresponda a uma perspectiva não mais inversa mas direta na filosofia sexual do Extremo Oriente, onde, como postulam os trabalhos de Van Gulik (1951, p. 2), a arte da cama consiste essencialmente, para o homem, em evitar que sua força vital seja absorvida pela mulher, tirando proveito próprio desse risco.

Essa subordinação lógica da semelhança ao contraste é bem evidenciada pelas atitudes complexas que observam alguns povos ditos totêmicos em relação às partes do corpo dos animais epônimos. Os tucunas do alto Solimões, que têm uma exogamia "hipertotêmica" (os membros do clã do tucano não podem se casar entre si nem desposar membro de um clã

---

* Em português, aproximadamente, "fritar" e "passar na panela"; em francês, são expressões usadas quando se fala de uma mulher obrigada a aceitar o ato sexual. (N.T.)

que tenha nome de pássaro etc.), consomem livremente o animal epônimo, mas respeitam e preservam uma parte sagrada, utilizando outras como enfeites distintivos (Alviano 1943). O animal totêmico se decompõe, então, em parte consumível, parte respeitável e parte emblemática. Os elema, do sul da Nova Guiné, observam uma proibição alimentar muito estrita em relação a seus totens, mas cada clã detém um privilégio exclusivo sobre o uso ornamental do bico, das plumas da cauda etc. (Frazer 1910, vol. II, p. 41). Nos dois casos verifica-se, portanto, uma oposição entre partes consumíveis e partes não consumíveis homóloga àquela entre as categorias de *alimento* e de *emblema.* Para os elema, essa oposição é assinalada por um duplo exclusivismo, negativo ou positivo: em face da espécie totêmica, cada clã *se abstém* de sua carne mas *detém* as partes que denotam caracteres específicos. Os tucunas são igualmente exclusivos em relação às partes distintivas mas adotam com referência à carne (pois animais especificamente diferentes mas consumíveis assemelham-se enquanto alimento) uma atitude comum. O grupo das atitudes pode ser representado da seguinte maneira:

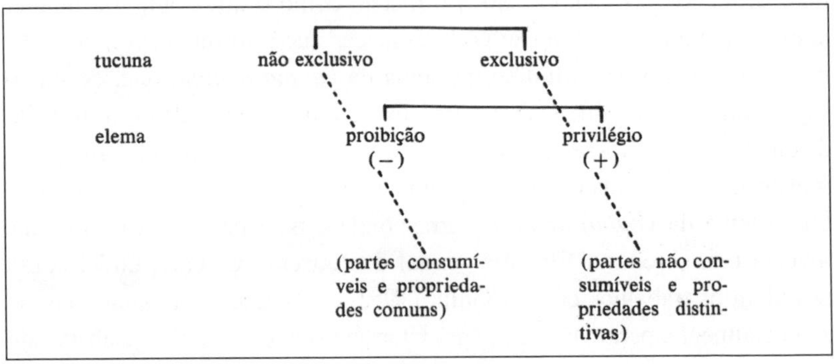

A pele, as penas, o bico, os dentes podem ser *meus*, pois são aquilo pelo que o animal epônimo e eu diferimos um do outro; essa diferença é assumida pelo homem a título de emblema e para afirmar sua relação simbólica com o animal, ao passo que as partes consumíveis, portanto, assimiláveis, são o índice de uma consubstancialidade real, mas que, ao contrário do que se imagina, a proibição alimentar tem como objetivo verdadeiro negar. Os etnólogos cometeram o erro de reter somente o segundo aspecto, o que os levou a conceber a relação entre o homem e o animal como unívoca, sob a forma de identidade, de afinidade ou de participação. De fato, as coisas são

Prancha 1

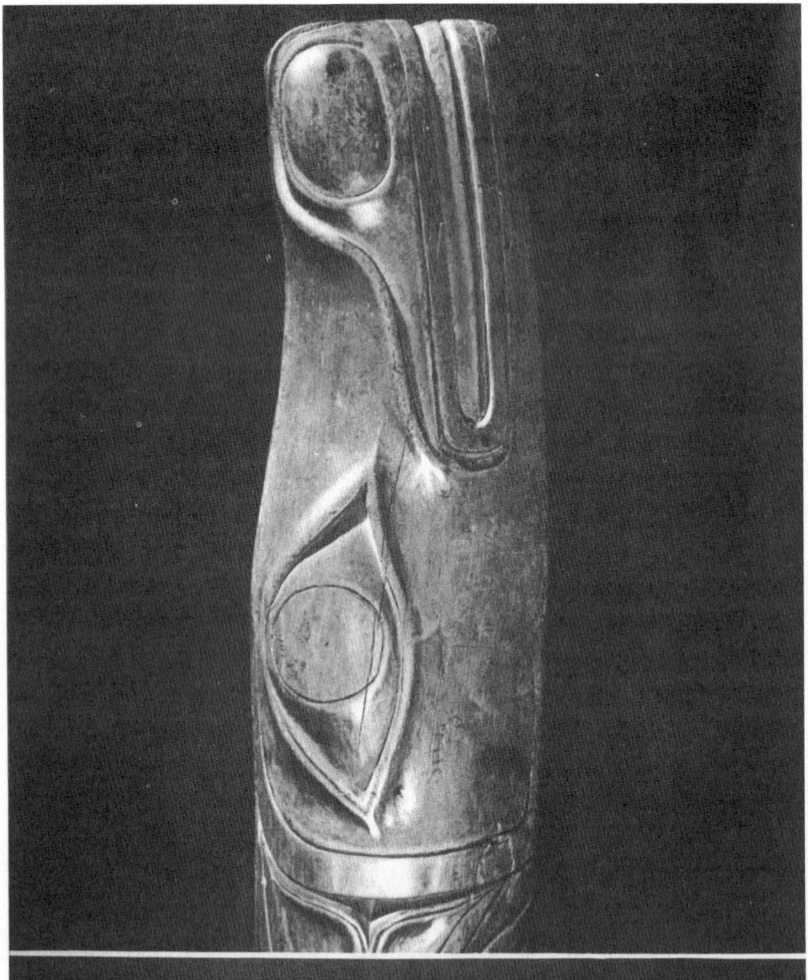

Prancha 2

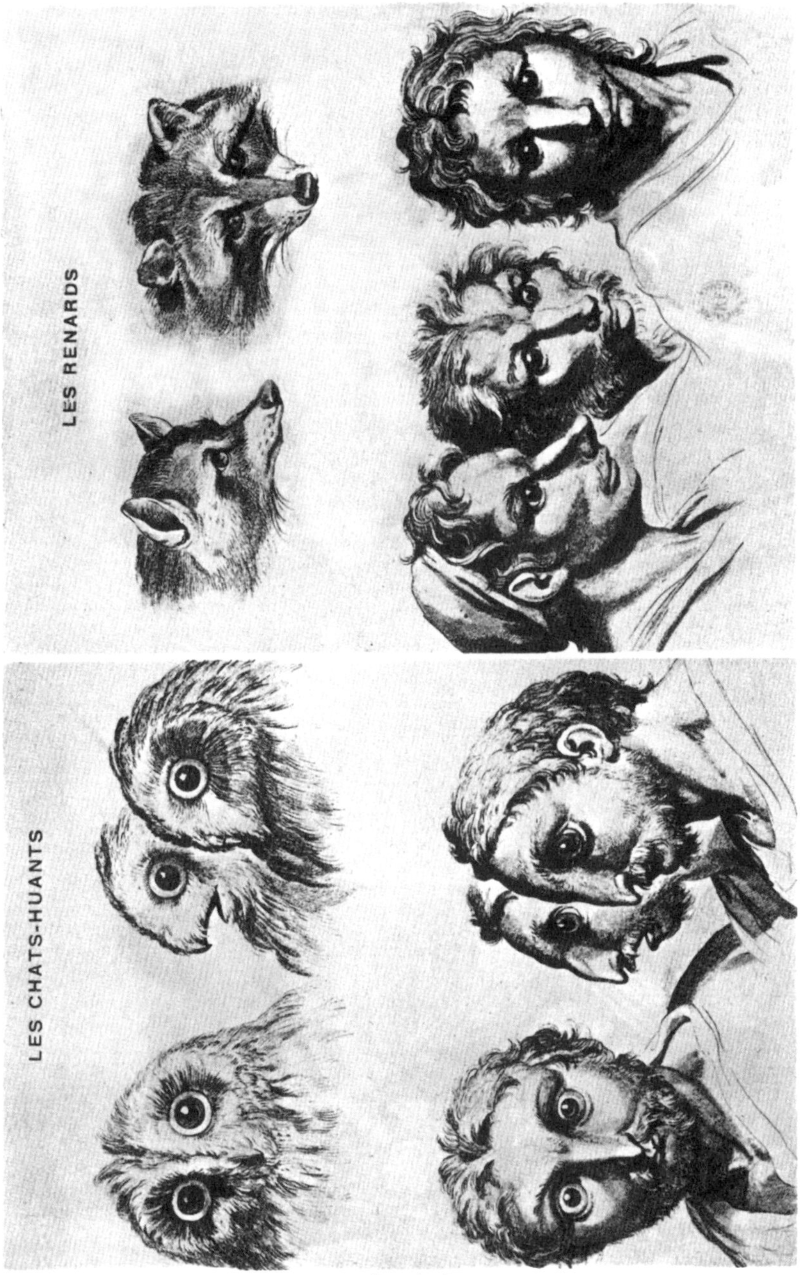

Prancha 3

Prancha 4

infinitamente mais complexas, trata-se, entre a cultura e a natureza, de uma troca de similitudes por diferenças que se situam tanto entre os animais, de um lado, e entre os homens, de outro, quanto entre os animais e os homens.

As diferenças entre os animais, que o homem pode extrair da natureza e levar em conta de cultura (seja descrevendo-as sob a forma de oposições e de contrastes, conceitualizando-as, portanto, seja separando partes concretas, mas não perecíveis: penas, bicos, dentes – o que constitui igualmente uma "abstração"), são assumidas como emblemas por grupos de homens, a fim de desnaturalizar suas próprias semelhanças. E os mesmos animais são recusados como alimento pelos mesmos grupos de homens, vale dizer: a semelhança entre o homem e o animal, resultado da possibilidade para o primeiro de assimilar a carne do segundo, é negada, mas somente enquanto se percebe que o partido inverso implicaria um reconhecimento pelos homens de sua natureza comum. É necessário, portanto, que a carne de qualquer espécie animal não seja assimilável por qualquer grupo de homens.

Ora, é claro que a segunda operação deriva da primeira como uma consequência possível mas não necessária: as proibições alimentares não acompanham sempre as classificações totêmicas e lhes estão logicamente subordinadas. Assim, elas não colocam um problema separado. Se por meio de proibições alimentares os homens negam uma natureza animal real em relação a sua humanidade, é porque lhes é necessário assumir os caracteres simbólicos com o auxílio dos quais eles distinguem os animais uns dos outros (e que lhes fornecem um modelo natural de diferenciação), para criar diferenças entre si.

4
TOTEM E CASTA

O intercâmbio de mulheres e o intercâmbio de alimentos são meios de assegurar o encaixe recíproco dos grupos sociais ou de tornar esse encaixe manifesto. Compreende-se portanto que, tratando-se de procedimentos do mesmo tipo (aliás, geralmente concebidos como dois aspectos do mesmo procedimento), eles possam, conforme o caso, estar simultaneamente presentes e acumulando seus efeitos (os dois no plano real ou apenas um no plano real e o outro num plano simbólico), ou alternativamente presentes, um só tendo, então, a carga total da função ou a de representá-la simbolicamente, se ela se encontra assegurada de outro modo, como pode ocorrer, também, na ausência dos dois procedimentos:

> Se (...) se encontra a exogamia juntamente com o totemismo num povo, é que esse povo houve por bem reforçar a coesão social já estabelecida pelo totemismo, adaptando nela ainda um outro sistema que se junta ao primeiro pelo fator do parentesco físico e social, distinguindo-se dele, sem a ele se opor, pela eliminação do parentesco cósmico. A exogamia está apta a desempenhar esse mesmo papel nas sociedades gerais constituídas em outras bases

> que não as do totemismo; também a distribuição geográfica das duas instituições coincide apenas em alguns pontos do globo (Van Gennep 1920, pp. 351-352).

Entretanto, sabe-se que a exogamia nunca está completamente ausente, pois, dando-se a perpetuação do grupo inelutavelmente por intermédio das mulheres, os intercâmbios matrimoniais são os únicos aos quais corresponde sempre um conteúdo real, mesmo se a maneira peculiar pela qual cada sociedade os organiza ou concebe o seu mecanismo permite que neles seja introduzido, em doses variáveis, um conteúdo simbólico. Para os intercâmbios alimentares, trata-se de outra coisa: as mulheres aranda é que geram os filhos, enquanto os homens aranda limitam-se a imaginar que seus ritos provocam a multiplicação das espécies totêmicas. Num caso, trata-se então primeiro de uma forma de fazer, mesmo se descrita através de uma linguagem convencional que, em troca, impõe-lhe seus limites; em outro, trata-se somente de uma forma de falar.

Seja como for, os exemplos de acumulação têm chamado particularmente a atenção, pois a repetição do mesmo esquema em dois planos diferentes lhes dá mais consistência e os faz parecerem mais simples. Essas razões sobretudo levaram a definir o totemismo pelo paralelismo entre as proibições alimentares e as regras de exogamia e a fazer dessa suplementaridade de usos um fenômeno privilegiado. Entretanto, existem casos em que a relação não é suplementar, mas complementar, estando os costumes matrimoniais e os alimentares numa relação dialética entre si. Manifestamente, essa forma pertence também ao mesmo grupo. Ora, é somente no nível do grupo e não no desta ou daquela transformação arbitrariamente isolada que as ciências humanas podem encontrar seu objeto.

Num capítulo precedente, citamos o testemunho de um botânico que atestava a extrema pureza dos tipos de sementes na agricultura dos povos ditos primitivos, notadamente entre os índios da Guatemala. Ora, por outro lado sabe-se que nessa região reina um verdadeiro terror dos intercâmbios agrícolas: uma sementeira transplantada pode carregar consigo o espírito da planta, que desaparecerá de sua localidade de origem. Pode-se, então, permutar as mulheres, mesmo recusando-se a permutar os grãos. O caso é comum na Melanésia.

Os insulares de Dobu, a sudeste da Nova Guiné, estão divididos em linhagens matrilineares, *susu*. Marido e mulher, necessariamente oriundos de *susu* diferentes, trazem, cada um, seus inhames de sementes, que cultivam em canteiros distintos e que nunca são misturados. Não há salvação para aquele que não possui suas sementes: uma mulher desprovida delas não conseguirá se casar, será reduzida ao estado de pecadora, de ladra ou de mendiga; por outro lado, a semente que não vier do *susu* não germinará, pois a agricultura só é possível graças à magia herdada do tio materno: é o ritual que faz engrossar os inhames.

Essas precauções e esses escrúpulos baseiam-se na crença de que os inhames são pessoas: "Eles têm filhos, como as mulheres...". À noite eles passeiam e espera-se a sua volta para colhê-los. Daí a regra de que é necessário não arrancá-los muito cedo: os inhames poderiam não ter voltado ainda. De onde, também, a convicção de que o cultivador feliz é um mágico que soube incitar os inhames de seu vizinho a se mudarem e se estabelecerem em sua horta. O homem que faz uma bela colheita é tido por um ladrão de sorte (Fortune 1932b).

Crenças do mesmo tipo existiram na própria França até época recente: na Idade Média, punia-se com a morte a "feiticeira que sujasse ou danificasse o trigo; que, pela recitação do salmo *Super aspidem ambulabis*, esvaziasse os campos de seus grãos, para guarnecer instantaneamente seu celeiro com esse bom trigo". E não há muito tempo que em Cubjac, no Perigord, uma invocação mágica assegurava àquele que a pronunciasse uma boa provisão de rabanetes: "Que os de nosso vizinho sejam grandes como grãos de milho, os de nossos parentes como grãos de trigo e os nossos como a cabeça do boi Fauvel!" (Rocal 1928, pp. 164-165). Dizia-se em latim: *excantare fruges.*

Ora, com a ressalva da exogamia mínima resultante de graus proibidos, as sociedades camponesas europeias observavam uma estrita endogamia local. E é significativo que, em Dobu, uma endoagricultura exacerbada possa aparecer como a compensação simbólica de uma exogamia de linhagem e de aldeia, praticada com repugnância, senão mesmo com pavor: a despeito de uma endogamia geralmente assegurada na esfera da localidade – que compreende de 4 a 20 aldeias vizinhas – o casamento, mesmo numa aldeia próxima, pode colocar o homem à mercê de assassinos e de feiticeiros, sendo que ele sempre considera sua mulher uma feiticeira em potencial, prestes a enganá-lo com seus amigos de infância e a destruí-lo juntamente com os seus (Fortune 1932b). Num caso desse tipo, a endoagricultura reforça uma tendência latente na endogamia, a menos que exprima, simbolicamente, a hostilidade em relação às regras de uma exogamia precária, observadas a contragosto. A situação é simétrica e inversa daquela que prevalece na Austrália, onde as proibições alimentares e as regras exógamas se reforçam mutuamente e, como se viu, de maneira mais simbólica e claramente conceitualizada nas sociedades patrilineares (onde as proibições alimentares são flexíveis e formuladas de preferência em termos de metades, isto é, num plano já abstrato e que se presta a uma codificação binária por pares de oposições), mais literal e concreta nas sociedades matrilineares (onde as proibições são estritas e enunciadas em termos de clãs, podendo-se muitas vezes duvidar que provenham de conjuntos sistemáticos, levando em conta fatores históricos e demográficos que devem ter representado um papel determinante na sua gênese).

Fora desses casos de paralelismo positivo ou negativo, existem outros em que a reciprocidade dos grupos sociais se expressa apenas num plano. As regras de casamento dos omaha são formalizadas de maneira muito diferente das dos aranda: em vez de, como entre os últimos, a classe do cônjuge ser determinada com precisão, todos os clãs não expressamente proibidos são permitidos. Entretanto, no plano alimentar, os omaha possuem ritos muito próximos do *intichiuma*:[27] o milho sagrado é confiado à guarda de alguns clãs, que o distribuem anualmente aos outros, a fim de vivificar suas sementes (Fletcher e La Flesche 1911). Os clãs totêmicos dos nandi, de Uganda, não são exógamos, mas essa "não funcionalidade" no nível dos intercâmbios matrimoniais é compensada por um extraordinário desenvolvimento das proibições de clã não apenas no plano alimentar mas também no das atividades técnicas e econômicas, do vestuário e dos impedimentos ao matrimônio resultantes deste ou daquele detalhe da história pessoal do cônjuge proibido (Hollis 1909). É impossível elaborar um sistema dessas diferenças; as separações reconhecidas entre os grupos parecem antes resultado de uma propensão a colher todas as flutuações estatísticas, o que, sob uma outra forma e num outro plano, é também o método usado pelos

27. Cf. a seguir, pp. 264-265.

sistemas ditos crow-omaha e pelas sociedades ocidentais contemporâneas, para assegurar o equilíbrio global dos intercâmbios matrimoniais.[28]

Essa emergência de métodos de articulação mais complexos que os resultantes apenas das regras de exogamia ou das proibições alimentares, ou mesmo de ambas, é particularmente surpreendente no caso dos baganda (que são próximos dos nandi), pois eles parecem ter acumulado todas as formas. Os baganda eram divididos em aproximadamente 40 clãs, *kika*, tendo cada um um totem comum), *miziro*, cujo consumo era proibido em virtude de uma regra de racionamento alimentar: privando-se do alimento totêmico, cada clã deixa-o disponível em maior quantidade para os outros clãs; é a contrapartida modesta da pretensão australiana na qual, sob a condição de abster-se também, cada clã detém o poder de multiplicá-lo.

Como na Austrália, cada clã se qualifica por suas ligações com um território que, entre os baganda, é geralmente uma colina. Enfim, junta-se ao totem principal um totem secundário, *kabiro*. Portanto cada clã baganda é definido por dois totens: proibições alimentares e um domínio territorial. A estes acrescentam-se prerrogativas tais como a elegibilidade de seus membros à realeza ou a outras dignidades, o fornecimento das esposas reais, a confecção ou a guarda dos emblemas ou dos utensílios reais, as obrigações rituais que consistem no fornecimento de determinados alimentos aos outros clãs, as especializações técnicas: só o clã do cogumelo fabrica cortiça batida, os ferreiros são todos oriundos do clã da vaca sem cauda etc.; enfim, certas proibições (as mulheres do clã não podem gerar um filho homem de sangue real) e o uso de nomes próprios reservados (Roscoe 1911).

* * *

Em casos desse gênero, não se sabe muito bem de que tipo de sociedade se trata; incontestavelmente, os clãs totêmicos dos baganda são também castas funcionais. Entretanto, à primeira vista, nada parece mais oposto que essas duas formas institucionais. Nós nos habituamos a associar os grupos totêmicos às civilizações mais "primitivas", enquanto as castas

28. Certo ou errado, Radcliffe-Brown (1950, pp. 32-33) trata o sistema de parentesco nandi como um sistema omaha.

parecem-nos fato de sociedades muito evoluídas, que às vezes até conhecem a escrita. Enfim, uma sólida tradição liga as instituições totêmicas às formas mais estritas de exogamia, porém, se um etnólogo fosse instado a definir o conceito de casta, é quase certo que ele primeiro faria referência à regra da endogamia.

Portanto, poderíamos nos surpreender com o fato de que os mais antigos observadores das sociedades australianas, entre 1830 e 1850, tenham muitas vezes usado a palavra "casta" para designar as classes matrimoniais, das quais suspeitavam vagamente a função (Thomas 1906, pp. 34-35). Não é preciso desprezar essas intuições, que preservam o frescor e a vivacidade de uma realidade ainda intata e de uma visão não alterada pelas especulações teóricas. Sem aqui abordar o problema em profundidade, é claro que, de um ponto de vista superficial, existem certas analogias entre as tribos australianas e as sociedades de castas: cada grupo aí exerce uma função especializada, indispensável à coletividade em seu conjunto e complementar das funções atribuídas aos outros grupos.

Isso é particularmente claro no caso das tribos cujos clãs ou metades estão ligados por uma norma de reciprocidade. Entre os kaitish e os unmatjera, vizinhos setentrionais dos aranda, um indivíduo que colhe grãos selvagens no território do grupo totêmico do qual esses grãos são o epônimo deve solicitar autorização do chefe para consumi-los. Cada grupo totêmico é obrigado a fornecer aos outros grupos a planta ou o animal de cuja "produção" é especialmente encarregado. Assim, um caçador solitário do clã da ema não pode tocar nesse animal. Mas, se está acompanhado, tem o direito senão mesmo o dever de matá-lo e oferecê-lo aos caçadores pertencentes aos outros clãs. Inversamente, um caçador solitário do clã da água tem o direito de beber se está sedento, mas, acompanhado, é preciso que receba a água de um membro da metade alterna da sua, de preferência um cunhado (Spencer e Gillen 1904, pp. 159-160). Entre os warramunga, cada grupo totêmico é responsável pela multiplicação de uma espécie animal ou vegetal determinada e por sua obtenção pelos outros grupos: "Os membros de uma metade... se encarregam das cerimônias da outra metade, cujo objetivo é aumentar seu abastecimento". Tanto entre os walpari quanto entre os warramunga, as proibições totêmicas secundárias (atinentes ao totem materno) são suspensas se o alimento em questão é obtido por intermédio de um homem da outra metade. Mais geralmente e para um totem qualquer, distinguem-se grupos que não o consomem nunca (porque é seu próprio totem), grupos que o consomem se o obtiverem por intermédio de um outro grupo (como para os totens maternos) e, enfim, grupos que o consomem livremente e em todas as circunstâncias. Acontece o mesmo com os lugares de águas sagradas: as mulheres lá não vão nunca, os homens não iniciados vão mas não bebem, alguns grupos vão e bebem sob a condição de que a água lhes seja apresentada pelos membros de outros grupos que podem beber livremente (Spencer e Gillen 1904, p. 164). Essa dependência recíproca já se manifesta no casamento, que, como demonstrou Radcliffe-Brown para a Austrália (mas se poderia dizer o mesmo para tantas outras sociedades de clã, tal como os iroqueses), era baseado em fornecimentos recíprocos de alimento vegetal (feminino) e de alimento animal (masculino); em tais casos, a família conjugal aparece como uma sociedade em miniatura com duas castas. A diferença é, portanto, menor do que parece entre as sociedades que, como certas tribos australianas, consignam uma função mágico-econômica distintiva aos agrupamentos totêmicos e, por exemplo, os bororos, do Brasil central, entre os quais a mesma função de "liberação" dos produtos de consumo – animal ou vegetal – é reservada aos especialistas que a assumem em relação a todo o grupo (Colbacchini e Albisetti 1942). Somos assim levados a suspeitar o caráter radical da oposição entre castas endógamas e grupos totêmicos exógamos; esses dois tipos estranhos não manteriam entre si relações cuja natureza apareceria melhor se pudéssemos demonstrar a existência de formas intermediárias?

Num outro trabalho (Lévi-Strauss 1962), insistimos sobre uma característica, em nosso ver fundamental, das instituições ditas totêmicas: elas invocam uma homologia não entre grupos sociais e espécies naturais, mas entre as diferenças que se manifestam, de um lado, no nível dos grupos, de outro, no nível das espécies. Essas instituições repousam, então, sobre o postulado de uma homologia *entre dois sistemas de diferenças* situados um na natureza e outro na cultura. Designando as relações de homologia com traços verticais, uma "estrutura totêmica pura" poderia então ser representada da seguinte maneira:

NATUREZA	:	espécie 1	≠	espécie 2	≠	espécie 3	≠	....		espécie n
CULTURA	:	grupo 1	=	grupo 2	=	grupo 3	≠	....		grupo n

Essa estrutura seria profundamente alterada se fossem acrescentadas às homologias entre as relações homologias entre os termos ou se, dando um passo a mais, se deslocasse das relações aos termos o sistema global das homologias:

NATUREZA	: espécie 1	≠	espécie 2	≠	espécie 3	≠	....	espécie n
	|		|		|			|
CULTURA	: grupo 1	≠	grupo 2	≠	grupo 3	≠	....	grupo n

Nesse caso, o conteúdo implícito da estrutura não será mais que o clã 1 difere do clã 2, como, por exemplo, a água do urso, mas que o clã 1 difere do clã 2, como, por exemplo, a águia do urso, mas que a natureza do clã 1 e a natureza do clã 2 serão isoladamente colocadas em causa, no lugar de uma relação formal entre os dois.

Ora, a transformação cuja possibilidade teórica acabamos de entrever pode às vezes ser diretamente observada. Os insulares do estreito de Torres têm clãs totêmicos cujo número é da ordem da trintena, em Mabuiag. Esses clãs exógamos e patrilineares eram agrupados em duas metades, compreendendo respectivamente os animais terrestres e os animais marinhos. Em Tutu e em Saibai, essa divisão correspondia, parece, a uma divisão territorial no interior da aldeia. Por ocasião da expedição de A.C. Haddon, essa estrutura já estava em estado avançado de deterioração. Todavia, os indígenas possuíam um sentimento muito vivo de uma afinidade física e psicológica entre os homens e seus totens e da obrigação, correspondente para cada grupo, de perpetuar um tipo de comportamento: os clãs do casuar, do crocodilo, da cobra, do tubarão e do peixe-martelo tinham uma natureza belicosa; os da arraia, da arraia espatulada e da rêmora eram tidos como pacíficos. Do clã do cão nada se podia afirmar, pois os cães têm um caráter instável. Os membros do clã do crocodilo eram considerados fortes e impiedosos; supunha-se que os do casuar tivessem longas pernas e fossem excelentes na corrida (Frazer 1910, vol. 11, pp. 3-9, citando Haddon e Rivers). Seria interessante saber se essas crenças sobreviveram à organização antiga como vestígios ou se se desenvolveram a partir da deterioração das regras de exogamia.

O fato é que se observam crenças semelhantes, se bem que desigualmente desenvolvidas, entre os índios menomini, da região dos grandes lagos e, mais ao norte, entre os chipewa. Nesse último grupo, considerava-se que os membros do clã do peixe viviam muito tempo e tinham cabelos finos ou raros; presumivelmente, todos os calvos seriam membros desse clã. Ao contrário, os membros do clã do urso distinguiam-se por seus cabelos longos, negros e espessos, que não embranqueciam com a idade, e por seu temperamento colérico e combativo. Atribuía-se ao clã do grou uma voz estridente, e era dele que provinham os oradores da tribo (Kinietz 1947, pp. 76-77).

Detenhamo-nos um instante para considerar as implicações teóricas de tais especulações. Quando natureza e cultura são concebidas como dois sistemas de diferenças entre os quais existe uma analogia formal, é o caráter sistemático próprio a cada domínio que se encontra em primeiro plano. Os grupos sociais são distintos uns dos outros mas permanecem solidários como parte de um mesmo todo, e a lei de exogamia proporciona o meio de conciliar essa oposição equilibrada entre a diversidade e a unidade. Mas, se os grupos sociais são encarados menos sob o ângulo de suas relações recíprocas na vida social do que cada um por sua conta, em relação a uma realidade de ordem diferente da sociológica, então se pode prever que o ponto de vista da diversidade prevalecerá sobre o da unidade. Cada grupo social tenderá a formar um sistema não mais com os outros grupos sociais mas com certas propriedades diferenciais concebidas como hereditárias, sendo que esses caracteres exclusivos dos grupos tornarão mais frágil sua articulação solidária no seio da sociedade. À medida que cada grupo procurar se definir pela imagem que se faz de um modelo natural, ser-lhe-á cada vez mais difícil, no plano social, manter suas ligações com os outros grupos e, muito especialmente, permutar com eles suas filhas e irmãs, pois tenderá a representá-las como se fossem de uma "espécie" particular. Duas imagens, uma social e outra natural, cada uma articulada consigo mesma por sua própria conta, serão substituídas por uma imagem sócio-natural única mas retalhada:[29]

NATUREZA	:	espécie 1	espécie 2	espécie 3	......	espécie n
CULTURA	:	grupo 1	grupo 2	grupo 3	......	grupo n

29. Pode-se talvez objetar que, no trabalho anteriormente citado (Lévi-Strauss 1962), contestamos que o totemismo possa ser interpretado com base em uma analogia direta entre grupos humanos e espécies naturais, mas essa crítica era dirigida contra uma teoria formulada por etnólogos, ao passo que aqui se trata de uma teoria indígena –

Bem entendido, é unicamente pela comodidade da exposição e por que esse livro é dedicado à ideologia e às superestruturas que parecemos lhes dar uma espécie de prioridade. Não pretendemos de maneira nenhuma insinuar que transformações ideológicas gerem transformações sociais. A ordem inversa é a única verdadeira: a concepção que os homens têm das relações entre natureza e cultura é função da maneira pela qual suas próprias relações sociais se modificam. Mas, sendo aqui nosso objetivo esboçar uma teoria das superestruturas, é inevitável, por razões de método, que concedamos a elas uma atenção privilegiada e que pareçamos colocar entre parênteses ou num plano subordinado os fenômenos mais relevantes que não figuram em nosso programa do momento. Entretanto não estudamos senão as sombras perfiladas no fundo da caverna, sem esquecer que é apenas a atenção por nós concedida que lhes confere uma aparência de realidade.

* * *

Dito isso, estaremos menos arriscados a sermos mal compreendidos resumindo o que precede como a exposição das transformações conceituais que marcam a passagem da exogamia à endogamia (passagem evidentemente possível nos dois sentidos). Pelo menos algumas das tribos algonkin de onde provêm nossos últimos exemplos possuíam uma estrutura de clã hierarquizada, da qual se pode supor que devesse trazer qualquer empecilho ao funcionamento de uma exogamia formulada em termos igualitários. Mas é no sudeste dos Estados Unidos, nas tribos do grupo linguístico muskogi que são mais claramente observadas formas institucionais híbridas, a meio caminho entre os grupos totêmicos e as castas, o que explica, aliás, a incerteza reinante sobre seu caráter endógamo ou exógamo.

Os chickasaw eram talvez exógamos no nível dos clãs e endógamos no das metades. Em todo caso, estas ofereciam o caráter notável para estruturas desse tipo, de um exclusivismo beirando a hostilidade recíproca: a doença e a morte eram muitas vezes atribuídas à feitiçaria dos membros da metade oposta. Cada metade celebrava seus ritos num cioso isolamento; os membros da outra metade que fossem suas testemunhas poderiam ser

---

explícita ou implícita – a qual corresponde precisamente às instituições que os etnólogos se recusariam a classificar como totêmicas.

punidos com a morte. A mesma atitude existia entre os creek; no nível das metades, ela lembra de forma surpreendente aquela que, entre os aranda, prevalecia no nível dos grupos totêmicos: cada um praticava seus ritos "entre si", se bem que o benefício fosse apenas "para os outros", o que demonstra, diga-se de passagem, que endopráxis e exopráxis podem ser definidas jamais separadamente e em absoluto mas apenas como aspectos complementares de uma relação ambígua a si e a outrem, como o demonstrou Morgan, contra McLennan.

As metades, que provavelmente serviam para a formação dos campos opostos por ocasião das competições esportivas, eram consideradas diferentes pelo tipo de residência e pelo temperamento: uma, guerreira, preferia as paisagens abertas; a outra, pacífica, permanecia no fundo dos bosques. Talvez as metades também tenham sido hierarquizadas, como sugerem os termos a elas aplicados às vezes, como "gente das belas moradas" e "gente dos casebres". Entretanto, essas diferenças hierárquicas, psíquicas e funcionais manifestavam-se sobretudo no nível dos clãs ou de suas subdivisões em pequenas aldeias. Nas evocações indígenas do passado, constantemente retornam, como um *leitmotiv*, estas fórmulas aplicadas a cada clã ou pequena aldeia: "Eram pessoas muito especiais... não se pareciam com os outros... tinham usos e costumes bem próprios...". Essas particularidades dependiam das mais diversas ordens: lugar de moradia, atividade econômica, vestuário, alimentação, comportamentos e gostos.

Conta-se que o povo do racum se alimentava de peixe e de frutos selvagens; que o do puma vivia nas montanhas, evitava a água, de que tinha grande pavor, e consumia principalmente caça. O povo do gato selvagem dormia durante o dia e caçava durante a noite, pois era dotado de uma vista penetrante e se interessava pouco pelas mulheres. O da ave acordava antes do amanhecer: "Pareciam-se com as aves no fato de não incomodarem os outros... cada um tinha uma forma de espírito particular, assim como existem muitas espécies de aves". Diziam-no polígamo, pouco inclinado ao trabalho, vivendo bem e dotado de prole numerosa.

O povo da raposa era formado de ladrões profissionais, apaixonado pela independência, vivendo no coração das florestas. Nômades e imprevidentes, os "iska errantes" nem por isso gozavam saúde menos robusta, "pois não gostavam de se cansar". Moviam-se com indolência, convencidos de ter a vida diante de si; homens e mulheres tinham pouco cuidado com os cabelos e negligenciavam sua aparência; viviam como mendigos e preguiçosos. Os habitantes da pequena aldeia do Poste do Carvalho Inclinado, situado na floresta, eram de temperamento instável, pouco vigoroso; afeitos à dança, sempre ansiosos e preocupados, eram uns "levanta-cedo" e uns desajeitados. Na pequena aldeia do Alto Celeiro de Milho, as pessoas eram estimadas apesar de seu orgulho: bons jardineiros, muito trabalhadores mas, caçadores medíocres, trocavam seu milho por caça. Tidos como francos, cabeçudos e peritos em predizer o tempo. Quanto às cabanas da pequena aldeia do Cangambá Vermelho, eram todas subterrâneas... (Swanton 1928b, pp. 190-213).

Essas informações foram coletadas numa época em que as instituições tradicionais existiam apenas na recordação dos velhos informantes e é claro que, por um lado, são contos da carochinha. Nenhuma sociedade poderia se permitir a esse ponto "iludir a natureza", pois se cindiria numa multidão de bandos independentes e hostis, cada um deles negando aos outros a qualidade humana. Os testemunhos coletados por Swanton são mitos sociológicos, tanto e mais que simples informações etnográficas. Não obstante, sua riqueza, as semelhanças que apresentam entre si, a unidade do esquema que os inspira, a existência de testemunhos do mesmo tipo provenientes de grupos vizinhos, tudo sugere que, mesmo que as instituições reais fossem muito diferentes, temos aí, pelo menos, uma espécie de modelo conceitual da sociedade chickasaw, que apresenta o enorme interesse de evocar uma sociedade de castas, se bem que os atributos das castas e suas relações aí estejam codificados com referência a espécies naturais, portanto, à maneira de grupos totêmicos. Aliás, as relações supostas entre os clãs e seus epônimos estão de acordo com as encontradas nas sociedades "totêmicas" de tipo clássico: ou o clã descende do animal, ou um ancestral humano do clã, em tempos míticos, com ele contraiu uma aliança. Ora, essas sociedades, pensadas como se fossem formadas por castas "naturais", isto é, onde a cultura é concebida como projeção ou reflexão da natureza, formam charneira entre as sociedades que os autores clássicos utilizaram para ilustrar sua concepção de totemismo (tribos das planícies e tribos do sudeste) e as sociedades como a dos natchez, que oferecem um dos raros exemplos de castas verdadeiras conhecidos na América do Norte.

Estabelecemos, assim, que, nas duas terras clássicas do pretenso totemismo, as instituições definidas com referência a essa noção enganosa podiam ser também caracterizadas de um ponto de vista funcional, como na Austrália, ou dar lugar a formas ainda concebidas de acordo com o modelo dos grupos totêmicos, como na América, se bem que funcionassem mais como castas.

Transportemo-nos agora para a Índia, terra também clássica, mas em relação às castas. Constataremos que, em contato com elas, as instituições tidas como totêmicas sofrem uma transformação simétrica e inversa da que as afeta na América: em vez de as castas serem concebidas de acordo com um modelo natural, aí os grupos totêmicos é que são concebidos de acordo com um modelo cultural.

As denominações totêmicas que encontramos em certas tribos de Bengala são, na maioria, de origem animal ou vegetal. É o caso dos 67 totens arrolados entre os oraon de Chota Nagpur, com exceção do ferro, do qual foi proibido o contato com os lábios ou a língua, por não se poder proscrever utilmente o seu emprego; essa proibição, portanto, ainda está formulada nos termos que a aproximam de uma proibição alimentar. Entre os munda, da mesma região, os 340 clãs exógamos arrolados têm, na maioria, totens animais e vegetais cujo consumo é proibido. Entretanto, já se podem notar totens de natureza diferente: lua cheia, luar, arco-íris, mês do ano, dia da semana, bracelete de cobre, varanda, sombrinha, profissões ou castas como as de cesteiro ou carregador de tocha (Risley 1891, vol. II e Apêndice). Mais a oeste, os 43 nomes de clã dos bhil dividem-se em 19 vegetais, 17 animais e sete que se referem a objetos: punhal, vaso quebrado, aldeia, bastão espinhoso, bracelete, argola de tornozelo, pedaço de pão (Koppers 1948, pp. 143-144).

É indo para o sul que se pode observar sobretudo a inversão das relações entre espécies naturais e objetos ou produtos manufaturados. Os clãs dos devanga, casta de tecelões de Madras, têm nomes em que figuram poucas plantas e quase nenhum animal. Em contrapartida, encontram-se os seguintes nomes: leite coalhado, estábulo, moeda, represa, casa, colírio, faca, tesoura, barco, lâmpada, roupas, trajes femininos, corda para suspender vasos, arado velho, monastério, pira funerária, telha. Os kuruba, de Mysore, contam 67 clãs exógamos arrolados, com nomes de animais ou vegetais ou designados como segue: carro, taça de beber, prata, sílex, novelo de linha, bracelete, ouro, anel de ouro, picareta, bordado colorido da roupa, bastão, cobertura, medida, bigode, ofício de tecer, tubo de bambu, etc. (Thurston 1909, vol. II, p. 160 ss.; vol. IV, p. 141).

Poderia ser que o fenômeno fosse mais periférico que meridional, pois se é tentado a evocar a seu respeito o papel mítico atribuído aos objetos manufaturados – sabre, faca, lança, agulha, pilar, corda etc. – por certas tribos do sudeste asiático. Seja como for, na Índia, os objetos manufaturados que servem às denominações de clã recebem homenagens especiais como as plantas e os animais totêmicos; quer rendam-lhe culto por ocasião dos casamentos, quer o respeito que lhe devotam assuma uma forma estranha e específica; assim, entre os bhil, para o clã do vaso quebrado, a obrigação de recolher os fragmentos das louças de um certo tipo e lhes dar uma sepultura. Um certo frescor de invenção parece às vezes perceptível: o Arisana gotram dos karuba leva o nome da *Curcuma longa*, mas, como seria embaraçoso, dizem, privar-se de um condimento tão essencial, é o grão de *korra* que assume o lugar do alimento proibido.

* * *

Conhecem-se, pelo mundo afora, listas heteróclitas de denominações de clã; existem principalmente no norte da Austrália, a região do continente mais permeável às influências externas. Descobriram-se, na África, totens individuais tais como uma lâmina de barbear e uma moeda:

> Quando perguntei (aos dinka) quem eu deveria invocar como minhas divindades de clã, foi apenas meio brincando que me sugeriram máquina de escrever, papel e caminhão, pois essas coisas não eram as mesmas que sempre ajudaram meu povo e que os europeus haviam recebido de seus antepassados? (Lienhardt 1961, p. 110).

Mas em nenhum lugar esse caráter heteróclito afirma-se tanto quanto na Índia, onde as denominações totêmicas comportam uma grande proporção de objetos manufaturados, ou seja, de produtos ou de símbolos de atividades funcionais que, por serem nitidamente diferenciadas num sistema de castas, podem servir para exprimir separações diferenciais entre os agrupamentos sociais, no interior da tribo ou da própria casta. Tudo se passa então como se na América delineamentos de castas tivessem sido contaminados pelas classificações totêmicas, ao passo que, na Índia, vestígios de grupos totêmicos ter-se-iam deixado impregnar por um simbolismo de inspiração tecnológica ou profissional. Essas contradanças surpreenderão menos se se levar em consideração que existe uma maneira de traduzir as instituições australianas em linguagem de casta, mais elegante e direta que a utilizada aqui anteriormente.

De fato, tínhamos sugerido que, desde que cada grupo totêmico se arroga o controle de uma espécie animal ou vegetal para o benefício dos outros grupos, essas especializações funcionais se parecem, de um certo ponto de vista, às que assumem as castas profissionais, as quais exercem, elas também, uma atividade distintiva e indispensável à vida e ao bem-estar de todo o grupo. Contudo, uma casta de oleiros efetivamente fabrica potes, uma casta de lavadeiras realmente lava roupa, uma casta de barbeiros faz barbas, é claro, enquanto os poderes mágicos dos grupos totêmicos australianos provêm de uma ordem imaginária; a diferença se impõe, mesmo que a crença na eficácia dos poderes mágicos seja partilhada por seus supostos beneficiários e por aqueles que, de boa-fé, pretendem possuí-las. Por outro lado, a ligação entre o feiticeiro e a espécie natural não pode ser logicamente concebida de acordo com o mesmo modelo vigente entre o artesão e seu produto; somente nos tempos míticos os animais totêmicos eram diretamente gerados a partir do corpo do antepassado. Hoje, são os cangurus que produzem cangurus; o feiticeiro contenta-se em ajudá-las.

Mas, se considerarmos as instituições australianas (e outras também) numa perspectiva ampliada, perceberemos um domínio em que o paralelismo com um sistema de castas é muito mais nítido; para isso basta centrar a atenção sobre a organização social mais que sobre as crenças e práticas religiosas. Pois os primeiros observadores das sociedades australianas tinham razão num certo sentido ao designar as classes matrimoniais com o nome de castas: uma seção australiana produz suas mulheres para outras seções, do mesmo modo que uma casta profissional produz bens e serviços que as outras castas só obtêm por seu intermédio... Portanto, seria uma visão superficial simplesmente opô-las numa relação de exogamia e endogamia. De fato, castas profissionais e agrupamentos totêmicos são igualmente "exopráticos", as primeiras no plano da troca de bens e serviços, e os segundos no dos intercâmbios matrimoniais.

Mas, nos dois casos, é sempre patente um coeficiente de "endopráxis". As castas são ostensivamente endógamas, reserva feita aos impedimentos ao casamento, dos quais mostramos em outro lugar (Lévi-Strauss 1949, cap. XXV) a tendência a se multiplicarem, como compensação. Os agrupamentos australianos são exógamos, o mais das vezes segundo a fórmula do intercâmbio restrito, que é uma imitação da endogamia no próprio seio da exogamia, pois que o intercâmbio restrito é peculiar aos grupos que se consideram fechados e cujos intercâmbios internos estão voltados para si mesmos; opõe-se, assim, ao intercâmbio generalizado, mais aberto para o exterior e permitindo a incorporação de novos grupos sem alteração da estrutura. Essas relações podem ser ilustradas por um diagrama:

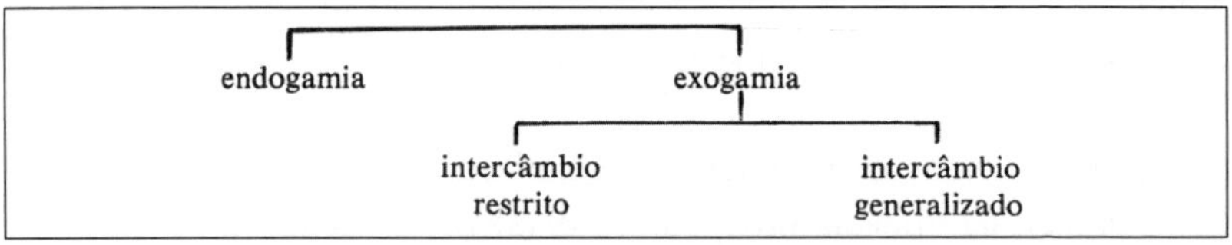

no qual se observa que o intercâmbio restrito, forma "fechada" de exogamia, está logicamente mais próximo da endogamia que o intercâmbio generalizado, forma "aberta".

Isso não é tudo. Entre as mulheres que são trocadas e também entre os bens e serviços que se trocam existe uma diferença de raiz: as primeiras são indivíduos biológicos, ou seja, produtos naturais, naturalmente procriadas por outros indivíduos biológicos; os segundos são objetos manufaturados (ou operações realizadas por meio de técnicas e de objetos manufaturados), isto é, produtos sociais, culturalmente fabricados por agentes técnicos; a simetria entre castas profissionais e grupos totêmicos é uma simetria invertida. O princípio de sua diferenciação é tomado de empréstimo à cultura, num caso, e à natureza, no outro.

Essa simetria existe somente num plano ideológico, ela é desprovida de base concreta. Em vista da cultura, as especialidades profissionais são verdadeiramente diferentes e complementares; não se poderia dizer o mesmo em vista da natureza, da especialização de agrupamentos exógamos relacionados com a produção de mulheres de espécies diferentes. Pois, se as ocupações constituem "espécies sociais" distintas, as mulheres provindas de seções ou de subseções diferentes não deixam de pertencer todas à mesma espécie natural.

Aí está a armadilha colocada pela realidade à imaginação dos homens e à qual eles tentaram escapar buscando na ordem da natureza uma diversidade real, único modelo objetivo no qual (a despeito da divisão do trabalho e da especialização profissional, se eles as ignoram) podem inspirar-se a fim de estabelecer entre si relações de complementaridade e de cooperação. Dito de outro modo, concebem essas relações com base no modelo a partir do qual (e também em função de suas próprias relações sociais) concebem as relações entre as espécies naturais. Com efeito, existem apenas dois modelos verdadeiros da diversidade concreta: um, no plano da natureza, é o da diversidade das espécies; outro, no plano da cultura, é oferecido pela diversidade das funções. Colocado entre esses dois modelos verdadeiros, aquele que os intercâmbios matrimoniais ilustram apresenta um caráter ambíguo e equívoco, pois as mulheres são semelhantes quanto à natureza, e é somente em vista da cultura que podem ser colocadas como diferentes: mas, se prevalece a primeira perspectiva (como é o caso, quando o modelo de diversidade escolhido é o modelo natural), a semelhança se sobrepõe à diferença: sem dúvida, as mulheres devem ser trocadas, pois se decretou que são diferentes; mas essa troca no fundo supõe que elas sejam tidas como semelhantes. Em contrapartida, quando nos colocamos na outra perspectiva e adotamos o modelo cultural da diversidade, a diferença, que corresponde ao aspecto cultural, sobrepõe-se à semelhança: as mulheres só são reconhecidas como semelhantes entre si nos limites de seus respectivos grupos sociais e, portanto, as mulheres não podem ser trocadas de uma casta para outra. As castas colocam as mulheres como naturalmente heterogêneas, e os grupos totêmicos colocam-nas como culturalmente heterogêneas; a razão última dessa diferença entre os dois sistemas é que as castas deveras exploram a heterogeneidade cultural, ao passo que os grupos totêmicos apenas se oferecem a ilusão de explorar a heterogeneidade natural.

Tudo o que acaba de ser dito pode ser expresso de outra maneira. As castas, que se definem a partir de um modelo cultural, verdadeiramente trocam objetos culturais mas, ao preço da simetria postulada entre natureza e cultura, devem conceber sua produção natural conforme um modelo natural, pois que essas castas são compostas de seres biológicos: produção composta de mulheres, que esses seres biológicos produzem e que os produzem. Depreende-se daí que as mulheres são diversificadas segundo o modelo das espécies naturais; elas tanto não podem ser trocadas quanto essas espécies não se podem cruzar. Os agrupamentos totêmicos pagam um preço simétrico e inverso. Eles se definem a partir de um modelo natural e permutam entre si objetos naturais: as mulheres que produzem e que os produzem naturalmente. A simetria postulada entre natureza e cultura acarreta então a assimilação das espécies naturais no plano da cultura. Da mesma forma que as mulheres, homogêneas quanto à natureza, são proclamadas heterogêneas quanto à cultura, as espécies naturais, heterogêneas quanto à natureza, são proclamadas homogêneas quanto à cultura; com efeito, a cultura afirma que todas elas são jurisdicionadas por um mesmo tipo de crenças e de práticas, pois oferecem aos olhos da cultura o caráter comum de que o homem tem o poder de controlá-las e multiplicá-las. Em consequência, os homens permutam culturalmente as mulheres, que perpetuam esses mesmos homens naturalmente; e eles pretendem perpetuar culturalmente as espécies por eles trocadas *sub specie naturae*: sob a forma de produtos alimentares substituíveis uns pelos outros, porque são alimentos e porque, como é verdade também para as mulheres, um homem pode satisfazer-se com certos alimentos e renunciar a outros, na medida em que quaisquer mulheres ou quaisquer alimentos estão igualmente aptos para servir aos fins da procriação e da conservação.

* * *

Atingimos assim as propriedades comuns das quais as castas profissionais e os grupos totêmicos fornecem exemplos inversos. As castas são heterogêneas quanto à função, podem, portanto, ser homogêneas quanto à estrutura: sendo real a diversidade das funções, estabelece-se a complementaridade nesse nível, e a funcionalidade dos intercâmbios matrimoniais – mas entre as mesmas unidades sociais – forneceria esse caráter de acumulação (do qual vimos anteriormente porque não tinha valor prático, cf. p. 133). Inversamente, os grupos totêmicos são homogêneos quanto à função, pois esta não tem um rendimento real e se reduz, para todos os grupos, a repetir a mesma ilusão; eles devem, então, ser heterogêneos quanto à estrutura, cada um deles sendo estatutariamente destinado à produção de mulheres de espécie social diferente.

Consequentemente, no totemismo estabelece-se uma pretensa reciprocidade de condutas homogêneas, umas em relação às outras e simplesmente justapostas: cada grupo igualmente pensa deter um poder mágico sobre uma espécie; mas, sendo essa ilusão desprovida de fundamento, existe apenas a título de forma vazia, como tal, idêntica às outras formas. A verdadeira reciprocidade resulta da articulação de dois processos: o da natureza, que se desenvolve através das mulheres, geradoras de homens e de mulheres, e o da cultura, que os homens desenvolvem qualificando socialmente essas mulheres à medida que são geradas naturalmente.

No sistema das castas, a reciprocidade se manifesta pela especialização funcional: portanto é vivida no plano da cultura. Como consequência, as valências de homogeneidade são liberadas; de formal, a analogia postulada entre grupos humanos e espécies naturais torna-se substancial (como o demonstrou o exemplo dos chickasaw e a fórmula, citada acima, das leis de Manu, cf. p. 125); a endogamia torna-se disponível, pois a reciprocidade verdadeira é assegurada de outra forma.

Mas essa simetria tem seus limites. Sem dúvida, os grupos totêmicos arremedam encargos funcionais; além de estes permanecerem imaginários, também não são culturais, pois que não estão situados no nível das artes da civilização, mas no de uma usurpação mentirosa das capacidades naturais que fazem falta ao homem enquanto espécie biológica. Sem dúvida também pode ser encontrado no sistema de castas o equivalente das proibições alimentares, mas de maneira significativa estas se expressam primeiro sob a forma invertida de uma "endocozinha"; e, por outro lado, elas se manifestam no nível do preparo dos alimentos, mais do que no de sua produção, ou seja, no plano cultural: precisas e detalhadas mas sobretudo em relação às operações culinárias e aos utensílios.

Enfim, as mulheres são naturalmente intercambiáveis (do ponto de vista de sua estrutura anatômica e de suas funções fisiológicas), e a cultura encontra, no que lhe concerne, o campo livre para jogar o grande jogo da diferenciação (seja esta concebida de maneira positiva ou negativa e, portanto, aproveitada para fundamentar a exogamia ou a endogamia); os alimentos, porém, não são integralmente substituíveis. Nesse segundo domínio, o jogo atinge mais rapidamente seus limites: é-se tanto menos apressado em classificar todos os alimentos como totêmicos quanto, como se viu mais acima, é mais difícil abster-se de curcuma que de *korra.* Ora, isso é ainda mais verdadeiro no que se refere às funções profissionais: como são realmente diferentes e complementares, permitem basear a reciprocidade em sua forma mais verídica. Em contrapartida, elas excluem a reciprocidade negativa, estabelecendo assim limites à harmonia lógica do sistema de castas. Toda casta permanece parcialmente "endofuncional", pois que não se poderia proibir de prestar a si mesma os serviços diferenciais que tem como obrigação primeira prestar às outras castas, pelo simples fato de que eles foram declarados insubstituíveis. Se assim não fosse, quem barbearia o barbeiro?

Portanto, não é a mesma coisa introduzir uma diversidade (socialmente) constituinte no seio de uma única espécie natural, a espécie humana, ou projetar no plano social a diversidade (naturalmente) constituída das espécies vegetais ou animais. As sociedades de grupos totêmicos e de seções exógamas creem em vão que conseguem jogar o mesmo jogo com espécies que são diferentes e com mulheres que são idênticas. Elas não se dão conta de que, sendo as mulheres idênticas, só depende da vontade social torná-las diferentes, ao passo que, sendo as espécies diferentes, ninguém pode torná-las idênticas, ou seja, todas passíveis do mesmo querer: os homens produzem outros homens, não produzem avestruzes.

Não é menos certo que, num plano muito geral, percebe-se uma equivalência entre os dois grandes sistemas de diferenças aos quais os homens têm recorrido para conceitualizar suas relações sociais. Simplificando muito, poder-se-ia dizer que as castas se projetam a si próprias como espécies naturais, enquanto os grupos totêmicos projetam as espécies naturais como castas. Essa fórmula ainda deve ser matizada: as castas naturalizam falsamente uma cultura verdadeira, os grupos totêmicos culturalizam verdadeiramente uma natureza falsa.

Tanto em uma quanto em outra perspectiva, é preciso admitir que o sistema das funções sociais corresponde ao sistema das espécies naturais, o mundo dos seres ao mundo dos objetos, portanto, reconhecer no sistema das espécies naturais e no dos objetos manufaturados dois conjuntos mediadores dos quais o homem se serve, para ultrapassar a oposição entre natureza e cultura, pensando-as como totalidade. Mas existe ainda um outro meio.

Várias tribos caçadoras da América do Norte contam que, na origem dos tempos, os bisões eram animais ferozes e "totalmente de osso": não apenas intragáveis para o homem mas canibais. Portanto, outrora os homens serviram de alimento ao animal que, mais tarde, seria seu alimento por excelência, mas que era então um alimento ao contrário, posto que alimento animal sob forma não comestível: o osso. Como se explica uma tão completa reviravolta?

Aconteceu, diz o mito, que um bisão enamorou-se de uma moça e quis desposá-la. Essa moça era a única de seu sexo numa comunidade de homens, pois um homem a concebera depois de ter sido picado por um arbusto espinhoso. A mulher aparecia, assim, como o produto de uma conjunção negativa entre uma natureza hostil ao homem (o arbusto espinhoso) e uma antinatureza humana (o homem grávido). A despeito da ternura que sentiam por sua filha e do temor que lhes inspirava o bisão, os homens acharam prudente consentir o casamento e reuniram presentes com os quais cada um deveria substituir uma parte do corpo do bisão: um gorro de penas seria a espinha dorsal; uma aljava de lontra, a pele do peito; uma manta tecida seria a barriga; uma aljava pontuda, o estômago; os mocassins, os rins; um arco, as costas etc. Aproximadamente 40 correspondências são assim enumeradas (para uma versão desse mito, cf. Dorsey e Kroeber 1903, n. 81).

O intercâmbio matrimonial opera, então, à maneira de um mecanismo mediador entre uma natureza e uma cultura no início colocadas como disjuntivas. Substituindo por uma arquitetônica cultural a arquitetônica sobrenatural e primitiva, a aliança cria uma segunda natureza sobre a qual o homem exerce domínio, ou seja, uma natureza mediatizada. Com efeito, em seguida a esses fatos, de "totalmente de osso" os bisões se tornam "totalmente de carne" e, de canibais, passam a comestíveis.

A mesma sequência é, às vezes, invertida, tal como no mito navajo, que termina na transformação de uma mulher em urso canibal, simétrico e inverso da transformação de um bisão canibal em marido. A metamorfose se prolonga em dispersões descritas de acordo com o modelo das diferenças entre espécies selvagens: a vagina da ogra transforma-se em ouriço; seus seios, em pinhões e bolotas; sua barriga, em outros grãos (*alkali: Sporobolus cryptandrus, airoides, Torr.*); sua traqueia, em uma planta medicinal; seus rins, em cogumelos etc. (Haile-Wheelwright 1949, p. 83).

Esses mitos exprimem admiravelmente como, entre populações onde as classificações totêmicas e as especializações funcionais têm um rendimento muito reduzido e mesmo quando não estão completamente ausentes, os intercâmbios matrimoniais podem fornecer um modelo diretamente aplicável à mediação da natureza e da cultura, confirmando assim, como sugerimos nas páginas precedentes, de um lado, que o "sistema de mulheres" é um meio-termo entre o sistema dos seres (naturais) e o sistema dos objetos (manufaturados) e, de outro, que cada sistema é aprendido pelo pensamento como uma transformação no interior de um grupo.

Dos três sistemas, apenas o dos seres possui uma realidade objetiva fora do homem, e só o das funções possui existência plenamente social, por conseguinte, dentro do homem. Mas a plenitude que assim cada um detém num plano explica que nem um nem outro seja facilmente manejável em outro plano: um alimento de uso geral não pode ser integralmente "totemizado", pelo menos sem trapaça;[30] e, por uma razão simétrica, as castas não podem evitar serem endofuncionais, ao mesmo tempo que servem para construir um esquema grandioso de reciprocidade. Nos dois casos, portanto, a reciprocidade não é absoluta, ela permanece como que confusa e deformada nas fímbrias. Logicamente falando, a reciprocidade dos intercâmbios matrimoniais representa uma forma igualmente impura, pois que se situa a meio caminho entre um modelo natural e um modelo cultural. Mas é esse caráter híbrido que lhe permite funcionar de maneira perfeita. Associada a uma ou a outra forma, a ambas, ou presente exclusivamente, só ela pode pretender a universidade.

* * *

Uma primeira conclusão pode ser retirada de nossa análise: o totemismo, que tem sido superabundantemente formalizado em "linguagem de primitividade", poderia sê-lo também, à custa de uma transformação

30. Sobre as "divindades de clã" dos dinka – que os autores antigos, sem hesitação, teriam chamado de totens – observa-se: "... poucas têm uma grande importância na alimentação, e quando a têm o respeito que se lhes devota não impede que sejam comidas". Assim, o clã da girafa julga que pode consumir a carne desse animal com a única condição de não derramar seu sangue (Lienhardt 1961, pp. 114-115).

muito simples, na linguagem do regime das castas, que é exatamente o contrário da primitividade. Isso já demonstra que não estamos tratando de uma instituição autônoma, definível por propriedades distintivas e típicas de certas regiões do mundo e de certas formas de civilização, mas com um *modus operandi* perceptível mesmo por trás das estruturas sociais tradicionalmente definidas em oposição diametral ao totemismo.

Em segundo lugar, estamos em melhores condições de sanar as dificuldades resultantes da presença, nas instituições ditas totêmicas, de regras de ação ao lado dos sistemas conceituais escolhidos como referência. Pois demonstramos que as proibições alimentares não são um traço distintivo do totemismo, podem ser encontradas associadas a outros sistemas, os quais servem igualmente para "marcar", e, reciprocamente, os sistemas de denominações inspirados pelos reinos naturais não são sempre acompanhados de proibições alimentares, podem ser "marcados" de diversas maneiras.

Por outro lado, exogamia e proibições alimentares não são objetos distintos da natureza social que devem ser estudados em separado ou entre os quais se pode descobrir uma relação de causalidade. Como a língua o testemunha um pouco em toda parte, são dois aspectos ou duas modalidades que servem para qualificar concretamente uma práxis que, como atividade social, pode estar voltada para fora ou para dentro, possuindo sempre essas duas orientações, se bem que se manifestem em planos ou através de códigos diferentes. Se a relação entre instituições totêmicas e castas pode ser superficialmente percebida como idêntica a uma relação entre exogamia e endogamia (pois, de fato, como vimos, as coisas são mais complexas), entre espécie e função e, no fim das contas, entre modelo natural e modelo cultural, é que de todos os casos empiricamente observáveis e aparentemente heterogêneos destaca-se um esquema que assinala seu verdadeiro objeto para a investigação científica. Todas as sociedades estabelecem uma analogia entre as relações sexuais e a alimentação, mas, conforme o caso e os níveis de pensamento, tanto o hornem quanto a mulher ocupam a posição do que come ou do que é comido. O que significa isso a não ser que a exigência comum é a de um corte diferencial entre os termos e de uma identificação inequívoca de cada um?

Ainda aqui não queremos dizer que a vida social, as relações entre o homem e a natureza são uma projeção se não mesmo um resultado de um jogo conceitual que se desenrolaria no espírito. "As idéias [escrevia Balzac] são, em nós, um sistema completo, semelhante a um dos reinos da natureza, uma espécie de floração cuja iconografia será descrita por um homem de gênio que passará por louco, talvez".[31] Mas a quem tentar essa empresa sem dúvida será necessário mais loucura do que gênio. Se afirmamos que o esquema conceitual comanda e define as práticas, é que estas, objeto de estudo do etnólogo sob a forma de realidades discretas, localizadas no tempo e no espaço e distintivas de gêneros de vida e de formas de civilização, não se confundem com a práxis que – ao menos nesse ponto estamos de acordo com Sartre – constitui para as ciências do homem a totalidade fundamental. O marxismo, senão o próprio Marx, raciocinou muitas vezes como se as práticas decorressem imediatamente da práxis. Sem colocar em questão o incontestável primado das infraestruturas, acreditamos que entre práxis e práticas sempre se intercala um mediador, que é o esquema conceitual por obra do qual uma matéria e uma forma, uma e outra desprovidas de existência independente, realizam-se como estruturas, isto é, como seres ao mesmo tempo empíricos e inteligíveis. É com esta teoria das superestruturas apenas esboçada por Marx que desejamos contribuir, reservando à história assistida pela demografia, pela tecnologia, pela geografia histórica e pela etnografia – o cuidado de desenvolver o estudo das infraestruturas propriamente ditas, que não pode ser principalmente a nossa, pois a etnologia é, antes de tudo, uma psicologia.

Consequentemente, tudo o que pretendemos ter demonstrado até o momento é que a dialética das superestruturas consiste, como a da linguagem, em colocar *unidades constitutivas* que só podem desempenhar esse papel com a condição de serem definidas inequivocamente, ou seja, fazendo-as contrastar aos pares, para, em seguida, por meio dessas unidades constitutivas, elaborar um *sistema* que desempenhará, enfim, o papel de operador sintético entre a ideia e o fato, transformando este último em *signo*. Assim, o espírito vai da diversidade empírica à simplicidade conceitual; depois, da simplicidade conceitual à síntese significante.

Para concluir este capítulo, nada pode ser mais apropriado que a ilustração dessa concepção por uma teoria indígena. Verdadeiro *totem e*

31. H. de Balzac, *Louis Lambert*, in *Oeuvres complètes*, Bibl. de la Pléiade, vol. X, p. 396.

tabu por antecipação, o mito yoruba desmonta, peça por peça, o complexo edifício das denominações e das proibições.

Trata-se de explicar as seguintes regras: três dias após o nascimento da criança, o sacerdote é chamado para lhe dar "seu *orisha* e seus *ewaw*". O primeiro termo designa o ser ou objeto ao qual a criança renderá culto e que acarreta uma proibição de casamento com qualquer pessoa que tenha o mesmo *orisha.* A esse título, o ser ou objeto torna-se o principal *ewaw* do indivíduo em questão, que o transmite a seus descendentes até a quarta geração. O filho desse indivíduo recebe, como segundo *ewaw*, o *ewaw* animal da mulher de seu pai, e o filho desse filho adota, por sua vez, o *ewaw* vegetal e terceiro em lugar da mulher do seu pai; enfim, o filho do filho do filho adota o quarto *ewaw* dessa parenta, a saber, um rato, um pássaro ou uma cobra.

Essas regras complicadas baseiam-se, no pensamento indígena, numa divisão original da população em seis grupos: o do pescador, o dos "presságios" (peixe, cobra e pássaro), o do caçador, o dos quadrúpedes, o do cultivador, o das plantas. Cada grupo compreende homens e mulheres num total de 12 categorias.

No início, as uniões eram incestuosas em cada grupo, em que o irmão desposava a irmã. O mesmo termo yoruba designa ao mesmo tempo o casamento, a refeição, a posse, o mérito, o ganho, a aquisição. Casar e comer são a mesma coisa. Se se representar o irmão e a irmã do primeiro grupo pelas letras A e B, os do segundo grupo pelas letras C e D, e assim por diante, a situação incestuosa inicial poderá ser resumida pelo quadro:

1	2	3	4	5	6
AB	CD	EF	GH	IJ	KL

Mas os humanos rapidamente se cansariam desse "alimento" monótono; assim, o filho do casal AB apossou-se do produto feminino do casal CD e assim por diante para EF, GH etc.:

ABD	CDB	EFH	GHF	IJL	KLJ

E isso não era o bastante: o pescador empreendeu guerra ao caçador, o caçador ao cultivador, o cultivador ao pescador, e cada um deles apropriou-se do produto do outro. A partir daí, o pescador comeu carne, o caçador, os produtos da terra e o cultivador comeu peixe:

ABDF	CDBH	EFHJ	GHFL	IJLB	KLJD

À guisa de represália, o pescador exigiu produtos da terra, o cultivador exigiu carne, e o caçador, peixe:

ABDFJ	CDBHL	EFHJB	GHFLD	IJLBF	KLJDH

Como as coisas não podiam continuar assim, organizou-se um grande debate, e as famílias puseram-se de acordo para trocar suas filhas e para encarregar os sacerdotes de evitar confusões e desordens, graças à regra de que, depois do casamento, a mulher continuaria a render culto a seu *orisha*, o qual, contudo, não transmitiria a seus filhos. Dessa maneira, os *orisha* simbolizados pelas letras B D F H J L na segunda posição são eliminados na geração seguinte e o sistema dos *ewaw* torna-se:

ADFJ	CBHL	EHJB	GFLD	ILBF	KJDH

Daí em diante, os *ewaw* de cada indivíduo consistirão em: um *orisha*, um "presságio", um animal, uma planta. Cada *ewaw* permanecerá na linhagem durante quatro gerações, depois do que o sacerdote atribuir-lhe-á um novo. Em consequência disso, A C E G I K são agora eliminados, e é necessário um *orisha* masculino para reconstituir cada grupo de *ewaw:* o indivíduo cujo índice é ADJF (grupo n. 1) pode desposar um filho do grupo n. 2, cujos *ewaw* são todos diferentes. Em virtude dessa regra, A e C são permutáveis, assim como E e G, I e K:

ABDF	CDBH	EFHJ	GHFL	IJLB	KLJD

Na geração seguinte, as letras D B H F L J caem. O grupo 1 necessita de peixe e toma B, o grupo 2 também, e toma D; o grupo 3 precisa de carne e toma F, o grupo 4 também e toma H; o grupo 5 precisa de alimento vegetal e toma J, o grupo 6 também e toma 1:

FJCB	HLAD	JBGF	LDEH	BFKJ	DHIL

Agora é a vez de caírem as letras F H J L B D. Por falta de carne, os grupos 1 e 2 aliam-se a H e F, respectivamente; por falta de alimento vegetal, os grupos 3 e 4 aliam-se a L e J; por falta de peixe, os grupos 5 e 6 aliam-se a D e B:

JCBH	LADF	BGFL	DEHJ	FKJD	HILB

J L B D F H caem, e os *orishas* masculinos voltam à frente:

CBHL	ADFJ	GFLD	EHJB	KJDH	ILBF

Dizem que, como existem 201 *orisha*, dos quais se pode admitir que a metade é masculina, e um número considerável de "presságios", de animais e de plantas que servem para denotar os impedimentos ao matrimônio, o número de combinações possíveis é muito elevado (Dennett 1910, pp. 176-180).

Certamente, aí temos nada mais que uma teoria em forma de apólogo. O autor que a arrolou cita diversos fatos que parecem senão contradizê-la pelo menos sugerir que as coisas não funcionavam, em seu tempo, com essa bela regularidade. Mas, teoria por teoria, parece-nos que os yoruba, melhor que os etnólogos, souberam esclarecer o espírito de instituições e de regras que, tanto em sua sociedade quanto em muitas outras, oferecem um caráter intelectual e premeditado.[32] Sem dúvida intervêm aí as imagens sensíveis, mas a título de símbolos: são as fichas de um jogo combinatório que consiste em permutá-las conforme as regras, sem nunca perder de vista os significantes empíricos dos quais provisoriamente ocupam o lugar.

32. O exemplo dos achanti, em que o filho herda as proibições alimentares do pai, e a filha, da mãe, sugere igualmente que o espírito de tais sistemas é mais "lógico" que "genealógico".

5
CATEGORIAS, ELEMENTOS, ESPÉCIES, NÚMEROS

Perguntando-se sobre a natureza do pensamento mítico, Boas concluía, em 1914, que "o problema essencial" era saber por que as narrativas que dizem respeito aos homens "manifestavam uma tão grande e constante predileção pelos animais, pelos corpos celestes e outros fenômenos naturais personificados" (Boas 1940, p. 490). Com efeito, esse problema permanece como o último resíduo das especulações sobre o totemismo, mas parece possível dar-lhe uma solução.

Já estabelecemos que as crenças e os costumes heterogêneos arbitrariamente reunidos sob o rótulo do totemismo não se baseiam na ideia de uma relação substancial entre um ou vários grupos sociais e um ou vários domínios naturais. São aparentados de outras crenças e práticas, direta ou indiretamente ligadas a esquemas classificatórios que permitem apreender o universo natural e social sob a forma de totalidade organizada. As únicas distinções que podem ser introduzidas entre todos esses esquemas se resumem em preferências, que nunca são exclusivas, por este ou aquele nível de classificação.

De fato, todos os níveis de classificação apresentam um caráter comum: seja qual for o que a sociedade considerada acentua, é necessário que autorize – e mesmo que implique – o recurso possível a outros níveis, de um ponto de vista formal, análogos ao nível privilegiado e que diferem apenas por sua posição relativa no seio de um sistema global de referência que opera através de um par de contrastes, de um lado, entre geral e especial, de outro, entre natureza e cultura.

O erro dos adeptos do totemismo foi recortar arbitrariamente um nível de classificação: aquele formado com referência às espécies naturais, dando-lhe o valor de uma instituição. Mas, como todos os níveis, este é apenas um entre outros, e não existe razão nenhuma para declará-lo mais importante, digamos, que o nível de classificação que opera com o auxílio de categorias abstratas ou do que aquele que utiliza as classes nominais. O fato significativo é menos a presença, ou a ausência, deste ou daquele nível que a existência de uma classificação "de passo variável" que fornece ao grupo que a adota, sem mudar de instrumento intelectual, o meio de se colocar "no ponto" em todos os planos, do mais abstrato ao mais concreto e do mais cultural ao mais natural.

Em seu estudo já citado, Boas duvidava que a predileção tão frequente pelas classificações inspiradas num modelo natural pudesse ser explicada pelo "caráter distinto e individualizado das espécies animais... que, mais facilmente que aos membros indiferenciados da espécie humana, permitiria atribuir-lhe papéis numa narrativa" (*l.c.*). Entretanto, parece-nos que Boas aí fazia aflorar uma importante verdade. Para reconhecê-la, seria suficiente que, contrariamente a uma posição muitas vezes afirmada, Boas não reduzisse o conto ou mito a uma simples narrativa e que aceitasse procurar por trás do discurso mítico o esquema feito de oposições descontínuas que preside a sua organização. Por outro lado, a "distintividade" natural das espécies biológicas fornece ao pensamento não um modelo definitivo e imediato mas antes um meio de acesso a outros sistemas distintivos que, por sua vez, repercutem sobre o primeiro. No fim das contas, se as tipologias zoológicas e botânicas são utilizadas mais frequente e voluntariamente que as outras, isso se deve apenas a sua posição intermediária, à igual distância lógica entre as formas extremas de classificação, categóricas e singulares. De fato, na noção de espécie, o ponto de vista da extensão e o da compreensão se equilibram: considerada isoladamente, a espécie é uma coleção de indivíduos, mas, em relação a uma outra espécie, é um sistema de definições. Isso não é tudo. Cada um desses indivíduos, cuja coleção teoricamente ilimitada forma a espécie é indefinível em extensão, pois constitui um organismo, o qual é um sistema de funções. Portanto, a noção de espécie possui uma dinâmica interna: coleção suspensa entre dois sistemas, a espécie é o operador que permite passar (e obriga mesmo a isso) da unidade de uma multiplicidade à diversidade de uma unidade.

Como demonstramos em outro lugar (Lévi-Strauss 1962, p. 133 ss.), Bergson entreviu a importância do papel que, em razão de sua estrutura lógica, a noção de espécie poderia desempenhar na crítica do totemismo. Mas há motivo bastante para temer que, se devesse definir sua interpretação, não a teria limitado ao aspecto subjetivo e prático da relação entre o homem e o mundo natural, tal como o ilustra o caso do comensal perguntando "o que há hoje para almoçar", cuja curiosidade é plenamente satisfeita com a resposta: "vitela". Na verdade, a importância da noção de espécie se explica menos por uma propensão do agente prático a dissolvê-la num gênero – por razões biológicas e utilitárias (o que equivaleria a estender ao homem a célebre fórmula: "em geral é a erva que atrai o herbívoro")[33] – do que por sua objetividade presuntiva: a diversidade das espécies fornece ao homem a imagem mais intuitiva de que ele dispõe, e ela constitui a manifestação mais direta que ele pode perceber, da descontinuidade última do real – ela é a expressão sensível de uma codificação objetiva.

Com efeito, é surpreendente que, para explicar a diversidade das espécies, a biologia moderna se oriente por esquemas que se assemelham aos da teoria da comunicação. Nós não podemos avançar num terreno no

33. Tão falsa, aliás, tanto no caso do homem quanto no do animal: os esforços para estabelecer parques naturais na África destinados à preservação das espécies ameaçadas chocam-se com a dificuldade de, mesmo que a superfície das pastagens seja suficiente, os animais utilizarem-nas apenas como porto de escala e irem para bem longe, fora dos limites da reserva, à procura de ervas mais ricas em proteínas que as das pastagens que se lhes pretendem impor pela razão simplista de que são suficientemente extensas (Grzimek 1961, p. 20). Portanto não é a erva mas a diferença entre as espécies de ervas que interessa ao herbívoro...

qual os problemas escapam à competência do etnólogo. Mas, se é verdade, como o admitem os biólogos, que os dois milhões de espécies vivas devem ser interpretados, em sua diversidade anatômica, fisiológica e etológica, em função de fórmulas cromossômicas, cada uma das quais se reduziria a uma periodicidade distintiva na distribuição de quatro termos da cadeia molecular, então teríamos talvez a razão profunda da significação privilegiada, reconhecida pelo homem, da noção de espécie. Compreenderíamos como essa noção pode fornecer um modo de apreensão sensível de uma combinatória objetivamente dada na natureza e que a atividade do espírito e a própria vida social nada mais fazem que tomá-la de empréstimo para aplicá-la à criação de novas taxionomias. A fascinação obscura exercida pelo totemismo sobre o pensamento dos etnólogos constituiria apenas um caso particular dessa fascinação exercida sobre os homens, sempre e em toda parte, pela noção de espécie, cujo mistério seria assim desvendado.

Durante muito tempo, as ciências naturais pensaram tratar com "reinos", ou seja, domínios independentes e soberanos, cada um dos quais definível por caracteres próprios, povoado de seres ou objetos que mantinham relações privilegiadas. Essa concepção hoje ultrapassada mas que é ainda a do senso comum só poderia obliterar o poder lógico e o dinamismo da noção de espécie, pois que as espécies aparecem, a essa luz, como classes inertes e separadas, fechadas nos limites de seus respectivos "reinos". As sociedades que chamamos primitivas não concebem que possa existir um fosso entre os diversos níveis de classificação, elas os representam como etapas ou momentos de uma transição contínua.

Os hanunoo, do sul das Filipinas, dividem o universo em seres que podem ou não podem ser nomeados. Os seres nomeados distinguem-se em coisas ou então em pessoas e animais. Quando um hanunoo pronuncia a palavra "planta", exclui que a coisa de que fala seja uma pedra ou um objeto manufaturado. A classe "planta herbácea" exclui, por sua vez, outras espécies de plantas, tal como a da "planta lenhosa" etc. Entre as plantas herbáceas, a locução "pé de pimenta" é diferencial em relação a "pé de arroz" etc. "Pimenta doméstica" exclui "pimenta selvagem", e "pimenta chili doméstica" exclui "pimenta verde doméstica", enfim, "pênis-de-gato" especifica que se trata de um indivíduo não procedente das outras cinco variedades, ou *taxa,* distinguidas pela cultura indígena no interior do grupo das pimentas domésticas (Conklin 1960).

Esse modo operatório, representável por uma série de dicotomias, foi caracterizado como segue:

> Na ordem vegetal, os hanunoo distinguem tipos que não se poderiam confundir com a noção botânica de espécie, que não está no mesmo nível do ponto de vista das categorias mas que, entretanto mantém com ela um traço comum: os tipos são mutuamente exclusivos. Os nomes de cada um dos 1.625 tipos arrolados[34] consistem em elementos lexicais cujo número varia de um a cinco. Cada tipo se distingue de todos os outros pelo menos por um elemento. A forma binominal é a mais freqüente ....
>
> ....
>
> As semelhanças entre as classificações hanunoo e as da ciência botânica diminuem rapidamente quando nos aproximamos das categorias mais altas e inclusivas (Conklin 1954, pp. 115-117 e 162).

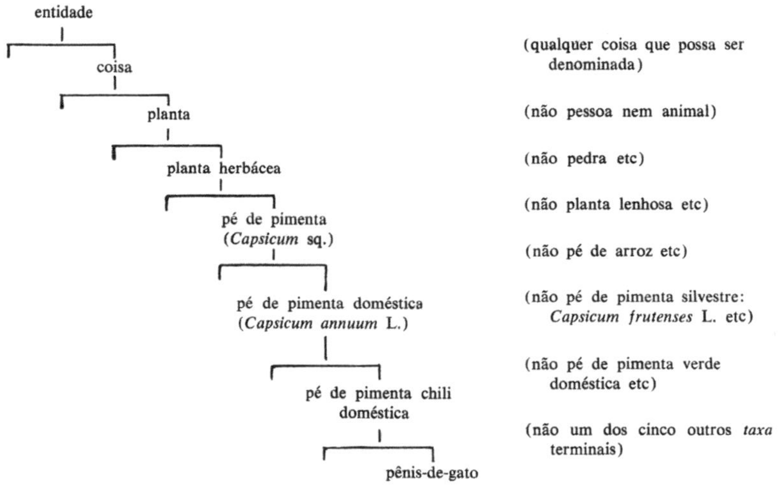

Diagrama 1

34. Dos quais apenas 500 ou 600 comestíveis (*l.c.*, p. 148) e 406 de uso puramente medicinal (p. 249). Esses 1.165 tipos, agrupados pelo pensamento indígena em 890 categorias, correspondem, na ciência botânica, a 650 gêneros e por volta de 1.100 espécies distintas (*l.c.*, pp. 162-163).

Com efeito, as classes que abrangem as categorias de Lineu (pé de pimenta: *Capsicum* sp.; pimenta doméstica: *Capsicum annuum* L.; pimenta selvagem: *Capsicum frutescens* L.) não estão situadas no mesmo nível nem do mesmo lado do sistema dicotômico. Sobretudo, o domínio da botânica científica não se apresenta isolado do da botânica popular tal como é praticada pelo jardineiro e pela dona de casa e tampouco é isolado das categorias do filósofo e do lógico. Situado a meio caminho entre os dois outros, permite passar de um a outro e conceituar cada nível com o auxílio de um código tomado de empréstimo a um outro nível (cf. Diagrama 1).

Os subanun, outra tribo das Filipinas, classificam as doenças de acordo com o mesmo princípio. Começam por distinguir as feridas das doenças de pele, que subdividem em "inflamação", "úlcera" e "tinha", sendo cada uma dessas três formas especificada depois com o auxílio de várias oposições binárias: simples/múltiplo, aberto/fechado, grave/leve, superficial/profundo, distal/proximal (Frake 1961).

* * *

Todos os documentos reunidos nos capítulos 1 e 2 estão conjugados a esses exemplos, por estabelecer a frequência de taxionomias zoológicas e botânicas que não constituem domínios separados mas que fazem parte integrante de uma taxionomia global e dinâmica cuja estrutura perfeitamente homogênea – pois consiste em dicotomias sucessivas – garante a unidade. Resulta desse caráter: primeiro, que a passagem é sempre possível da *espécie* à *categoria*, em seguida, que nenhuma contradição aparece entre o *sistema* (que se impõe no topo) e o *léxico*, cujo papel torna-se preponderante à medida que se desce a escala das dicotomias. O problema da relação entre *contínuo* e *descontínuo* recebe assim uma solução original, pois que o universo é *contínuo* recebe assim uma solução original, pois que o universo é representado sob a forma de um *continuum* feito de oposições sucessivas.

Essa continuidade já é aparente no esquema que entre os índios pawnee preside à liturgia dos ritos sazonais; os postes da cabana onde tem lugar a celebração são escolhidos, conforme sua orientação, dentre quatro espécies de árvores pintadas de cores diferentes, elas próprias correspondentes às direções que as estações simbolizam e cuja reunião forma o ano:

ESPAÇO				TEMPO
álamo	branco	sudoeste	norte . . . . inverno	ano
negundo	vermelho	sudeste		
olmo	negro	nordeste	sul . . . . . . verão	
salgueiro	amarelo	noroeste		

A mesma passagem explícita da espécie ou do grupo de espécies a um sistema de propriedades ou de categorias pode ser ilustrada por exemplos melanésios. Já assinalamos que, em Mawatta, ilha do distrito de Torres, os clãs com nomes de animais são agrupados, conforme a espécie, em terrestres ou marinhos, guerreiros ou pacíficos. Entre os kiwai, uma oposição entre o povo do sagu e o do inhame é expressa através de dois conjuntos: o da mulher nua e o do losango, chamado "mãe dos inhames" e que corresponde também à alternância das estações e do regime dos ventos. Nas ilhas Trobriand existia uma correspondência própria a cada clã entre uma ave, um mamífero, um peixe e uma planta. Os sistemas binários das ilhas Salomão recorrem ou a duas aves: galo selvagem e calau; a dois insetos: fasmo e louva-a-deus; ou a duas divindades mas que encarnam condutas antitéticas: "Sire" Hábil e "Sire" Desajeitado (Frazer 1910, vol. II, *passim*).

Concebe-se, portanto, que em função do código escolhido o rigor lógico das oposições possa manifestar-se de forma desigual, sem implicar, por isso, diferenças de natureza. Os esquemas classificatórios dos sioux oferecem um bom exemplo pois constituem outras tantas variações sobre um tema comum, muda somente o nível semântico adotado para significar o sistema.

Todas as tribos têm acampamentos circulares, que um diâmetro ideal divide em duas metades. Contudo, para muitas dentre elas, esse dualismo aparente recobre um princípio de tripartição cuja matéria simbólica varia de tribo para tribo: os clãs dos winnebago são duas vezes mais numerosos em uma das metades que na outra (oito e quatro, respectivamente); os dez clãs omaha são exatamente repartidos entre as metades, mas uma tem dois chefes e a outra apenas um; entre os osage, contam-se sete clãs por metade, mas uma metade se desdobra em submetades enquanto a outra é homogênea. Nos três casos e seja qual for a maneira pela qual se realize a oposição, a metade do alto ou do céu ilustra a forma simples, a do baixo ou da terra, a forma complexa.

Por outro lado, e para continuar no sistema das metades, a oposição alto/baixo, se é implícita a todos os grupos, não está sempre explicitamente formulada. De fato, encontramo-la denotada de diversas maneiras, que podem estar exclusivamente presentes ou justapostas: céu/terra, trovão/terra, dia/noite, verão/inverno, direita/esquerda, oeste/leste, macho/fêmea, paz/guerra, polícia/caça, atividades religiosas/atividades políticas, criação/conservação, estabilidade/movimento, sagrado/profano... Enfim, conforme os grupos (ou, no mesmo grupo, conforme as circunstâncias), é ora o aspecto binário, ora o aspecto ternário que é colocado no primeiro plano; alguns, como os winnebago, compõem-nos em sistema quinário, ao passo que os ponca decompõem a estrutura dualista em sistema quadrado: terra e água, fogo e vento.

Do mesmo modo, entre os algonkin, pode-se remontar da multiplicidade dos 40 ou 50 clãs ojibwa aparentemente não significativa, mas já reagrupável em clãs de mamíferos, peixes e aves ao esquema mais explícito dos moicanos (em que os clãs eram repartidos em três frátrias, formadas respectivamente pelos clãs do lobo, do urso, do cão, do opossum, em uma; pelos clãs da tartaruga pequena, da tartaruga grande, da tartaruga de vasa e da enguia, em outra; e pelos clãs do peru, do grou e da galinha, na terceira), ao esquema delaware, simplificado ao extremo e cuja lógica é imediatamente aparente, pois que só existem três grupos, respectivamente lobo, tartaruga e peru, e cuja correspondência com a terra, a água e o ar é clara.

O vasto *corpus* dos ritos dos osage, coletado e publicado por La Flesche e ao qual já nos referimos (pp. 76-77), oferece com abundância ilustrações que são às vezes demonstrações da convertibilidade recíproca dos "classificadores concretos" – animais e plantas – e dos "classificadores abstratos", tais como os números, as direções e as orientações. Assim, o arco e as flechas figuram na lista dos nomes de clã, mas aí não se trata apenas de objetos manufaturados. O texto das orações e das invocações revela que uma flecha é pintada de preto e a outra de vermelho, sendo que essa oposição de cores corresponde à do dia e da noite; o mesmo simbolismo é encontrado nas cores do arco, vermelho na face interna e preto na face externa: atirar com o arco vermelho e preto, utilizando alternadamente uma flecha vermelha e uma flecha preta, é exprimir o ser do tempo, ele próprio mensurado pela alternância do dia e da noite (cf. La Flesche 1921, p. 99, e 1925 principalmente pp. 207, 233, 364-365).

Os classificadores concretos não servem apenas para veicular noções mas podem também, sob sua forma sensível, atestar que foi resolvido um problema lógico ou superada uma contradição. Um complexo rito dos osage acompanha a confecção de um par de mocassins pelo oficiante. Essa atenção particular reservada a um elemento do vestuário poderia surpreender se a análise dos textos não revelasse no mocassim outra coisa além de sua função utilitária: o mocassim, objeto cultural, opõe-se à erva "daninha" que o caminhante pisa e esmaga; ele corresponde, assim, ao guerreiro que esmaga seus inimigos. Ora, acontece que, no esquema sociocosmológico dos osage, a função guerreira conota a metade terra, à qual a erva também está ligada. A simbólica particular do mocassim está, portanto, em contradição com a simbólica geral, pois que, para a primeira, o mocassim é "antiterra" enquanto que, para a segunda, é congruente com a terra. A minúcia do ritual se esclarece pela evidência do que gostaríamos de chamar de instabilidade lógica de um objeto manufaturado: instabilidade que uma técnica de fabricação altamente ritualizada serve precisamente para disfarçar (cf. *l.c.* 1925, pp. 61-67).

No pensamento osage, a oposição maior e a mais simples, aquela também dotada do maior poder lógico, é a das duas metades: *Tsi'-zhu*, teu, e *Hon'-ga*, subdividida em *Hon'-ga* propriamente dita, terra firme, e *Wa-zha'-zhe*, água. A partir daí, elabora-se uma complexa gramática por meio de um sistema de correspondências com domínios mais concretos ou mais abstratos, mas no interior dos quais o esquema inicial, agindo como catalisador, desencadeia a cristalização de outros esquemas, binários, ternários, quaternários ou de ordem numérica mais elevada. Primeiro os pontos cardeais, pois, na cabana iniciática, céu e terra se opõem como norte e sul, e terra firme e água como leste e oeste, respectivamente.

Em segundo lugar, uma numerologia mística decorre da oposição do par e do ímpar. Como tínhamos indicado em outro capítulo, o número 6 pertence à metade céu, o número 7 à metade terra, e seu total, 13, corresponde, no plano cosmológico, ao número de raios do sol nascente (que é um *meio-sol*) e, no plano social, ao das ações brilhantes que deve contar em seu ativo um guerreiro completo (que é um *meio-homem*, pois que a função guerreira é o apanágio de uma das duas metades cujo conjunto forma a tribo).[35]

---

35. Devemos assumir a responsabilidade desta interpretação, que não está nos textos.

> Assim, a qualidade e a unidade das duas grandes divisões da tribo podem ser simbolizadas sob a forma de um homem ou de um animal, mas a divisão *Hon'ga* deve sempre representar o lado direito do homem ou do animal, e a divisão *Tsi'zhu*, o lado esquerdo. Essa noção de uma dualidade e de uma unidade de natureza não se refletia unicamente na organização social: nos tempos antigos, ela estava gravada no espírito dos indivíduos sob a forma de comportamentos pessoais; assim, quando se calçavam, os membros da divisão *Hon'ga* colocavam primeiro o mocassim direito, e os da divisão *Tsi'zhu* colocavam primeiro o mocassim esquerdo (La Flesche 1925, p. 115).

Façamos aqui um parêntese para destacar que rigor meticuloso na aplicação prática de um esquema lógico não é um fenômeno excepcional. No Havaí, a morte de um chefe era marcada por violentas manifestações de luto. Os participantes traziam a tanga amarrada em volta do pescoço e não como de hábito, em volta dos rins. Essa inversão do vestuário do alto e do baixo era acompanhada de licenciosidade sexual (e sem dúvida nenhuma ela também a significava). A importância da oposição entre alto e baixo exprimia-se num grande número de proibições: cobrir um recipiente contendo alimento com um objeto qualquer sobre o qual alguém tivesse pisado ou se sentado; sentar-se ou colocar os pés sobre um travesseiro; colocar a cabeça numa almofada; sentar-se sobre um recipiente contendo alimento e, para as mulheres, utilizar como tampões menstruais outros trapos provenientes de saias que caíssem abaixo da cintura etc.:

> Quando eu era pequena, os tradicionalistas com freqüência lembravam o horrível hábito dos brancos de trocar às vezes o lençol de cima pelo lençol de baixo, como se ignorassem que aquilo que pertence ao alto (*ma luna*) deve ficar no alto, e o que pertence ao baixo (*ma lalo*) deve ficar embaixo... Um dia, numa escola de *hula* dirigida por meu tio 'Ilala-'ole-o-Ka'ahu-manu, uma aluna estouvada cobriu o ombro com o vestido. O professor de *hula* repreendeu-a duramente, dizendo: "O que pertence ao alto deve permanecer no alto, e o que pertence ao baixo deve permanecer no baixo" (*Ko luna, no luna no ia; ko lalo no lalo no ia*) (Handy e Pukui 1958, pp. 182 e 11, 12, 157).

Estudos recentes (Needham 1960, Beidelman 1961) demonstram o refinamento com o qual as tribos africanas do Quênia e de Tanganica exploram a oposição, para elas fundamental, entre direita e esquerda (parece que mais no nível da mão que no do pé, mas nós já nos referimos à especial atenção dada pelos osage às extremidades inferiores). Para os gestos de amor, o homem kaguru usa a mão esquerda, e a mulher kaguru, a mão direita (ou seja, as mãos que são respectivamente impuras para cada sexo). O primeiro pagamento ao curandeiro, antes que comece o tratamento, é feito com a mão direita, o último, com a mão esquerda etc. Os bororos da África, que são peul nômades da zona do Sahel, na Nigéria, parecem associar, como os kaguru, o lado direito ao homem e, na ordem temporal, à frente, o lado esquerdo, à mulher e à parte de trás;[36] simetricamente, a hierarquia masculina vai do sul ao norte, a hierarquia feminina, do norte ao sul. Disso decorre que, no acampamento, a mulher arranja suas cabaças em ordem de tamanho decrescente, colocando a maior ao sul, enquanto o homem amarra seus bezerros na ordem inversa (Dupire 1960).

Voltemos agora aos osage. Vimos que, entre eles, o número 13 totaliza primeiro os dois grupos sociais, a direita e a esquerda, o sul e o norte, o verão e o inverno; depois do que ele se especifica concretamente e se desenvolve logicamente. Na imagem do sol nascente, na qual o homem que a contempla venera a fonte de toda a vida (olhando assim para o leste, o que efetivamente coloca o sul a sua direita e o norte a sua esquerda),[37] o número 13 pode simbolizar a união dos dois termos: seis e sete, céu e terra etc. Mas, por se tratar de um astro, o simbolismo solar é particularmente afetado pela metade céu. Daí a emergência de outras especificações concretas do número 13, estas reservadas aos subgrupos da outra metade: 13 pegadas de urso para representar as ações notáveis dos clãs da terra firme, 13 salgueiros para os clãs da água (La Flesche 1925, p. 147).

36. Para um sistema espaçotemporal análogo, na mesma região, cf. Diamond.

37. O oficiante é pintado de vermelho para exprimir a aspiração ardente de que o sol torne sua vida proveitosa e fecunda e que ele o abençoe com uma longa descendência. Quando todo o corpo está pintado de vermelho, uma linha negra é traçada sobre o rosto, subindo de uma face até o meio da testa e tornando a descer até a outra face. Essa linha representa o sombrio horizonte da terra e é chamada de "armadilha" ou recinto, no qual toda a vida está encerrada e permanece cativa (La Flesche 1925, p. 73).

Treze é, então, a expressão de uma dupla totalidade humana: coletiva, pois a tribo é formada por duas metades assimétricas (quantitativamente: uma simples, a outra dividida; qualitativamente: uma predisposta à paz, outra à guerra); e individual mas igualmente assimétrica (a direita e a esquerda). Como totalidade, essa união do par e do ímpar, do coletivo e do individual, do social e do orgânico será desdobrada sob o efeito do esquema cosmológico ternário: haverá um "13" de céu um "13" de terra, um "13" de água. A essa codificação por elementos juntar-se-á, enfim, uma codificação por espécies em que dois grupos respectivamente compostos por seis e sete "animais" se desdobram devido ao aparecimento de antagonistas elevando assim a 26 (como se poderia prever) o número das unidades do sistema tomado no nível mais concreto. Os sete animais e seus antagonistas formam o seguinte quadro:

animais	*antagonista*
lince	cervo de galhada curva, macho, jovem
lobo cinzento	cervo de galhada cinza, macho, jovem
puma macho	cervo de galhada negra, macho, adulto
urso negro macho	montículo cheio de larvas (insetos?)
bisão macho	penhasco, parede
alce	planta cujas flores se voltam para o sol (*Silphium laciniatum*)
cervo [38]	não tem antagonista: sua força está na fuga

O sistema dos seis animais é menos nítido. Compreende duas variedades de mochos, ambas opostas ao racum macho (jovem e adulto, respectivamente), a águia real oposta ao peru, e enfim, parece, o mexilhão fluvial (cuja concha serve para fabricar os pendentes de nácar que simbolizam o sol), o pelo de bisão (?) e o cachimbo pequeno (?).

38. O comportamento temeroso do cervo decorre de que ele não tem vesícula biliar. Seu papel é duplo: alimentar, sendo sua carne considerada a mais regular fonte de alimento animal, desse ponto de vista comparável ao alimento vegetal proveniente das quatro plantas essenciais: *Nelumbo lutea*, *Apios apios*, *Sagittaria latifolia*, *Falcata comosa*. O cervo e essas quatro plantas são justamente a base da vida da tribo, e a primeira tarefa dos guerreiros consiste em defender os territórios onde são encontrados (*l.c.*, pp. 129-130). Por outro lado, o cervo tem um papel cultural: é de seu corpo que provêm os tendões utilizados pelas mulheres para coser e pelos homens para amarrar a plumagem das flechas (*l.c.*, p. 322).

Uma estrutura lógica – simples oposição, no início – desdobra-se assim em feixes, em duas direções: uma abstrata, sob a forma de numerologia; outra concreta, primeiro elementar, depois específica. Em cada nível, curtos-circuitos semânticos permitem atingir diretamente os mais distantes. Mas o nível das espécies, que é também o mais particularizado dentre os que consideramos, não constitui um tipo de limite ou de ponto de chegada do sistema: sem cair na inércia, este continua a progredir através de novas destotalizações e retotalizações, que podem se dar em diversos planos.

Cada clã possui um "símbolo de vida" – totem ou divindade – do qual adota o nome: puma, urso negro, águia real, cervo jovem etc. Os clãs se definem, assim, uns em relação aos outros por meio de um corte diferencial. Entretanto os textos rituais baseiam cada escolha distintiva sobre um sistema de caracteres invariantes, supostamente comum a todas as espécies: cada uma afirma de si própria o que declara por sua conta, por exemplo, o puma:

> Contemple a planta das minhas patas, ela é da cor negra,
> Eu fiz meu carvão da planta das minhas patas,
> Quando os pequeninos (*os homens*) fizerem também seu carvão
> [da planta das minhas patas,
> Terão sempre carvão que penetrará facilmente sua epiderme
> [enquanto seguirem o caminho da vida.
> Contemple a ponta do meu nariz, que é de cor negra etc.
> Contemple a ponta das minhas orelhas, que é de cor negra etc.
> Contemple a extremidade da minha cauda, que é de cor negra etc.
> (La Flesche 1921, pp. 106-107).

Cada animal é assim decomposto em partes, conforme uma lei correspondência (focinho = bico etc.), e as partes equivalentes são reagrupadas entre elas; depois, todas juntas, em função do mesmo caráter pertinente: a presença de partes "carvoeiras", devido ao papel protetor atribuído pelos osage ao fogo e a seu produto, o carvão, e consequentemente, à cor negra – a "coisa negra", o carvão, é objeto de um rito especial ao qual são submetidos os guerreiros antes de partir para o combate. Se descuidarem de enegrecer o rosto, perderão o direito de recapitular seus feitos notáveis e pretender honras militares (La Flesche 1925, p. 327 ss.). Já se tem, portanto, um sistema de dois eixos, um reservado às diversidades, outro às similitudes:

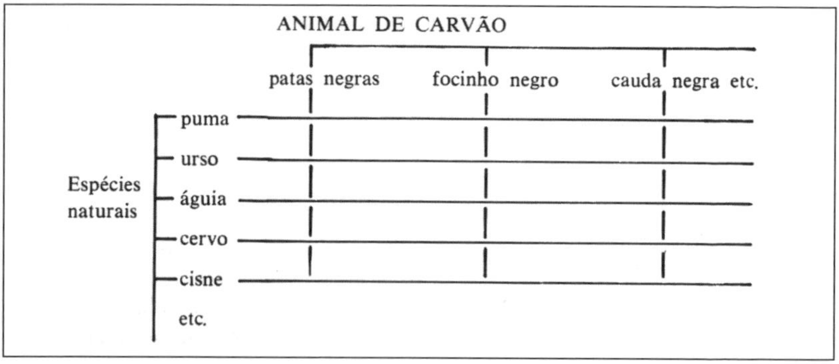

O processo analítico, que permite passar das categorias aos elementos e dos elementos às espécies, prolonga-se, portanto, por uma espécie de desmembramento ideal de cada espécie, que restabelece progressivamente a totalidade num outro plano.

Esse duplo movimento de destotalização e retotalização efetua-se, assim, num plano diacrônico, como o demonstram, no rito da vigília, os admiráveis cantos do urso e do castor (representando respectivamente a terra e a água), que meditam sobre a hibernação próxima e para ela se preparam, em conformidade com seus costumes particulares (aqui dotados de uma significação simbólica), a fim de que a chegada da primavera e suas forças revigoradas possam aparecer como o penhor de uma longa vida prometida aos homens: "Depois de passadas seis luas... o urso procedeu a um exame detalhado de seu corpo". Ele enumera as marcas do seu emagrecimento (isto é, de um corpo diminuído, mas que, por ter permanecido vivo, atesta mais ainda o poder da vida: superfície corporal reduzida, artelhos encarquilhados, tornozelos enrugados, músculos lassos, barriga flácida, costelas salientes, braços moles, queixo pendente, cantos dos olhos pregueados, fronte pelada, pelos ralos). Ele depõe então suas pegadas, símbolo das ações guerreiras, seis de um lado, sete do outro, depois sai com passo rápido "para chegar a um lugar onde o ar tenha se tornado vibrante com o calor do sol" (La Flesche 1925, pp. 148-164).

A estrutura sincrônica da tribo tal como se exprime na divisão em três grupos elementares, eles próprios divididos em clãs portadores de nomes totêmicos, não é, aliás, como se viu,[39] mais que uma projeção na ordem da

39. Cf. anteriormente pp. 85-87.

simultaneidade de um devir temporal que os mitos descrevem em termos de sucessividade: quando os primeiros homens apareceram sobre a terra (nessa versão, vindos do céu; uma outra versão – Dorsey – os faz vir do mundo subterrâneo), puseram-se em marcha, na sua ordem de chegada, primeiro, o povo da água, depois o da terra e por fim o do céu (La Flesche pp. 59-60), mas, como encontraram a terra coberta de água, chamaram, para guiá-los aos lugares habitáveis primeiro a aranha-d'água, depois o dítico, em seguida a sanguessuga branca e por fim a sanguessuga negra (*id.*, pp. 162-165).

Vê-se, portanto, que em nenhum caso o animal, o "totem" ou espécie, pode ser tomado como entidade biológica; devido a seu caráter de organismo – vale dizer, de sistema – e de emanação de uma espécie, que é um termo dentro de um sistema, o animal aparece como um instrumento conceitual de múltiplas possibilidades, para destotalizar e retotalizar qualquer domínio situado na sincronia ou na diacronia, no concreto ou no abstrato, na natureza ou na cultura.

Propriamente falando, nunca é, então, a águia que os osage invocam. Pois, conforme as circunstâncias e os momentos, trata-se de diferentes espécies: águia real (*Aquila chresaytos*, L.), águia mosqueada (mesma espécie), águia calva (*Heliaeetus leucocephalus*) etc.; de diferentes cores: vermelha, branca, mosqueada etc.; enfim, consideradas em momentos diferentes de sua existência: jovem, adulta, velha etc. Essa matriz tridimensional, verdadeiro sistema *por meio* de um animal e não o próprio animal, constitui o objeto do pensamento e fornece o instrumento conceitual.[40] Se a imagem não fosse tão trivial, seríamos tentados a comparar esse instrumento aos instrumentos formados por uma cruz de lâminas metálicas que serve para cortar as batatas em lâminas ou em quartos: uma grade "preconcebida" é aplicada a todas as situações empíricas com as quais ela tem afinidades suficientes para que os elementos obtidos em todas as circunstâncias preservem certas propriedades gerais. O número dos

40. "Nós não acreditamos, explicava um osage, que, como contam as lendas, nossos antepassados eram realmente quadrúpedes, aves etc. Essas coisas são apenas *wa-wi'-ku-ska'-ye* (símbolos) de coisas mais altas" (Dorsey 1888, p. 396).

pedaços não é sempre o mesmo, nem a forma de cada um absolutamente idêntica, mas os que vêm do centro ficam no centro, os que vêm do contorno ficam no contorno...

* * *

Classificador médio (e, por isso, o mais rentável e frequentemente empregado), o nível das espécies pode ampliar sua rede para o alto, isto é, em direção aos elementos, às categorias e aos números, ou restringi-los para baixo, em direção aos nomes próprios. Esse último aspecto será considerado detalhadamente no próximo capítulo. A rede engendrada por esse duplo movimento é recortada em todos os níveis, pois que existe um grande número de maneiras diferentes de significar esses níveis e suas ramificações: denominações, diferenças de vestuário, desenhos e tatuagens corporais, maneiras de ser ou de fazer, privilégios e proibições. Cada sistema se define, assim, com referência a dois eixos, um horizontal e outro vertical, que correspondem, até um certo ponto, à distinção saussuriana entre relações sintagmáticas e relações associativas. Mas, diferentemente do discurso, o pensamento "totêmico" tem em comum com o pensamento mítico e o pensamento poético o que Jakobson estabeleceu para este último: o princípio de equivalência atua nos dois planos. Sem que o conteúdo da mensagem seja modificado, o grupo social pode codificá-lo sob a forma de uma oposição categórica (alto/baixo), ou elementar (céu/terra), ou, ainda, específica (águia/urso), vale dizer, por meio de elementos lexicais diferentes. E, para assegurar a transmissão da mensagem, o grupo social pode escolher igualmente entre vários procedimentos sintáticos: denominações, emblemas, comportamentos, proibições etc., empregados sozinhos ou associados.[41]

---

41. Enfocados separadamente em suas partes constitutivas e em suas respectivas relações com o meio circundante, uma "vila" de arrabalde e um castelo fortificado são conjuntos sintagmáticos: seus elementos mantêm relações de contiguidade entre si – continente e conteúdo, causa e efeito, fim e meio etc. O que, como *bricoleur*, o sr. Wemmick, de *Grandes esperanças*, empreendeu e realizou (cf. anteriormente, p. 34) consiste na instauração de relações paradigmáticas entre os elementos de duas cadeias: para significar sua residência, ele pode escolher entre "vila" e castelo; para significar a superfície de água, entre bacia e fosso; para significar o acesso, entre escadaria e ponte levadiça; para significar suas alfaces, entre verduras e reservas de víveres. Como chegou a isso?

Se a tarefa não fosse enorme, poder-se-ia empreender uma classificação dessas classificações. Distinguir-se-iam, então, os sistemas conforme o número de categorias que utilizam – de duas a várias dezenas – e conforme o número e a escolha dos elementos e das dimensões. Distinguir-se-iam, em seguida, em macro e microclassificações, sendo o primeiro tipo caracterizado pela admissão à classe dos totens de um grande número de espécies animais e vegetais (os aranda reconheciam mais de 400), o segundo por totens todos inscritos – se se pode dizê-lo – nos limites de uma mesma espécie, como fazem na África os banyoro e os bahima, cujos clãs são denominados a partir de tipos particulares ou das partes da vaca: vaca estriada, vaca castanha, vaca prenhe etc., língua, tripas, coração, rins de vaca etc. Os sistemas são igualmente determináveis pelo número de suas dimensões: alguns são puramente animais, outros, puramente vegetais, outros recorrem a objetos manufaturados, outros, enfim, justapõem um número variável de dimensões. Podem ser simples (um nome ou um totem por clã) ou múltiplos, como nas tribos melanésias que definem cada clã por uma

---

É claro que, primeiro, seu castelo é um modelo reduzido: não um castelo real mas um castelo significado por disfarces e arranjos que têm a função de símbolos. De fato, se ele não adquiriu um castelo real graças a essas transformações, ele verdadeiramente perdeu uma "vila" real, pois sua fantasia o constrange a muitas servidões; em vez de morar de modo burguês, sua vida doméstica torna-se uma sucessão de gestos rituais cuja minuciosa repetição serve para promover como única realidade relações paradigmáticas entre duas cadeias sintagmáticas igualmente irreais: a do castelo, que nunca existiu, e a da "vila", que foi sacrificada. O primeiro aspecto do *bricolage* é, então, o de construir um sistema de paradigmas com fragmentos de cadeias sintagmáticas. Mas o inverso é igualmente verdadeiro, pois o castelo do sr. Wemmick assume um valor real devido à surdez de seu velho pai: um castelo fortificado é normalmente provido de canhões; ora, o ouvido do pai é tão duro que só o ruído do canhão pode atingi-lo. Pela enfermidade paterna, a cadeia sintagmática inicial, a da "vila" suburbana, está objetivamente rompida. Morando juntos, só os dois, pai e filho aí viviam justapostos, sem que nenhuma ligação pudesse se estabelecer entre eles. Basta que a "vila" se torne um castelo, para que o canhão, disparando diariamente às nove horas, instaure entre eles uma forma de comunicação eficaz. Portanto,uma nova cadeia sintagmática resulta do sistema de relações paradigmáticas. Resolveu-se um problema prático: o da comunicação entre os habitantes da vila, mas graças a uma reorganização total do real e do imaginário, em que as metáforas adquirem uma vocação metonímica e vice-versa.

pluralidade de totens: uma ave, uma árvore, um mamífero, um peixe. Enfim, os sistemas podem ser homogêneos; assim, por exemplo, no Kavirondo, onde as listas totêmicas são formadas de elementos do mesmo tipo: crocodilo, hiena, leopardo, babuíno, abutre, corvo, píton, mangusto, rã etc. E também podem ser heterogêneos, como o ilustram as listas totêmicas dos bateso: carneiro, cana-de-açúcar, osso de carne cozida, cogumelo, antílope (comum a vários clãs), vista proibida do antílope, crânio raspado etc.; ou, ainda, de algumas tribos do nordeste da Austrália: paixão sexual, adolescência, diversas doenças, lugares nomeados, natação, cópula, feitura de uma lança, vômito, diversas cores, diversos estados psíquicos, calor, frio, cadáver, fantasma, diversos acessórios do ritual, diversos objetos manufaturados, sono, diarreia, disenteria etc.[42]

Uma tal classificação das classificações é perfeitamente concebível, mas só seria realizável com a condição de examinar documentos tão numerosos e levar em conta dimensões tão variadas, que, mesmo limitando-se às sociedades para as quais as informações são suficientemente ricas, precisas e comparáveis entre si, não se poderia dispensar o auxílio de máquinas. Contentemo-nos, portanto, em evocar esse programa, reservado à etnologia do próximo século, e voltemos às propriedades mais simples daquilo que por comodidade denominaremos operador totêmico. Para apreciar sua complexidade, será suficiente descrevê-lo através de um diagrama e considerando apenas uma pequena porção da célula, já que a faremos começar no nível da espécie e arbitrariamente restringiremos a três o número das espécies e também a três o das partes do corpo (Figura 8).

Vê-se que, em primeiro lugar, a espécie admite realizações empíricas: espécie Foca, espécie Urso, espécie Águia; cada uma compreende uma série de indivíduos (igualmente reduzidos a três, no diagrama) – focas, ursos, águias. Cada animal é analisável em partes: cabeça, pescoço, patas etc., reagrupáveis primeiro no interior de cada espécie (cabeças de focas,

42. "Parece que o papel de totem pode ser desempenhado por qualquer elemento durável do meio físico ou moral, seja uma entidade de ordem conceitual, sejam, mais freqüentemente, classes ou espécies de coisas, de atividades, de estados ou de qualidade, que se reproduzem com freqüência e são assim considerados como que usufruindo uma existência duradoura" (Sharp 1943, p. 69).

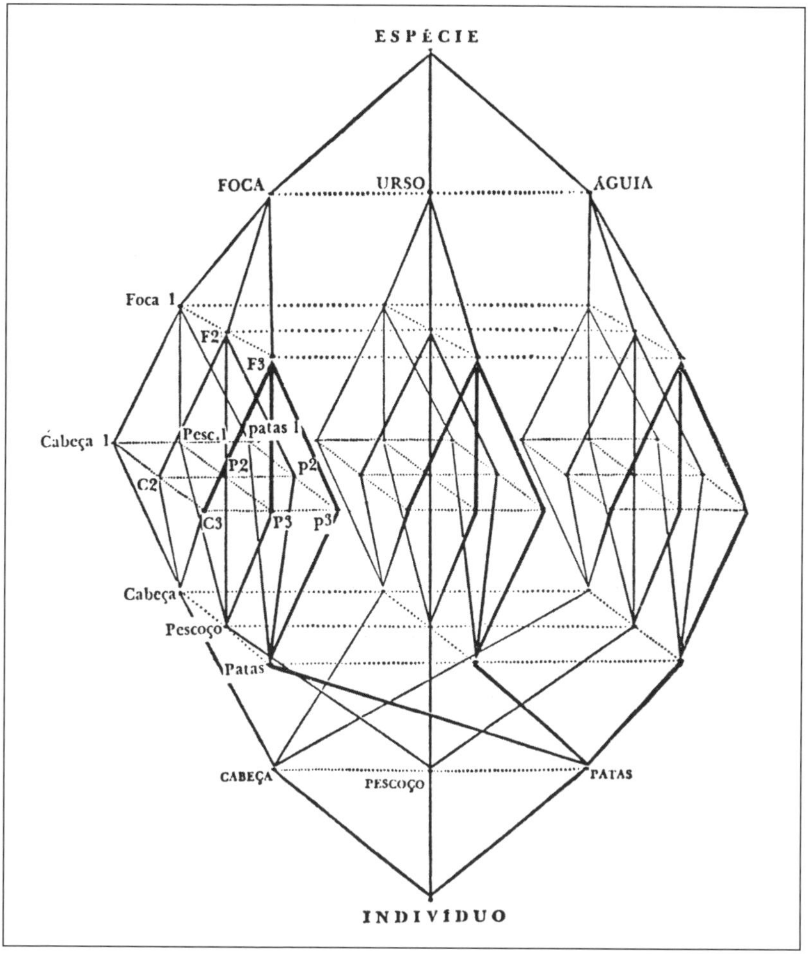

Figura 8 – O operador totêmico (Laboratório de Cartografia da École Pratique des Hautes Études).

pescoços de focas, patas de focas), depois, em conjunto, por tipos de partes: todas as cabeças, todos os pescoços... Um último reagrupamento restitui o modelo do indivíduo em sua integridade reencontrada.

O conjunto constitui, então, uma espécie de aparelho conceitual que filtra a unidade através da multiplicidade, a multiplicidade através da unidade, a diversidade através da identidade, e a identidade através da diversidade.

Dotado de uma extensão teoricamente ilimitada em seu nível mediano, ele se contrai ou se expande em pura compreensão em seus dois cumes mas sob formas simétricas e inversas uma da outra e não sem sofrer uma espécie de torção.

O modelo que aqui nos serve de ilustração representa, evidentemente, apenas uma fração muito pequena do modelo ideal, pois que o número das espécies naturais é da ordem de dois milhões, o dos indivíduos virtualmente imagináveis é ilimitado, e as partes do corpo ou órgãos distintos e denominados elevam-se, em certos léxicos indígenas, a aproximadamente 400 (Marsh e Laughlin 1956). Enfim, na verdade não existem sociedades humanas que não tenham feito um inventário bastante avançado de seu meio zoológico e botânico e que não o tenham descrito em termos específicos. É possível avaliar uma ordem de grandeza ou limites? Quando se examinam as obras etnozoológicas e etnobotânicas, nota-se que, salvo raras exceções, as espécies e variedades arroladas parecem ser da ordem de algumas centenas, por volta de 300 a 600. Mas nenhuma obra desse gênero é exaustiva, pois que limitada pelo tempo dispendido para recolher os materiais, pelo número de informantes e sua competência, enfim, pela própria competência do pesquisador, pela extensão de seus conhecimentos e pela variedade de suas preocupações. Portanto, nunca se corre o risco de engano ao postular que o número real deve ser sensivelmente mais elevado, o que os melhores trabalhos confirmam:

> Os hanunoo classificam seu universo botânico local, no mais baixo nível de contraste (nível terminal), em mais de 1.800 *taxa* mutuamente exclusivos aos olhos da sabedoria popular, ao passo que os botânicos dividem a mesma flora – em termos de espécies – em menos de 1.300 *taxa* definidos de um ponto de vista científico (Conklin 1960).

Esse texto de um etnógrafo especialista em problemas de taxionomia curiosamente faz eco a uma observação de Tylor sobre a filorabínica,

> ... que assinala para cada uma das 2.100 espécies de plantas, por exemplo, um anjo que preside seu destino do alto do céu e que baseia essa idéia na proibição do Levítico contra as misturas entre os animais e entre as plantas (Tylor 1871, vol. II, p. 246).

No atual estado do conhecimento, a cifra de 2.000 parece corresponder bem como ordem de grandeza a uma espécie de limiar nas imediações do qual estão situados a capacidade da memória e o poder de definição as etnozoologias ou etnobotânicas baseadas na tradição oral. Seria interessante saber se esse limiar possui propriedades significativas do ponto de vista da teoria da informação.

* * *

Estudando recentemente os ritos de iniciação entre os senufo, um observador evidenciou o papel de 58 figurinhas mostradas aos noviços, numa ordem determinada e que formam, por assim dizer, o esboço do ensino que lhes é ministrado. Essas figurinhas representam animais, personagens, ou simbolizam tipos de atividade; cada uma corresponde, então, a uma espécie ou a uma classe:

> Os anciãos apresentam aos neófitos um certo número de objetos... Esse inventário, às vezes bastante extenso, constitui uma espécie de léxico dos símbolos, cujas diferentes maneiras de arranjos possíveis são indicadas. Nos *poro* mais evoluídos, os homens aprendem assim a manejar os suportes ideográficos de um pensamento que chega a assumir uma verdadeira forma filosófica (Bochet 1959, p. 76).

Não se poderia dizer melhor que nos sistemas desse tipo existe uma, passagem constante, realizada nos dois sentidos, das ideias às imagens e da gramática ao léxico. Esse fenômeno, que assinalamos várias vezes, levanta uma dificuldade. Seria legítimo postular, tal como poderíamos nos reprovar por tê-lo implicitamente feito, que tais sistemas são motivados em todos os níveis? Mais exatamente, estaríamos em presença de sistemas verdadeiros, nos quais as imagens estão ligadas às ideias, e o léxico, à gramática, através de relações sempre rigorosas, ou não seria necessário reconhecer no nível mais concreto – o das imagens e do léxico – uma certa dose de contingência e de arbitrariedade, que levaria a pôr em dúvida o caráter sistemático do conjunto? O problema se colocou toda vez que se pretendeu descobrir uma lógica das denominações de clã: ora, nós demonstramos, num capítulo anterior, que quase sempre esbarrávamos numa dificuldade que, na primeira abordagem, pode parecer intransponível: as sociedades que pretendem formar um sistema coerente e articulado (esteja a "marca" do sistema nos nomes, nos comportamentos ou nas proibições) são também coletividades de seres vivos. Mesmo se, consciente ou inconscientemente, aplicam regras de casamento cujo efeito é manter constantes a estrutura social e a taxa de reprodução, esses mecanismos nunca funcionam de modo perfeito; são, aliás, ameaçados por guerras, epidemias e fomes. Está claro, portanto, que a história e a evolução demográfica sempre transtornarão os planos concebidos pelos sábios. Em tais sociedades, sincronia e diacronia estão envolvidas num conflito constantemente renovado e do qual parece que, a cada vez a diacronia deve sair vitoriosa. Relacionadas com o problema que acaba de ser colocado, essas considerações significam que quanto mais se desce em direção aos grupos concretos mais se deve também esperar encontrar distinções e denominações arbitrárias, explicáveis sobretudo em função de incidentes e de fatos e que serão rebeldes a qualquer arranjo lógico. "Tudo é um totem em potencial", observou-se a respeito de tribos do noroeste da Austrália, as quais já contam, no número de seus totens, seres tais como o "homem branco" e o "marinheiro", se bem que os primeiros contatos com a civilização remontem a uma época recente (Hernandez).

Certas tribos de Groote Eylandt, a leste da Terra de Arnhem, estão divididas em duas metades, compreendendo cada uma seis clãs; cada clã possui um ou vários totens heteróclitos: ventos, barco, água, espécies animais e vegetais, pedras. Os totens "ventos" provavelmente estão ligados às visitas anuais dos insulares de Macáçar, e ocorre o mesmo com o totem "barco", como o comprova um mito que se refere à fabricação dos barcos pelo povo de Macáçar, na ilha de Bickerton. Outros totens foram extraídos dos indígenas do interior; alguns, enfim, estão em vias de ser abandonados, enquanto outros foram recentemente introduzidos.

Em consequência, conclui o autor dessas observações, seria imprudente ver, na escolha e distribuição dos totens, um esforço para organizar conceitualmente o meio natural em função de um esquema dualista: "A lista resulta mais de um processo histórico de desenvolvimento que de um empreendimento sistemático". Existem cantos totêmicos inspirados por barcos conhecidos: o *Cora*, o *Wanderer*, e mesmo pelos grandes aviões de transporte do tipo Catalina, pois durante a guerra uma base aérea tinha sido construída no território de um clã. Tais fatos levam ainda mais a admitir que fatos históricos possam estar na origem de certos totens, porque, na língua das tribos em questão, a mesma palavra designa os totens, os mitos e todo tipo de objeto belo, raro ou curioso; assim, uma pinta de beleza particularmente sedutora ou um bonito frasquinho farmacêutico. Além dos fatos, a inspiração estética e a invenção individual pesariam a favor da contingência (Worsley).

No primeiro capítulo deste livro, lembramos em várias ocasiões o papel da imaginação estética na elaboração dos sistemas classificatórios, papel já reconhecido pelos teóricos da taxionomia, a qual, diz Simpson (1961, p. 227), "também é uma arte". Esse aspecto do problema, então, nada tem que nos inquiete; muito ao contrário. Mas que se deve pensar dos fatores históricos?

Há muito tempo os linguistas conhecem o problema, e Saussure o resolveu com muita clareza. Com efeito, mesmo Saussure, que colocou o princípio (cuja evidência hoje nos parece menos segura) do caráter arbitrário dos signos linguísticos, admite que esse arbitrário comporta graus e que o signo pode ser relativamente motivado. Isso é tão verdadeiro que as línguas podem ser classificadas em função da motivação relativa de seus signos: o latim *inimicus* é mais fortemente motivado que o francês *ennemi* (no qual não se reconhece mais tão facilmente o inverso de *ami*); e, para cada língua, os signos também são desigualmente motivados: o francês *dix-neuf* é motivado, o francês *vingt* não o é, pois a palavra *dix-neuf* "evoca os termos de que se compõe e outros que lhe estão associados". Se o princípio irracional da arbitrariedade do signo fosse aplicado sem restrição, "chegar-se-ia a uma complicação suprema, mas o espírito consegue introduzir um princípio de ordem e de regularidade em certas partes da massa de signos, e aí está o papel do relativamente motivado". Nesse sentido, pode-se dizer que algumas línguas são mais *lexicológicas*, e outras, mais *gramaticais*.

> Não que "léxico" e "arbitrário", de um lado, "gramática" e "motivação relativa", de outro, sejam sempre sinônimos; mas há qualquer coisa de comum no princípio. São como dois pólos entre os quais todo o sistema se move, duas correntes opostas que partilham o movimento da língua: a tendência para empregar o instrumento lexicológico, o signo imotivado e a preferência dada ao instrumento gramatical, isto é, à regra de construção (Saussure 1922, p. 183).

Por conseguinte, para Saussure, a língua vai do arbitrário ao motivado. Em contrapartida, os sistemas que examinamos até agora vão do motivado ao arbitrário: os esquemas conceituais (no limite, simples oposição binária) são constantemente forçados a neles introduzir elementos tomados alhures; e, não duvidemos disso, essas junções frequentemente acarretam uma modificação do sistema. Às vezes, também, elas não conseguem se inserir no esquema, e o andamento sistemático fica desregulado ou é provisoriamente suspenso.

Essa luta constante entre história e o sistema é tragicamente ilustrada pelo exemplo dos 900 sobreviventes de uma trintena de tribos australianas, reagrupados de qualquer maneira num campo governamental que compreendia (em 1934) umas 40 habitações, dormitórios vigiados e separados para moças e rapazes, uma escola, um hospital, uma prisão, lojas, onde os missionários (diferentemente dos indígenas) podiam viver à farta: num lapso de quatro meses, viram-se desfilar não conformistas, presbiterianos, o Exército da Salvação, anglicanos e católicos romanos.

Citamos esses fatos não com uma intenção polêmica, mas porque eles tornam altamente improvável a manutenção das crenças e dos usos tradicionais. Entretanto, a primeira resposta dos indígenas ao reagrupamento foi a adoção de uma terminologia comum e de regras de correspondência para harmonizar as estruturas tribais, que em toda a região interessada eram baseadas em metades e seções. Interrogado sobre sua seção, um indivíduo podia responder assim: "Eu sou isto ou aquilo em meu dialeto, portanto, aqui eu sou wungo".

A divisão das espécies totêmicas entre as metades não parece feita de maneira uniforme, o que não poderia surpreender. Mas fica-se mais surpreso com a regularidade e o espírito sistemático com que os informantes resolvem cada problema. Salvo em uma região, o opossum pertence à metade wuturu. No litoral, a água doce é da metade yanguru, mas, no interior, ela pertence à metade wuturu. Os indígenas dizem: "Quase sempre, pele fria vai com wuturu e penas com yanguru". Disso resulta que a metade wuturu possui a água, o lagarto, a rã etc., e a metade yanguru possui a ema, o pato e outras aves. Mas lá onde a rã é colocada na metade alterna à do opossum, recorre-se outro princípio de oposição: os dois animais se deslocam aos saltos, e essa semelhança decorre de que a rã é "o pai" do opossum; ora, numa sociedade matrilinear, o pai e o filho pertencem a metades opostas:

> Quando os informantes reconstituem a lista dos totens de cada metade, raciocinam invariavelmente da seguinte maneira: as árvores e as aves que nelas fazem seu ninho são da mesma metade; as árvores que crescem às margens dos córregos ou nos tanques e brejos são da mesma metade que a água, os peixes, as aves e plantas aquáticas – "Gavião, peru, tudo o que voa trabalha em conjunto. A serpente (*Python variegatus*) (*carpet-snake*) e o lagarto varano (*Varanus Gould?*) (*ground goanna*) trabalham juntos – eles viajavam juntos nos tempos antigos... (Kelly 1935, p. 465).

Às vezes ocorre que a mesma espécie figura nas duas metades, é o caso da *Python variegatus* (*carpet-snake*); mas os indígenas distinguem quatro variedades a partir do desenho das escamas, e essas variedades se dividem em pares entre as metades. Acontece o mesmo com as variedades da tartaruga. O canguru cinzento é wuturu; o vermelho, yanguru; mas nos combates eles se evitam. Um outro grupo indígena reparte a água e o fogo entre as espécies naturais: opossum, abelha e lagarto varano (*Varanus eremius? – sand-goanna*) "possuem o fogo"; *Python variegatus* (*carpet-snake*), *Leipoa ocellata* (*scrub turkey*), lagarto e porco espinho "possuem a água". De fato, outrora os ancestrais do grupo em questão tinham o fogo, e o povo das matas tinha a água. Os primeiros juntaram-se aos segundos, e dividiu-se a água e o fogo. Enfim, cada totem tem uma afinidade particular com uma espécie de árvore, da qual se coloca um galho no túmulo conforme o clã do defunto. A ema possui *Bursaria* sp.? (*box-tree*); o porco-espinho e a águia, certas variedades de acácia (*brigalouw*); o opossum, uma outra acácia (*kidji*); *Python variegatus* (*carpet-snake*), o sândalo; e o lagarto varano (*sand goanna*), diversas *Sterculia?* (*bottle-tree*). Nos grupos ocidentais, os mortos eram inumados com a face voltada para leste ou oeste conforme a metade (*l.c.*, pp. 461-466).

Consequentemente, se bem que a organização social esteja reduzida ao caos em razão das novas condições de existência impostas aos indígenas e das pressões laicas e religiosas que eles sofrem, a atitude especulativa subsiste. Quando não é mais possível manter as interpretações tradicionais, são elaboradas outras, as quais, como as primeiras, são inspiradas por motivações (no sentido saussuriano) e por esquemas. Estruturas sociais, outrora simplesmente justapostas no espaço, são postas em correspondência, ao mesmo tempo que as classificações animais e vegetais próprias a cada tribo. Conforme sua origem tribal, os informantes concebem o esquema dualista sobre o esquema da oposição ou da semelhança e formalizam-no em termos de parentesco (pai e filhos), de orientação (leste e oeste), de elementos (terra e mar, água e fogo, ar e terra) ou, enfim, de diferenças ou de semelhanças entre espécies naturais. Assim, eles tomam consciência desses diversos procedimentos e procuram formular regras de equivalência. Não há dúvida de que, se o processo de deterioração viesse a ser interrompido, esse sincretismo não poderia servir de ponto de partida para uma sociedade nova, a fim de elaborar um sistema global cujos aspectos todos se veriam ajustados.

Vê-se, por esse exemplo, como o dinamismo lógico, que é uma propriedade do sistema, consegue superar o que, mesmo para Saussure, não constitui uma antinomia. Além do quê, como as línguas, os sistemas de classificação podem estar desigualmente situados em relação ao arbitrário e ao motivado, sem que esse último deixe de ser aí operante,[43] e o caráter dicotômico que lhes reconhecemos explica como os aspectos arbitrários (ou que assim nos parecem, pois pode-se alguma vez afirmar que uma escolha, arbitrária para o observador, não seja motivada do ponto de vista do pensamento indígena?) se vêm enxertar, sem desnaturalizá-los, nos aspectos racionais. Nós representamos os sistemas de classificação como "árvores", e o crescimento de uma árvore ilustra bem a transformação que acaba de ser evocada. Uma árvore é, se se pode dizê-lo, fortemente motivada em suas partes inferiores; é preciso que ela tenha um tronco e que este tenda para a vertical. Os galhos baixos já comportam mais arbitrariedade: seu número, ainda que se possa prevê-lo reduzido, não é fixado de antemão, tampouco a direção de cada um e seu ângulo de divergência em relação ao tronco; mas esses aspectos continuam não obstante ligados por relações recíprocas, pois que galhos grandes, levando em consideração seu próprio peso e o dos outros galhos carregados da folhagem que suportam, devem equilibrar as forças que aplicam num ponto comum de apoio. Mas, à medida

43. Como dizem os lovedu, da África do Sul: "O ideal é voltar para casa, já que ao seio materno ninguém voltará jamais..." (Krige 1943, p. 323).

que a atenção se desloca para as partes mais elevadas, a parte do motivado enfraquece e a do arbitrário aumenta: não está mais ao alcance dos galhos terminais comprometer a estabilidade da árvore nem mudar sua forma característica. Sua multiplicidade e insignificância lhes franquearam os limites iniciais, e sua distribuição geral pode ser explicada indiferentemente por uma série de repetições, em escala cada vez mais reduzida, de um plano que também está inscrito nos gens de suas células ou como o resultado de flutuações estatísticas. Inteligível no início, a estrutura atinge, ramificando-se, uma espécie de inércia ou de indiferença lógica. Sem contradizer sua natureza primeira, ela pode, a partir de então, sofrer o efeito de múltiplos e variados incidentes, que sobrevêm tarde demais, para impedir que um observador atento a identifique e a classifique dentro de um gênero.

6
UNIVERSALIZAÇÃO E PARTICULARIZAÇÃO

A antinomia que alguns creem descobrir entre a história e o sistema[44] apareceria, nos casos que passamos em revista, apenas se ignorássemos a relação dinâmica que se manifesta entre esses dois aspectos. Formando transição de um a outro, há lugar, entre eles, para uma construção diacrônica e não arbitrária. A partir da oposição binária, que oferece o mais simples exemplo que se pode conceber de um sistema, essa construção é feita por agregação a cada um dos dois polos de novos termos, escolhidos por manterem com ele relações de oposição, de correlação ou de analogia; mas

44. Mas, para se convencer de que essas duas noções têm apenas um valor de limite, basta registrar esta reflexão desabusada de um dos campeões de uma etnologia puramente histórica: "A atual condição dos clãs zande e de suas filiações totêmicas só é compreensível à luz do desenvolvimento político da sociedade zande, e esta é uma luz bastante fraca. Centenas de milhares de pessoas de origem étnica diferente e todas confundidas; às vezes, o etnólogo que trabalha na África se põe a sonhar com uma pequena sociedade bem instalada em sua ilha, em algum lugar da Polinésia ou da Melanésia" (Evans-Pritchard 1961, p. 121).

disso não se depreende que essas relações devam ser homogêneas: cada lógica "local" existe por sua conta, reside na inteligibilidade da relação entre dois termos imediatamente associados e não é obrigatoriamente do mesmo tipo para cada elo da cadeia semântica. A situação é um pouco comparável àquela em que se encontrariam jogadores inexperientes que juntassem as peças de um jogo de dominó considerando apenas os valores das metades adjacentes e que, mesmo sem conhecimento prévio da composição do jogo, não deixariam de prolongar a partida.

Consequentemente não é necessário que a lógica do sistema coincida em todos os pontos com o conjunto das lógicas locais que aí se acham inseridas. Essa lógica geral pode ser de uma outra ordem; ela se definirá, então, pelo número e pela natureza dos eixos utilizados, pelas regras de transformação que permitem passar de um a outro e, enfim, pela inércia própria do sistema, ou seja, sua receptividade, maior ou menor, conforme o caso, em vista dos fatores imotivados.

As pretensas classificações totêmicas, as crenças e as práticas a elas ligadas são apenas um aspecto ou um modo dessa atividade sistemática geral. Desse ponto de vista, nada mais fizemos até agora que desenvolver e aprofundar certas observações de Van Gennep:

> Cada sociedade ordenada classifica necessariamente não apenas seus membros humanos mas também os objetos e os seres da natureza, seja por suas formas exteriores, seja por seus dominantes físicos, por sua utilidade alimentar, agrária, industrial, produtiva ou consumidora... Nada permite considerar que tal sistema de classificação, por exemplo o sistema zoológico do totemismo ou o sistema cosmográfico ou o sistema profissional (castas), seja anterior aos outros (Van Gennep 1920, pp. 345-346).

Que o autor dessas linhas estava plenamente consciente de sua audácia inovadora ressalta-o bem a nota por ele acrescentada ao pé da página:

> Vê-se que não admito o ponto de vista de Durkheim, *Formes*, p. 318, que pensa que a classificação cósmica dos seres (inclusive os homens) e das coisas é uma conseqüência do totemismo; ao contrário, pretendo que a forma especial de classificação cósmica constatada no totemismo não é propriamente um seu matiz mas uma de suas

partes constitutivas, primitivas e essenciais, pois os povos que não possuem totemismo têm também um sistema de classificação que é, igualmente, um dos elementos primordiais de seu sistema de organização social geral e reage, nessa qualidade, sobre as instituições mágico-religiosas e laicas tais como o sistema de orientação, o dualismo chinês e persa, o cosmografismo assírio-babilônio, o sistema considerado mágico das correspondências simpáticas etc.

Entretanto, a despeito de enfoques tão justos, a demonstração de Van Gennep é limitada, pois ele insiste em acreditar no totemismo como realidade institucional; se ele renuncia a fazer dele um sistema classificatório do qual seriam retirados todos os outros, insiste em conservar uma originalidade, como a uma espécie objetivamente identificável dentro de um gênero:

> Assim, a noção de parentesco totêmico é formada por três elementos: o parentesco fisiológico... o parentesco social... e o parentesco cósmico e classificatório, que liga todos os homens de um grupo aos seres ou objetos teoricamente situados nesse grupo. O que caracteriza o totemismo... é... a combinação particular desses três elementos, assim como uma combinação de cobre, de enxofre e oxigênio forma o sulfato de cobre (*l.c.*).

Chegado tão próximo do objetivo, Van Gennep permanece, todavia, prisioneiro do recorte tradicional em cujos quadros aceitou inscrever sua demonstração. Ora, nem nele, nem em seus antecessores se encontraria o meio de fundamentar a comparação imprudente que ele invoca como apoio de sua tese. Se o sulfato de cobre é um corpo químico, apesar de nenhum de seus elementos constitutivos lhe pertencer exclusivamente, é que um conjunto de propriedades diferenciais resulta de sua combinação: forma, cor, sabor, ação sobre os corpos e sobre seres biológicos, todas propriedades que só se encontram reunidas nele. Nada comparável poderia ser afirmado a respeito do totemismo, qualquer que fosse a maneira de defini-lo; ele não constitui um corpo do reino etnológico mas se reduz, antes, a uma dosagem imprecisa de elementos variáveis cujos limiares cada teórico escolhe arbitrariamente e cuja presença, ausência ou gradação não comportam efeitos específicos. Quando muito é possível, nos casos tradicionalmente diagnosticados como "totêmicos", discernir uma ampliação relativa do esquema classificatório no nível das espécies, sem que a natureza e a estrutura do esquema sejam realmente mudados. Ainda assim nunca estamos seguros de que essa ampliação seja uma propriedade objetiva do esquema e não o resultado das condições particulares nas quais é feita sua observação. Os trabalhos do Marcel Griaule de G. Dieterlen, de G. Calame-Griaule e de D. Zahan feitos entre os dogon e entre os bambara demonstram, ao longo de seu desenvolvimento por um período de 20 anos, como categorias "totêmicas", primeiro isoladas para obedecer às consignas da etnologia tradicional, tiveram de ser progressivamente relacionadas pelos observadores a fatos de uma outra ordem e agora aparecem como uma das perspectivas sob as quais é apreendido um sistema de várias dimensões.

Tudo o que se pode conceder aos adeptos do totemismo, portanto, é o papel privilegiado conferido à noção de espécie, considerada operador lógico. Mas essa descoberta é bem anterior às primeiras especulações sobre o totemismo, pois ela foi primeiro formulada por Rousseau (Lévi-Strauss 1962, pp. 142-146); depois, a respeito das próprias questões tratadas na presente obra, por Comte. Se às vezes Comte utiliza a noção de tabu, a de totem lhe parece ser estranha, se bem que ele tenha podido conhecer o livro de Long. É tanto mais significativo que, discutindo a passagem do fetichismo ao politeísmo (na qual ele provavelmente teria colocado o totemismo), Comte faça dele uma consequência da emergência da noção de espécie:

> Quando, por exemplo, a vegetação semelhante das diferentes árvores de uma floresta de carvalhos levou enfim a representar nas concepções teológicas o que seus fenômenos ofereciam de comum, esse ser abstrato não foi mais o fetiche próprio de nenhuma árvore mas tornou-se o deus da floresta. Eis, portanto, a passagem intelectual do fetichismo ao politeísmo reduzida essencialmente à inevitável preponderância das idéias específicas sobre as idéias gerais (52ª lição, vol. V, p. 54).

Tylor, fundador da etnologia moderna, compreendeu perfeitamente o partido a tirar da ideia de Comte, a qual, observa ele, é ainda mais bem aplicável a essa categoria especial das divindades que são as espécies divinizadas:

> A uniformidade de cada espécie não sugere apenas uma origem comum mas também a idéia de que criaturas tão deficientes em originalidade individual, dotadas de qualidades tão estritamente

mensuradas – dir-se-ia de bom-grado: com régua e compasso – poderiam não ser agentes independentes e de comportamento arbitrário mas antes cópias a partir de um modelo comum ou instrumentos a serviço de divindades que os controlam (Tylor 1871, vol. II, p. 243).

A potência lógica do operador específico também pode ser ilustrada de outras maneiras. É ela que permite integrar ao esquema classificatório domínios muito diferentes uns dos outros, assim oferecendo às classificações um meio de ultrapassar seus limites, seja estendendo-se a domínios exteriores ao conjunto inicial, pela universalização, seja, pela particularização, prolongando o andamento classificatório para além de seus limites naturais, ou seja, até a individuação.

Passaremos rapidamente pelo primeiro ponto, do qual será suficiente dar alguns exemplos. A grade "específica" está tão pouco ligada às categorias sociológicas, que às vezes serve, notadamente na América, para ordenar um domínio tão limitado quanto o das doenças e dos remédios. Os índios do sudeste dos Estados Unidos fazem dos fenômenos patológicos uma consequência de um conflito entre os homens, os animais e os vegetais. Irritados contra os homens, os animais lhes enviam as doenças; os vegetais, aliados dos homens, respondem fornecendo-lhes remédios. O ponto importante é que cada espécie possui uma doença ou um remédio específico. Assim, segundo os chickasaw, as dores de estômago e as dores nas pernas procedem da cobra; os vômitos, do cão; as dores do maxilar, do cervo; as dores de barriga, do urso; a disenteria, do cangambá; os sangramentos do nariz, do esquilo; a icterícia, da lontra; as perturbações do baixo-ventre e da bexiga, da toupeira; as cãibras, da águia; as doenças dos olhos e a sonolência, do mocho; as dores de articulação, da cascavel etc. (Swanton).

As mesmas crenças existem entre os pima, do Arizona, que atribuem as dores de garganta ao texugo; as inflamações, dores de cabeça e febres, ao urso; as doenças da garganta e dos pulmões, ao cervo; as doenças da primeira infância, ao cão e ao coiote; as dores de estômago, ao espermófilo, ou rato das pradarias; as úlceras, a uma variedade de lebre (*jack rabbit*); a constipação, ao rato; o sangramento de nariz, ao tâmia (*ground-squirrel*); as hemorragias, ao gavião e à águia; as ulcerações sifilíticas, ao abutre; as febres infantis, ao heloderma (*Gila monster*); os reumatismos, ao sapo-cornudo (*horned-toad*);[45] a febre "branca", ao lagarto; as doenças do fígado e do estômago, à cascavel; as úlceras e paralisias, à tartaruga; as dores internas, à borboleta etc. (Russell 1908).[46] Entre os hopi, distantes um dia de caminhada dos pima, uma classificação análoga é baseada na organização em confrarias religiosas, cada uma das quais pode infligir uma punição sob a forma de doença específica: inflamação abdominal, dores de ouvido, inflamação aguda no alto do crânio, surdez, eczema das partes superiores do corpo, torção e convulsão da face e do pescoço, bronquite, dor no joelho (Voth 1901b, 109n.). Não há dúvida de que o problema das classificações poderia ser abordado por esse enfoque e que, assim, seriam encontradas semelhanças curiosas entre grupos distantes (a associação do esquilo e do sangramento de nariz parece recorrente num grande número de populações norte-americanas), índices de ligações lógicas cujo alcance poderia ser muito grande.

As categorias específicas e os mitos a elas ligados podem servir também para organizar o espaço, e observa-se, então, uma extensão territorial e geográfica do sistema classificatório. A geografia totêmica dos aranda fornece um exemplo clássico, mas, sob esse aspecto, outras populações não se mostraram menos exigentes e refinadas. Recentemente, foi descoberto e descrito um território aluridja, um sítio rochoso de oito quilômetros de contorno, onde cada acidente do relevo corresponde a uma fase do ritual, de tal maneira que esse maciço natural ilustra para os indígenas a estrutura de seus mitos e o programa de suas cerimônias; sua vertente norte está ligada à metade do sol e do ciclo ritual kerungera; a vertente sul, à metade da sombra e do ritual arangulta. Em todo o contorno do maciço, são 38 os pontos nomeados e comentados (Harney 1960).

A América do Norte também oferece exemplos de geografia mítica e de topografia totêmica, desde o Alaska até a Califórnia, assim como no

45. Em apoio às considerações apresentadas acima (pp. 82-83), notar-se-á que é verdadeiramente o mesmo comportamento que sugere aos índios americanos e aos chineses associações inteiramente diferentes. Com efeito, os chineses atribuem à carne do sapo-cornudo ou ao vinho onde ela foi macerada virtudes afrodisíacas, porque o macho estreita tão vigorosamente a fêmea durante a cópula que não a larga quando capturado nessa posição (Van Gulik 1961, n. 2, p. 286).

46. Para ideias muito próximas, entre os papago, cf. Densmore 1929.

sudoeste e no noroeste do continente. A esse respeito, os penobscot, do Maine, ilustram uma disposição geral dos algonkins setentrionais para interpretar todos os aspectos fisiográficos do território tribal em função das peregrinações do herói civilizador Gluskabe e de outros incidentes ou personagens míticas. Um rochedo alongado é a piroga do herói, um veio de pedra branca figura as entranhas do original que ele matou, o monte Kineo é a marmita emborcada onde ele cozinhou a carne etc. (Speck 1935, p. 7).

No Sudão, do mesmo modo, colocou-se em evidência um sistema mítico-geográfico que recobre todo o vale do Níger; consequentemente, mais vasto que o território de um só grupo e traduzindo até em suas menores articulações uma concepção ao mesmo tempo diacrônica e sincrônica das relações entre grupos culturais e linguísticos diferentes (Dieterlen 1955, p. 5).

Esse último exemplo mostra que o sistema classificatório não permite apenas "mobiliar", se assim se pode dizer, o tempo social, por meio dos mitos, e o espaço tribal, com o auxílio de uma topografia conceitualizada. O preenchimento do quadro territorial é acompanhado de um alargamento. Assim como no plano lógico o operador específico efetua a passagem para o concreto e individual, de um lado, e para o abstrato e os sistemas de categorias, de outro, do mesmo modo, no plano sociológico, as classificações totêmicas permitem ao mesmo definir o estatuto das pessoas dentro do grupo e dilatar o grupo para além de seu quadro tradicional.

Disseram, não sem razão, que as sociedades primitivas fixam as fronteiras da humanidade nos limites do grupo tribal, fora do qual elas apenas percebem estrangeiros, ou seja, sub-homens sujos e grosseiros, até mesmo não homens: feras perigosas ou fantasmas. Isso muitas vezes é verdade mas omite que as classificações totêmicas têm como uma de suas funções essenciais fazer romper esse fechamento do grupo sobre si mesmo e promover a noção aproximada de uma humanidade sem fronteiras. O fenômeno é atestado em todas as terras clássicas da organização dita totêmica. Em uma região da Austrália ocidental, existe "um sistema internacional de classificação dos clãs e de seus totens em divisões totêmicas" (Radcliffe-Brown 1930-31, p. 214). Isso é igualmente verdade para outras regiões do mesmo continente:

> Num total de 300 nomes de animais totêmicos comuns, constatei que em 167 casos (56%) os aranda e os loritja usavam os mesmos

> termos ou termos semelhantes; e a comparação entre os nomes das plantas totêmicas empregados pelos aranda ocidentais e os loritja demonstra que as mesmas palavras são encontradas nas duas línguas para designar 147 das 220 espécies de plantas por mim arroladas (67%) (Strehlow 1907-13, pp. 66-67).

Observações análogas foram feitas na América, entre os sioux e os algonkin. Entre esses últimos, os menomini

> ... mantêm a crença geral de que existe uma relação comum não apenas entre os indivíduos pertencentes ao mesmo totem dentro da tribo mas também entre todas as pessoas nomeadas a partir do mesmo totem, mesmo que elas sejam membros de tribos diferentes e pertençam ou não à mesma família lingüística (Hoffman 1896, p. 43).

Da mesma forma, entre os chippewa:

> Todos aqueles que tinham o mesmo totem consideravam-se parentes, mesmo que proviessem de tribos ou de aldeias diferentes... Quando dois estranhos se encontravam e descobriam que tinham o mesmo totem, procuravam logo estabelecer sua genealogia... e um tornava-se primo, tio ou avô do outro, se bem que o avô às vezes fosse o mais jovem dos dois. Os laços totêmicos eram considerados tão fortes que em caso de disputa entre um indivíduo que tivesse o mesmo totem de um espectador e algum primo ou parente próximo do dito espectador mas de grupo totêmico diferente este tomava o partido da pessoa de seu totem, a qual talvez ele nunca tivesse visto antes (Kinietz 1947, pp. 69-70).

Essa universalização totêmica não abala somente as fronteiras tribais formando o esboço de uma sociedade internacional, ela também ultrapassa, às vezes, os limites da humanidade, num sentido não mais sociológico mas biológico, quando os nomes totêmicos são aplicáveis aos animais domésticos. É o que acontece com os cães[47] – aliás, chamados "irmãos" ou "filhos",

47. Entre os wik munkan, um cão será chamado de Yatot, "Extrair as espinhas", se seu dono for do clã do peixe de espinha, Owun, "Ponto de Encontro Secreto", se seu dono for do clã do fantasma (Thomson 1946).

conforme os grupos – nas tribos australianas da península do Cabo Iorque (Sharp 1943, p. 70, Thomson) e para os cães e os cavalos, entre os índios ioway e winnebago (Skinner 1926, p. 198).

* * *

Dessa maneira, indicamos, sumariamente como as malhas da rede podiam se alargar indefinidamente em função das dimensões e da generalidade do campo. Resta-nos mostrar como elas também podem se estreitar para filtrar e aprisionar o real, mas dessa vez no limite inferior do sistema, prolongando sua ação para além do limiar que seríamos tentados a assinalar para toda classificação: aquele depois do qual não é mais possível classificar, mas apenas denominar. Na verdade, essas operações extremas estão menos distantes do que parece e podem mesmo ser superpostas quando nos colocamos sob o ponto de vista dos sistemas que estudamos. O espaço é uma sociedade de lugares nomeados tal como as pessoas são pontos de referência dentro de um grupo. Os lugares e os indivíduos são igualmente designados por nomes próprios, que, em circunstâncias frequentes e comum em muitas sociedades, podem ser substituídos uns pelos outros. Os yurok, da Califórnia, fornecem um exemplo dentre outros dessa geografia personificada, onde as pistas são concebidas como seres animados, onde cada casa é denominada e onde os nomes de lugares substituem os nomes pessoais no uso corrente (Waterman 1920).

Um mito aranda traduz bem esse sentimento de uma correspondência entre a individuação geográfica e a individuação biológica: os seres divinos primitivos eram informes, sem membros e fundidos juntos, até que apareceu o deus Mangarkunjerkunja (o lagarto engole-moscas) que começou a separá-los uns dos outros e a modelá-los individualmente. Ao mesmo tempo (e não é, com efeito, a mesma coisa?), ensinou-lhes as artes da civilização e o sistema das seções e subseções. Originalmente as oito subseções eram repartidas em dois grandes grupos: quatro da terra e quatro da água. Foi o deus quem as "territorializou", atribuindo cada lugar a um par de subseções. Ora, essa individuação do território corresponde, de uma outra maneira, também à individuação biológica, sendo que o modo totêmico de fecundação da mãe explica as diferenças observadas entre as crianças; as que têm os traços finos foram concebidas por obra de um *ratapa*, espírito-embrião; as de traços grossos, pela projeção mágica de um losango no corpo da mulher; as crianças de cabelos claros são reencarnações diretas dos ancestrais totêmicos (Strehlow 1907-13). As tribos australianas do rio Drysdale, ao norte de Kimberley, dividem as relações de parentesco, cujo conjunto forma o "corpo" social, em cinco categoria denominadas com base numa parte do corpo ou num músculo. Como é proibido interrogar um desconhecido, este anuncia seu parentesco, movimentando o músculo correspondente (Hernandez 1940-41, p. 229). Também nesse caso, por conseguinte, o sistema total das relações sociais, ele próprio solidário com um sistema universal, pode ser projetado no plano anatômico. Existe, em toradja, uma quinzena de termos para denominar os pontos cardeais, que correspondem às partes do corpo de uma divindade cósmica (Woensdregt 1925). Outros exemplos poderiam ser citados, retirados tanto da antiga terminologia de parentesco germânica quanto das correspondências cosmológicas e anatômica dos índios pueblo e navajo e dos negros sudaneses.

Com certeza será instrutivo estudar detalhadamente e com um número suficiente de exemplos os mecanismos dessa particularização homológica, cuja relação geral com as formas de classificação que encontramos até o momento ressalta claramente da derivação:

Se
(grupo *a*) : (grupo *b*) : : (espécie urso) : (espécie águia),
Então
(membro *x* de *a*) : (membro *y* de *b*) : : (membro *l* de urso) : (membro *m* de águia)

Essas formas têm a vantagem de colocar em evidência um problema tradicionalmente debatido pela filosofia ocidental mas do qual pouco se indagou se se colocava ou não nas sociedades exóticas e sob que forma: queremos falar do problema do organicismo. As equações precedentes seriam inconcebíveis se uma correspondência bastante geral não fosse postulada entre os "membros" da sociedade e, quando não apenas os membros, os predicados de uma espécie natural: partes do corpo, detalhes característicos, modos de ser ou de fazer. As indicações que se possuem a esse respeito sugerem que numerosas línguas concebem uma equivalência entre as partes do corpo sem atender à diversidade das ordens e das famílias, às vezes mesmo dos reinos, e que esse sistema de equivalências é passível de amplas extensões (Harrington 1945).[48] Além disso, e ao lado do classificador específico, funcionam, portanto, classificadores morfológicos cuja teoria está para ser feita mas que vimos operarem em dois planos: o da destotalização anatômica e o da retotalização orgânica.

Como se verificou para os outros níveis, estes são igualmente solidários. Lembrávamos há pouco que os aranda passam de diferenças empiricamente constatadas às supostas diferenças no modo de concepção totêmica. Mas o exemplo dos omaha e dos osage atesta uma tendência correlativa, que consiste em introduzir na morfologia individual e empírica diferenças específicas simbolicamente expressas. Com efeito, as crianças de cada clã usavam os cabelos cortados de uma maneira característica que evocava um aspecto ou um traço distintivo do animal ou do fenômeno natural que servia de epônimo (La Flesche 1928, pp. 87-89).

Essa modelagem da pessoa de acordo com esquemas específicos, elementares ou categóricos tem consequências não apenas físicas, mas também psicológicas. Uma sociedade que define seus segmentos em função do alto e do baixo, do céu e da terra, do dia e da noite pode englobar na mesma estrutura de oposição modos de ser sociais ou morais: conciliação e agressão, paz e guerra, justiça e política, bem e mal, ordem e desordem etc. Por isso ela não se limita a contemplar no abstrato um sistema de correspondências; ela fornece um pretexto aos membros individuais desses segmentos para se singularizarem através de comportamentos e às vezes incita-os a isso. Muito justamente Radin (1923, p. 197) insiste, a propósito dos winnebago, na influência recíproca das noções míticas e religiosas relativas aos animais, de um lado, e das funções políticas conferidas às unidades sociais, de outro.

Os índios sauk oferecem um exemplo particularmente instrutivo, em razão da regra individualizante que entre eles determinava a dependência a uma ou a outra metade. Estas não eram exógamas, e seu papel, puramente

48. Notam-se, assim, na América, as equivalências: chifres (quadrúpedes) = pedúnculos oculares (moluscos) = antenas (artrópodes); pênis (vertebrados) = sifão (moluscos); sangue (animais) = seiva (vegetais); baba (do bebê ≠ saliva do adulto) = excreção; bisso de mexilhão = laço, corda etc. (Harrington 1945).

cerimonial, manifestava-se sobretudo por ocasião das festas de nutrição, sobre as quais é importante notar, do ponto de vista que aqui nos interessa, que eram ligadas aos ritos de imposição do nome. A dependência a cada metade obedecia a uma regra de alternância: o primeiro nascido era filiado à metade alterna à de seu pai, o seguinte, a essa metade, e assim por diante. Ora, essas filiações determinavam, pelo menos teoricamente, comportamentos que poderiam ser chamados de caracteriais: os membros da metade *oskush* ("os negros") deviam levar a termo todos os seus empreendimentos; os da metade *kishko* ("os brancos") tinham a faculdade de renunciar. De direito, se não de fato, uma oposição por categorias influenciava então diretamente o temperamento e a vocação de cada um, e o esquema institucional, que tornava essa ação possível, atestava a ligação entre o aspecto psicológico do destino pessoal e seu aspecto social, que resultava da imposição de um nome a cada indivíduo.

Atingimos assim o último nível classificatório – o da individuação – pois que nos sistemas que aqui consideramos os indivíduos não são apenas dispostos em classes; sua dependência comum à classe não exclui mas implica que cada um aí ocupe uma posição diferente e que exista uma homologia entre o sistema dos indivíduos no interior da classe e o sistema das classes no interior das categorias de nível mais elevado. Um mesmo tipo de operações lógicas liga, por conseguinte, não apenas todos os domínios internos ao sistema classificatório, mas também domínios periféricos dos quais se poderia pensar que, por natureza, lhe escapassem: num extremo do horizonte (em virtude de sua extensão praticamente ilimitada e de sua indiferença de princípios), o substrato físico-geográfico da vida social e essa própria vida social mas extravasada do molde que criou para si; e, no outro extremo (em virtude de sua concretude igualmente dada), a última diversidade dos seres individuais e coletivos, que só seriam *denominados* se pudessem ser *significados* (Gardiner 1954).

Os nomes próprios não formam, então, uma simples modalidade prática dos sistemas classificatórios que bastaria citar depois das outras modalidades. Mais ainda que, para os linguistas, eles colocam um problema para os etnólogos. Para os linguistas, esse problema é o da natureza dos nomes próprios e de seu lugar dentro do sistema da língua. Para nós, trata-se disso mas também de outra coisa, pois encontramo-nos ante um duplo paradoxo. Devemos estabelecer que os nomes próprios fazem parte integrante de sistemas tratados por nós como códigos: modos de fixar significações, transpondo-as para os termos de outras significações. Poderíamos fazê-la, se fosse necessário, seguir o ensinamento dos lógicos e de certos linguistas, e admitir que os nomes próprios são, segundo a fórmula de Mill, *meaningless*, desprovidos de significação? Por outro lado e sobretudo, as formas de pensamento de que nos temos ocupado aparecem-nos sob o aspecto de pensamentos totalizantes, esgotando o real por meio de classes dadas em número finito e cuja propriedade fundamental é a de se *transformarem* uma nas outras. Como esse pensamento quantificado, às virtudes do qual atribuímos no plano prático as grandes descobertas da revolução neolítica, teria podido satisfazer a si mesmo – do ponto de vista teórico – e haver-se eficazmente com o concreto, se esse concreto patenteia um resíduo de ininteligibilidade a que, no final das contas, a própria concretude se reduziria e que por essência seria rebelde à significação? Para um pensamento fundado na operação dicotômica, o princípio do tudo ou nada não tem apenas um valor heurístico, ele exprime uma propriedade do ser: tudo oferece um sentido, senão nada tem sentido.[49]

Retomemos os fatos etnográficos no ponto em que os deixamos. Quase todas as sociedades citadas formam seus nomes próprios a partir das denominações de clã. Diz-se dos sauk, que nos forneceram o último exemplo que seus nomes próprios sempre têm uma relação com o animal do clã: seja porque eles o mencionam expressamente, seja porque evocam um hábito, um atributo, uma qualidade característica (verdadeira ou mística) do epônimo, seja enfim porque se referem a um animal ou objeto a eles associado. Foram arrolados 66 nomes do clã do urso, 11 do clã do bisão, 33 do clã do lobo, 23 do clã do peru, 42 do clã do peixe, 37 do clã do oceano, 48 do clã do trovão, 14 do clã da raposa e 34 do clã do cervo (Skinner 1923-25).

A lista dos nomes próprios dos osage, propriedade de clãs e de subclãs, é tão longa, embora fragmentária, que ocupa 42 páginas in-4º em La Flesche 1928 (pp. 122-164). A regra de formação é a mesma dos sauk. Assim, para o clã do urso negro: Olhos-cintilantes (do urso), Rastros-na-pradaria, Terreno-

49. Tudo, exceto o ser do ser, que não é uma de suas propriedades. Cf. a seguir, p. 298.

pisoteado, Ursa-negra, Gordura das costas-do-urso etc. Os tlingit, do Alaska, tinham nomes que "pertenciam... todos a um clã determinado e pretendia-se mesmo que certos nomes fossem propriedade particular de uma 'casa' ou 'linhagem'" (Laguna 1954, p. 185). Esses exemplos poderiam ser multiplicados, pois se poderiam encontrar semelhantes para quase todas as tribos algonkin, sioux e para as da Costa Noroeste, ou seja, os três domínios clássicos do "totemismo" na América do Norte.

A América do Sul oferece ilustrações do mesmo fenômeno, notadamente entre os tupis kawahib, cujos clãs possuem nomes próprios derivados do epônimo (Lévi-Strauss 1958). Também entre os bororos, os nomes próprios parecem ser propriedade de certos clãs ou mesmo de linhagens poderosas. Aqueles que para ter um nome dependem da boa vontade de outros clãs são tidos como "pobres" (Cruz 1941).

A ligação entre os nomes próprios e as denominações totêmicas na Melanésia:

> O sistema totêmico (dos iatmul) é prodigiosamente rico de nomes pessoais oriundos de séries distintas de tal maneira, que cada indivíduo traz os nomes dos antepassados totêmicos – espíritos aves, estrelas, mamíferos, utensílios como vasos, ferramentas etc. – de seu clã; um mesmo indivíduo pode ter 30 nomes ou mais. Cada clã possui várias centenas de tais nomes ancestrais, polissílabos, cuja etimologia remete aos mitos secretos (Bateson 1936, p. 127).

Enfim a mesma situação parece ter prevalecido de ponta a ponta da Austrália. "Se se conhecesse muito bem a língua aranda, bastaria saber o nome de cada indígena para deduzir seu totem" (Pink 1933-34, p. 176). A essa observação faz eco uma outra, que se refere aos murngin da terra de Arnhem: "Os nomes dos vivos são todos inspirados em algum elemento do complexo totêmico e se referem ao totem, direta ou indiretamente" (Warner 1958, p. 390). Os nomes próprios dos wik munkan também são derivados dos respectivos totens. Ou seja, para os homens, cujo totem é o peixe barramundi (*Osteoglossum*), pescado com lança: O-barramundi-nada-na-água-e-vê-um-homem, O-barramundi-move-a-cauda-nadando-em-volta-dos-seus-ovos, O-b.-respira, O-b.-tem-os-olhos-abertos, O-b.-quebra-uma-lança, O-b.-come-um-peixe etc. E, para as mulheres, cujo totem é o caranguejo:

O-caranguejo-tem-ovos, A-maré-arrasta-os-caranguejos, O-caranguejo-se-esconde-num-buraco etc. (McConnel 1930-31). As tribos do rio Drysdale têm nomes próprios derivados de denominações totêmicas: como assinala uma fórmula já citada, "tudo tem relação com o totem" (Hernandez 1940-41).

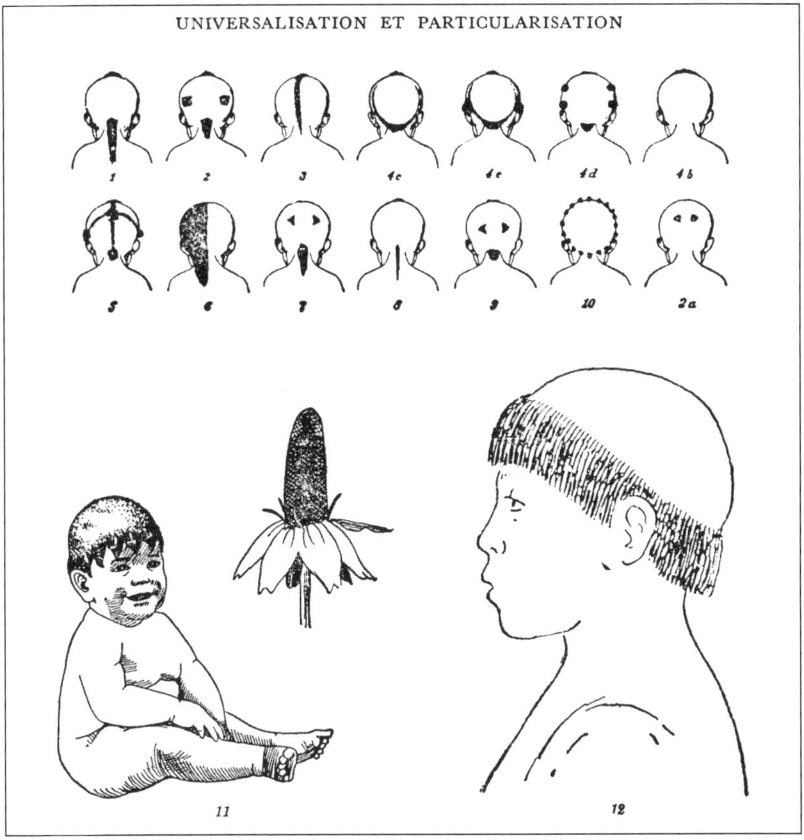

Figura 9 – *Corte de cabelo das crianças osage e omaha, conforme o clã.* 1. Cabeça e cauda de cervo. – 2. Cabeça e chifres do bisão. – 2a. Chifres de bisão. – 3. Perfil da espinha do bisão destacando-se contra o céu. – 4b. Cabeça de urso. – 4c. Cabeça, cauda e corpo dos passarinhos. – 4d. Carapaça da tartaruga com a cabeça, as patas e a cauda. – 4e. Cabeça, asa e cauda da águia. – 5. Pontos cardeais. – 6. Flanco peludo do lobo. – 7. Chifres e cauda do bisão. – 8. Cabeça e cauda do cervo. – 9. Cabeça, cauda, chifres nascentes do bisão novo. – 10. Dentes de réptil. – 11. Flor de milho. – 12. Rochedo cercado de algas flutuantes (La Flesche 1928, pp. 87 e 89).

É claro que essas denominações individuais são extraídas do mesmo sistema que as denominações coletivas que estudamos anteriormente, e que, por intermédio destas, pode-se passar do horizonte da individuação para o das categorias mais gerais. Com efeito, cada clã ou subclã possui um conjunto de nomes cujo uso é reservado a seus membros e, da mesma forma que o indivíduo é uma parte do grupo, o nome individual é uma "parte" da denominação coletiva: quer esta abranja o animal inteiro e os nomes individuais correspondam a membros ou a partes do animal, quer a denominação coletiva proceda de uma ideia do animal, concebido no mais alto grau de generalidade, e as denominações individuais correspondam a um de seus predicados no tempo e no espaço: Cão-latindo, Bisão-furioso; quer, enfim, a uma combinação dos dois procedimentos: Olhos-brilhantes-do-urso. Na relação assim enunciada, o animal pode ser sujeito ou predicado: O-*peixe*-move-a-cauda, A-maré-arrasta-os-*caranguejos* etc. Seja qual for o procedimento utilizado (e no mais das vezes são encontrados justapostos), o nome próprio evoca um aspecto parcial do ser individual – absolutamente e, a título particular, nessas sociedades onde o indivíduo recebe um novo nome a cada momento importante de sua vida. Aliás, nas sociedades vizinhas, as mesmas construções são utilizadas para formar nomes pessoais (usados pelos membros individuais de um grupo clânico) ou nomes coletivos (usados por bandos, linhagens ou grupos de linhagens, isto é, subgrupos de um mesmo clã).

Assiste-se, consequentemente, a duas destotalizações paralelas: da espécie, em partes do corpo e em comportamentos, e do segmento social, em indivíduos e em papéis. Contudo, da mesma forma que pudemos ilustrar, com o auxílio de um modelo figurado, como a destotalização do conceito de espécie em espécies particulares, de cada espécie em seus membros individuais e de cada um desses indivíduos em partes do corpo e em órgãos podia desembocar numa retotalização das partes concretas em partes abstratas e das partes abstratas em indivíduo conceitualizado, aqui também a destotalização prossegue sob a forma de retotalização. A propósito dos nomes próprios dos miwok, da Califórnia, Kroeber faz observações que completam nossos exemplos e abrem uma perspectiva nova:

> Não existem subdivisões no interior das metades. Entretanto, associada a cada uma delas, encontra-se uma longa lista de animais, plantas e objetos. Na verdade, a teoria indígena é que

> tudo aquilo que existe pertence a um ou a outro lado. Cada indivíduo membro de uma metade mantém uma relação particular com uma das coisas características de sua metade – relação que se pode considerar totêmica – mas de uma única maneira: através de seu nome. Esse nome, dado desde a infância por um avô ou algum outro parente e usado durante toda a vida, evoca um dos animais ou objetos totêmicos característicos de uma metade. Isso não é tudo: na grande maioria dos casos, o nome não menciona o totem, pois é formado por meio de radicais verbais ou de adjetivos, a fim de descrever uma ação ou uma condição igualmente aplicável a outros totens. Assim, com o verbo *hausu-s* são formados os nomes *Hausu* e *Hauchu*, que se referem respectivamente ao bocejo de um urso que acorda e à boca escancarada de um salmão saído da água. Os nomes nada contêm que possa sugerir os animais em questão – os quais pertencem mesmo a metades opostas. Ao mesmo tempo em que atribuíam os nomes, os anciãos explicavam exatamente que animais tinham em mente, e os portadores desses nomes, seus parentes próximos e distantes, seu cônjuge e seus companheiros, todos estavam a par. Mas um miwok de um outro distrito podia se perguntar se se tratava de um urso, de um salmão ou de urna dúzia de outros bichos (Kroeber 1925, pp. 453-454).

O traço não parece exclusivo dos miwok; quando se examinam as listas de nomes de clã das tribos sioux, encontram-se muitos exemplos análogos, e a observação de Kroeber coincide também com um caráter do sistema de denominação dos índices hopi. Assim, o nome Cakwyamtiwa, cujo sentido literal é "Azul (ou verde)-que-apareceu", conforme o clã do doador do nome, pode referir-se à flor desabrochada do tabaco ou a do *Delphinium scaposum*, ou ainda à germinação das plantas em geral. O nome Lomahongioma, "Levanta-te" ou "Eleva-te graciosamente" é suscetível de evocar, pela mesma razão, a haste da cana ou as asas levantadas da borboleta etc. (Voth 1905, pp. 68-69).

Devido a sua generalidade, o fenômeno coloca um problema psicológico que interessa à teoria dos nomes próprios e que será lembrada mais adiante. Contentar-nos-emos em destacar aqui que essa indeterminação relativa do sistema corresponde, pelo menos de maneira virtual, à fase da retotalização: o nome próprio é formado destotalizando-se a espécie e pelo levantamento de um aspecto parcial. Todavia, assinalando exclusivamente o fato do levantamento e deixando indeterminada a espécie que é seu objeto, sugere-se que todos os levantamentos (e, portanto, todos os atos de nomear) têm alguma coisa de comum. Reivindica-se, por antecipação, uma unidade que se adivinha no coração da diversidade. Também desse ponto de vista, a dinâmica das denominações individuais depende dos esquemas classificatórios que analisamos. Ela consiste em processos do mesmo tipo e igualmente orientados.

Aliás, é surpreendente que os sistemas de proibições se encontrem com os mesmos caracteres tanto no plano das denominações individuais quanto no das denominações coletivas. O emprego alimentar da planta ou do animal que serve de epônimo a um grupo social é-lhe, às vezes, proibido e é às vezes também, sobre o uso linguístico da planta ou do animal epônimo de um indivíduo que recai a proibição. Ora, numa certa medida, é possível a passagem de um plano a outro: os nomes próprios do único tipo que até agora consideramos são geralmente formados pela divisão ideal do corpo do animal, inspirando-se em gestos do caçador ou do cozinheiro, mas podem sê-lo também pela divisão linguística. Nas tribos do vale do rio Drysdale, na Austrália setentrional, o nome de mulher Poonben é formado a partir do inglês *spoon*, colher, utensílio associado, como se poderia esperar, ao totem "Homem branco" (Hernandez 1940-41).

Tanto na Austrália quanto na América conhecem-se proibições ao uso dos nomes do morto que contaminam todas as palavras da linguagem que apresentem semelhança fonética com esses nomes. Ao mesmo tempo que o nome próprio Mulankina, os tiwi, das ilhas Melville e Bathurst, consideram tabu a palavra *mulikina*, que significa pleno, cheio, bastante (Hart 1930). O emprego é paralelo ao dos yurok, do norte da Califórnia: "Quando Tegis morreu, o nome comum *tsis* – despojos do picanço (o pássaro) – deixou de ser pronunciado por seus parentes ou em sua presença" (Kroeber 1925, p. 48).[50] Os insulares de Dobu proíbem o emprego dos nomes próprios entre indivíduos que se encontram temporária ou definitivamente unidos por um laço "de espécie": sejam companheiros de viagem, comensais ou dividam os favores da mesma mulher (Bateson, p. 127).

---

50. Outros exemplos serão encontrados em Elmendorf e Kroeber 1960, dos quais ainda não dispúnhamos quando estas páginas foram escritas.

Tais fatos nos interessam duplamente. Primeiro, oferecem uma analogia incontestável com as proibições alimentares, abusivamente ligadas apenas ao totemismo. Da mesma forma que, em Mota, uma mulher é "contaminada" por uma planta ou por um animal, em consequência do que dá à luz uma criança submetida à proibição alimentar correspondente, e, em Ulawa, é o moribundo que "contamina", encarnando-se nelas, uma espécie animal ou vegetal cujo consumo será proibido a seus descendentes, por homofonia, um nome "contamina" outras palavras cujo emprego assim se torna proibido. Por outro lado, essa homofonia define uma classe de palavras marcadas pela proibição porque pertencem à mesma espécie, a qual, por isso, adquire uma realidade *ad hoc*, comparável à da espécie animal ou vegetal. Ora, essas espécies de palavras marcadas por uma mesma proibição reúnem nomes próprios e nomes comuns, o que fornece uma razão suplementar para supor que a diferença entre os dois tipos não seja tão grande quanto estávamos prestes a admitir no início.

* * *

Com certeza, os costumes e os procedimentos que acabamos de evocar não se encontram em todas as sociedades exóticas nem mesmo em todas aquelas que designam seus segmentos por nomes animais e vegetais. Parece que os iroqueses, que estão nesse último caso, tinham um sistema de nomes próprios inteiramente diferente do sistema das denominações de clã. Seus nomes são, no mais das vezes, formados por um verbo e um adjetivo: No-meio-do-céu, Ele-levanta-o-céu, Além-do-céu etc.; Flor-pendente, Bela-flor, Além-das-flores; Ele-traz-notícias, Ele-anuncia-a-derrota (ou a vitória) etc.; Ela-trabalha-em-casa, Ela-tem-dois-maridos etc.; Lá-onde-os-dois-rios-se-unem, A-encruzilhada-dos-caminhos etc. Por conseguinte, nenhuma referência ao animal epônimo mas apenas – e qualquer que seja o clã – às atividades técnicas e econômicas, à paz e à guerra, aos fenômenos da natureza e aos corpos celestes. O exemplo dos mohawk, de Grand River, em que a organização clânica se decompôs mais depressa que em outros grupos, sugere como todos esses nomes puderam, na origem, ser arbitrariamente criados. Assim, Geleiras-carregadas-pelas-águas, para uma criança nascida na época do degelo, ou Ela-está-necessitada, para o filho de uma mulher pobre (Goldenweiser 1913, pp. 366-368).[51]

---

51. Encontrar-se-á em Cooke uma classificação analítica com aproximadamente 1.500 nomes próprios iroqueses.

Entretanto, a situação não difere fundamentalmente da que descrevemos a respeito dos miwok e dos hopi, cujos nomes, teoricamente evocadores da planta ou do animal clânico, não se referem a eles de modo explícito e requerem uma interpretação oculta. Mesmo que essa interpretação não seja indispensável, não é menos certo que, também entre os iroqueses, os nomes próprios, em número de várias centenas ou milhares, são propriedades de clã ciosamente guardadas. Aliás, isso é o que permitiu a Goldenweiser demonstrar que os clãs da pequena e da grande tartaruga, da pequena e da grande narceja etc. formaram-se por desdobramento: conservam os mesmos nomes em comum. Os nomes citados por esse autor sem dúvida não são resultado de uma destotalização do animal clânico mas sugerem uma destotalização dos aspectos da vida social e do mundo físico que o sistema das denominações de clã por enquanto não aprisionou nas malhas de sua rede. Pode ser, então, que a principal diferença entre o sistema dos nomes próprios dos iroqueses e os sistemas dos miwok, hopi, omaha e osage (para nos limitarmos a alguns exemplos) consista em que essas tribos prolongam até o plano dos nomes próprios uma análise já começada no nível das denominações de clã, enquanto os iroqueses se servem dos nomes próprios para empreender uma análise consagrada a objetos novos mas que continua do mesmo tipo formal que a outra.

Mais intrigante é o caso de diversas tribos africanas. Os baganda têm nomes (dos quais foram coletados mais de dois mil) que são também propriedades de clã. Como entre os bororos do Brasil, alguns de seus clãs são ricos em nomes e outros são pobres. Esses nomes não são reservados aos seres humanos, pois também são atribuídos às colinas, aos rios, rochedos, florestas, olhos-d'água, desembarcadouros, arbustos e às árvores isoladas. Mas, diversamente dos casos antes examinados, esses nomes não constituem mais que uma categoria entre outras (Nsimbi 1950), e um procedimento muito diferente de formação dos nomes aparece ainda melhor em outras tribos da mesma região:

> No mais das vezes, os nomes pessoais nyoro parecem exprimir o que poderia ser descrito como o "estado de espírito" do ou dos parentes que o dão à criança (Beattie 1957, pp. 99-100).

O fenômeno foi estudado de perto em uma outra tribo de Uganda, os lugbara, onde a criança recebe seu nome de sua mãe, às vezes assistida pela sogra (mãe do marido). Dos 850 nomes coletados no interior de um mesmo subclã, três quartos se referem ao comportamento ou ao caráter de um ou de outro parente: Em-preguiça, porque os pais são preguiçosos; No-pote-de-cerveja, porque o pai é bêbado; Não-dê, porque a mãe alimenta mal seu marido etc. Os outros prenomes evocam a morte recente ou próxima (de outras crianças dos mesmos pais, dos próprios pais ou de outros membros do grupo) ou, ainda, atributos da criança. Notou-se que a maior parte é de nomes descorteses para com o pai da criança ou mesmo para com sua mãe, que é, contudo a inventora do nome. Esses nomes aludem à incúria, à imoralidade, à destituição moral ou material de um ou de outro pai, ou de ambos. Como pode uma mulher, ao escolher o nome do seu filho, descrever-se a si mesma como uma feiticeira maléfica, uma esposa infiel, uma sem-família, uma miserável e uma morta de fome?

Os lugbara dizem que os nomes desse tipo geralmente não são dados pela mãe mas pela avó (mãe do pai). O antagonismo latente entre linhagens aliadas, que explica que a mãe se vinga da hostilidade da qual é vítima por parte da família do marido dando a seu filho um nome humilhante para o pai deste, explica também que a avó, ligada aos netos por um laço sentimental muito forte, exprime simetricamente seu antagonismo em relação à mulher de seu filho (Middleton 1961). Todavia, essa interpretação é pouco satisfatória, pois, como observa o autor que a refere, a avó provém também de uma linhagem estranha, e a situação em que se encontra sua nora foi a sua no passado. Parece-nos, portanto, que a interpretação aventada por Beattie a respeito de um uso semelhante dos banyoro, é mais profunda e coerente. Também nessa tribo, os nomes pessoais evocam "a morte, o desgosto, a pobreza, a maldade entre vizinhos". Mas é que "a pessoa que dá o nome concebe a si mesma como sofrendo a ação e não como agente: vítima da inveja e do ódio dos outros". Essa passividade moral, que reflete sobre a criança uma imagem de si forjada por outros, encontra sua expressão no plano linguístico: "... os dois verbos 'perder' e 'esquecer' são empregados em lunyoro com a coisa esquecida como sujeito e o que esquece como objeto. O que perde ou o que esquece não age sobre as coisas, são as coisas que agem sobre ele..." (Beattie 1957, n. 5, p. 104).

Por mais diferente que seja esse modo de formação dos nomes pessoais daquele que enfocamos anteriormente, os dois coexistem entre os banyoro e os lugbara. Nomes especiais são reservados às crianças cujos nascimentos foram marcados por circunstâncias notáveis.

Assim, entre os lugbara: Ejua, para um gêmeo, Ejurua, para uma gêmea; Ondia, para o filho, Ondinua, para a filha de uma mulher supostamente estéril; Bileni ("para a sepultura"), nome do primeiro sobrevivente depois de uma série de natimortos. Portanto esses nomes preexistem aos indivíduos que os usam, eles lhes são atribuídos devido a uma condição que objetivamente é a sua mas na qual outros indivíduos podem igualmente se achar e que o grupo toma como carregada de significação. Diferem, então, em todos os pontos, dos nomes livremente inventados para um indivíduo determinado por um indivíduo igualmente determinado e que traduzem um estado de espírito passageiro. Diríamos que uns denotam classes, e outros, indivíduos? Entretanto, são igualmente nomes próprios, e as culturas em questão sabem-no tão bem que os julgam substituíveis uns pelos outros: apresentado o caso, uma mãe lugbara escolhe entre os dois métodos de denominação.

Aliás, existem tipos intermediários. Organizando os nomes hopi na primeira categoria, deixamos de lado, provisoriamente, um aspecto pelo qual eles se aproximam da segunda. Se eles provêm obrigatoriamente de uma ordem objetiva (no caso, o das denominações de clã), a relação não é com o clã do portador do nome (como, por exemplo, os yuma) mas com o do doador.[52] O nome que eu uso, portanto, evoca um aspecto não da planta ou do animal que servem de epônimo clânico, mas da planta ou do animal que servem de epônimo clânico a meu padrinho. Essa objetividade subjetivada pelo outro, da qual eu sou o veículo, é sem dúvida velada pela indeterminação dos nomes que, conforme vimos, não se referem explicitamente ao epônimo

52. A regra lembra a das tribos australianas de Cherburg, em Queensland. Cada indivíduo tem três nomes, dos quais o primeiro se refere ao lugar totêmico do portador, e os dois outros, ao totem paterno, se bem que as afiliações totêmicas sejam transmitidas em linha materna. Assim, uma mulher cujo totem pessoal é o opossum tem como nome Butilbaru, que designa um certo leito de riacho seco, e dois nomes derivados do totem paterno – neste exemplo, a ema – cujo sentido é "ema mexe o pescoço de cá para lá" e "velha ema que sobe e desce". O filho de um pai opossum se chama Karingo (nome de uma pequena fonte), Myndibambu: "Opossum quando tem o peito partido", e Mynwhagala: "Opossum no alto da árvore, agora desceu" etc. (Kelly 1935, p. 468).

mas é também reforçada duplamente: pela obrigação em que nos encontramos para compreender o nome, de remontar até as circunstâncias sociais concretas dentro das quais o nome foi concebido e atribuído, e pela liberdade relativa de que goza o doador do nome de forjá-lo segundo sua inspiração desde que respeite a restrição inicial de que o nome seja interpretável nos termos de sua própria denominação de clã. *Mutatis mutandis*, tal era igualmente a situação entre os miwok, em que o nome equívoco ou inventado deveria poder se relacionar com os seres ou coisas provenientes da metade da pessoa nomeada.

Estamos, então, em presença de dois tipos extremos de nomes próprios entre os quais existe toda uma série de intermediários. Num caso, o nome é uma marca de identificação que confirma, pela aplicação de uma regra, a dependência de um indivíduo *que se nomeia* a uma classe pré-ordenada (um grupo social num sistema de grupos, um *status* natal num sistema de *status*); no outro caso, o nome é uma livre criação do indivíduo *que nomeia* e que exprime, por meio daquele que ele nomeia, um estado transitório de sua própria subjetividade. Mas poder-se-ia dizer que, tanto em um quanto em outro caso, verdadeiramente se nomeia? A escolha, parece, só está entre identificar o outro, determinando-lhe uma classe, ou, a pretexto de lhe dar um nome, identificar a si mesmo através dele. Portanto, nunca se nomeia, classifica-se o outro, se o nome que se lhe dá é função das características que possui, ou classifica-se a si próprio, se acreditando-se dispensado de seguir uma regra, nomeia-se o outro "livremente", ou seja, em função dos caracteres que se possui. E, no mais das vezes, fazem-se as duas coisas ao mesmo tempo.

Compro um cão de raça. Se pretendo conservar seu valor e seu prestígio e transmiti-los a seus descendentes, devo observar escrupulosamente determinadas regras, escolhendo-lhe um nome, já que essas regras são imperativas na sociedade dos proprietários de cães de raça da qual desejo fazer parte. Aliás, com frequência, o nome terá sido atribuído ao cão sob a responsabilidade do canil onde nasceu e será registrado, no momento da aquisição, nos livros da sociedade canina qualificada. O nome começará por uma inicial convencional correspondente ao ano de nascimento do animal; às vezes, será completado por um prefixo ou afixo que conote a criação, à maneira de um patronímico. Sem dúvida sou livre para chamar meu cão de outra forma; não é menos verdade que tal *poodle toy* inglês ao qual seu dono dá o nome de Bawaw tem nos registros do British Kennel Club o nome Top Hill Silver Spray, formado por duas locuções, das quais a primeira indica um canil determinado, enquanto a segunda representa um nome disponível. Então, só a escolha do termo para chamar pode ser deixada à iniciativa do proprietário; o termo de referência é estereotipado e, desde que conota ao mesmo tempo a data de nascimento e a dependência a um grupo, é exatamente, como veremos mais adiante, o produto da combinação daquilo que os etnólogos denominam um nome clânico e um nome ordinal.

Ou, então, julgo-me livre para chamar meu cão conforme o meu gosto; mas, se escolho Médor, classificar-me-ei como banal; se escolho Senhor ou Lucien, classificar-me-ei como original e provocador, escolho Pelléas, como um esteta.

Também é preciso que o nome escolhido seja para a civilização a qual pertenço um membro concebível para a classe de nomes de cão e que seja um nome disponível – se não absolutamente, pelo menos relativamente, ou seja, que o meu vizinho já não o tenha adotado. O nome do meu cão será, portanto, o produto da intersecção de três domínios: como membro de uma classe, como membro da subclasse dos nomes disponíveis dentro da classe e, enfim, como membro da classe formada por minhas intenções e meus gostos.

Vê-se que o problema das relações entre nomes próprios e nomes comuns não é o da relação entre denominação e significação. Significa-se sempre, seja ao outro ou a si mesmo. A escolha consiste apenas nisso, um pouco como a oferecida ao pintor entre arte figurativa e não figurativa; mas é apenas a escolha de ligar uma classe a um objeto identificável ou, pela colocação do objeto fora da classe, fazer dele um meio de se classificar a si mesmo, exprimindo-se por ele.

Desse ponto de vista, os sistemas de denominações comportam também seus "abstratos". Tal como os índios seminole que, para formar os nomes dos adultos, usam várias séries de elementos pouco numerosos e combinados entre si sem respeitar seu sentido. Seja uma série "moral": sábio, louco, prudente, esperto etc.; uma série "morfológica": quadrado, redondo, esférico, alongado etc.; uma série "zoológica": lobo, águia, castor, puma; e, com a ajuda delas, retirando-se um termo de cada série e justapondo-os, formar-se-á o nome: Puma-louco-esférico (Sturtevant 1960, p. 508).

* * *

O estudo etnográfico dos nomes pessoais constantemente se deparou com obstáculos que foram bem analisados por Thomson, num exemplo australiano: o dos wik munkan, que vivem na parte ocidental da península do Cabo Iorque. De um lado, os nomes próprios são derivados dos totens e procedem de um saber sagrado e esotérico; de outro, estão ligados à personalidade social e evidenciam o conjunto dos costumes, ritos e proibições. Por esse duplo motivo, não podem ser dissociados de um sistema de denominações mais complexo que compreende os termos de parentesco, normalmente usados como termos de identificação e, portanto, de uso profano, e os termos sagrados, que compreendem os nomes próprios e as denominações totêmicas. Todavia, uma vez reconhecida essa distinção entre sagrado e profano, não é menos verdade que os nomes próprios (sagrados) e os termos de parentesco (profanos), empregados como termos de identificação, são termos individuais, ao passo que as denominações totêmicas (sagradas) e os termos de parentesco (profanos), empregados como termos de referência, são termos de grupo. Por isso, o aspecto sagrado e o aspecto profano estão ligados.

Uma outra dificuldade resulta das múltiplas proibições que afetam o emprego dos nomes próprios. Os wik munkan proíbem qualquer menção ao nome ou aos nomes do morto durante três anos consecutivos a contar de sua morte até que o cadáver mumificado seja incinerado. É sempre proibida a menção a certos nomes tais como os da irmã e do irmão da mulher. O pesquisador que tivesse a inépcia de perguntar por eles receberia como resposta, em lugar dos nomes perguntados, palavras cujo sentido real é "sem nome", "nenhum nome" ou "o segundo nascido".

Uma última dificuldade é resultante do grande número de categorias nominais. Entre os wik munkan, é preciso distinguir: os termos de parentesco, *nämp kämpan*; os nomes de condição ou de *status*; as alcunhas, *nämp yann*, literalmente "nome nada", tais como "enfermo" ou "canhoto"; enfim, os verdadeiros nomes próprios, *nämp*. Somente os termos de parentesco são normalmente utilizados como termos de identificação, exceto nos períodos de luto, durante os quais usam-se nomes correspondentes à natureza do luto e cujo sentido é: viúvo ou viúva, ou "atingido pela perda de um parente", especificando-se se se trata de um irmão ou uma irmã (mais velho ou mais moço), um filho, um sobrinho ou sobrinha (paralelo ou cruzado), um avô. Encontraremos adiante um uso paralelo nas tribos do interior de Bornéu.

O procedimento de formação dos nomes próprios oferece um interesse particular. Cada indivíduo possui três nomes pessoais. Um "umbilical", *nämp kort'n*; um nome grande, *nämp pi'in*; e um pequeno, *nämp mäny.* Todos os nomes grandes e pequenos derivam do totem ou dos atributos do totem e constituem, portanto, propriedades de clã. Os nomes grandes se referem à cabeça ou à metade superior do corpo do animal totêmico; os nomes pequenos, às pernas, à cauda ou à metade inferior do corpo. Assim, um homem do clã do peixe terá como nome grande Pämpikän, "o homem bate" (a cabeça), e como nome pequeno Yänk, "perna" (= parte estrangulada da cauda); uma mulher do mesmo clã, *Pamkotjattä* e *Tippunt* (gordura), "do ventre".

Os nomes "umbilicais" são os únicos que podem provir de outro clã e mesmo de um outro sexo que não o do portador. Tão logo a criança nasça mas antes da expulsão da placenta uma pessoa qualificada executa uma tração no cordão umbilical, enumerando primeiro os nomes masculinos da linhagem paterna, depois os nomes femininos e enfim só os nomes masculinos da linhagem materna. O nome que acontece ser pronunciado no instante em que a placenta sai será usado pela criança. Sem dúvida, muitas vezes o cordão é manipulado de maneira a garantir o nome desejado (Thomson 1946). Como nos casos anteriormente citados, temos aqui, então, um procedimento de formação do nome que concilia as exigências de uma ordem objetiva e o jogo (em parte livre nos limites dessa ordem) das relações interpessoais.

Sob o aspecto do nascimento, essa técnica ostensivamente (mas falsamente) "probabilista" corresponde às que foram observadas em outras tribos australianas por ocasião da morte e para determinar não mais o nome do recém-nascido mas o do presumido assassino. Os bard, os ungarinyin e os warramunga instalam o cadáver entre os galhos de uma árvore ou sobre uma plataforma elevada; bem em baixo, dispõem, no chão, um círculo de pedras ou uma fileira de bastões em que cada unidade representa um membro do grupo; o culpado será denunciado pela pedra ou pelo bastão em cuja direção escorrerem as exsudações do cadáver. No noroeste da Austrália, enterra-se o corpo e sobre a tumba são colocadas tantas pedras quantos são os membros ou suspeitos do grupo. A pedra que for encontrada manchada de sangue indicará o assassino. Ou, ainda, arrancam-se um a um os cabelos do defunto, recitando a lista dos suspeitos: o primeiro cabelo a afrouxar denuncia o assassino (Elkin 1961, pp. 305-306).

É claro que todos esses procedimentos são formalmente do mesmo tipo e apresentam um caráter notável que lhes é comum com os outros sistemas de nomes próprios das sociedades de classes finitas. Demonstramos anteriormente que em tais sistemas – que sem dúvida ilustram uma situação geral – os nomes sempre eram significativos da vinculação a uma classe atual ou virtual que pode ser apenas a daquele que é nomeado ou a daquele que nomeia e que se reduzia a essa nuança toda a diferença entre nomes atribuídos pela aplicação de uma regra e nomes inventados. Observemos, aliás, que essa distinção não corresponde, a não ser de maneira superficial, àquela feita por Gardiner entre nomes "desencarnados" e nomes "encarnados", sendo os primeiros os escolhidos numa lista obrigatória e restrita (como a dos santos de calendário), usados, portanto, simultânea e sucessivamente por grande número de indivíduos, e os segundos aderindo a um único indivíduo, tais como Vercingetórix e Jugurta. Com efeito, parece-nos que os primeiros são de natureza demasiado complexa para que se possa defini-los graças ao único caráter detectado por Gardiner; eles classificam seus pais (que escolheram o nome de seus filhos) num meio, numa época e num estilo e classificam seus portadores de várias maneiras: primeiro porque um João é um membro da classe dos Joões; depois, porque cada prenome possui consciente ou inconscientemente uma conotação cultural que impregna a imagem que os outros fazem do portador e que, por caminhos sutis, pode contribuir para modelar sua personalidade de maneira positiva ou negativa.[53] Ora, tudo isso se verificaria também no caso dos nomes "encarnados", se possuíssemos o contexto etnográfico que nos falta: o nome Vercingetórix só nos parece estar

53. "... os pais escolhiam o nome de seus filhos... e os sábios muitas vezes honraram seus colegas dando seu nome a descobertas. Mas, com freqüência, não houve nesse ato uma escolha absolutamente arbitrária. Os pais foram guiados por tradições sociais e religiosas, os sábios, por um direito de prioridade; cada um revela, através de sua escolha, o caráter de suas preocupações e os limites de seu horizonte" (Brandal 1928, p. 230).

unicamente ligado ao vencedor da Gergóvia em razão de nossa ignorância das realidades gaulesas. A distinção de Gardiner não concerne, portanto, aos dois tipos de nome mas a duas situações em que se encontra o observador, em face do sistema de nomes de sua própria sociedade e daquele de uma sociedade que lhe é estranha.

Isso dito, é mais fácil depreender o princípio do sistema nominal dos wik munkan; eles formam os nomes de pessoas de uma maneira análoga à que nós mesmos adotamos quando formamos os nomes das espécies. De fato, para identificar um indivíduo, começam combinando-se dois indicadores de classe, um maior (o nome "grande") e outro (o nome "pequeno"). Esse conjunto tem um duplo efeito por si mesmo: atestar a dependência do portador a um grupo totêmico, evocado por significantes notoriamente conhecidos como sua propriedade exclusiva e circunscrever a posição do indivíduo no seio do grupo. A combinação do nome grande e do nome pequeno não é individualizante nela mesma; ela delimita um subconjunto ao qual pertence o portador do nome e outros ao mesmo tempo, provisoriamente definidos pela mesma combinação. É, então, o nome "umbilical" que remata a individuação, mas seu princípio é totalmente diferente. Por um lado, ele pode ser um nome "grande" ou "pequeno" (do mesmo clã ou de um outro); um nome masculino ou um nome feminino (seja qual for o sexo do portador). Por outro lado, sua atribuição não é função de um sistema mas de um fato: coincidência de um efeito fisiológico teoricamente independente da vontade dos homens) e do instante de uma enumeração.

Comparemos agora esse trinômio com os da botânica e da zoologia científicas. Seja em botânica, *Pscilocybe mexicana* Heim, ou em zoologia, *Lutrogale perspicillata maxwelli.* Os dois primeiros termos trinômios determinam o ser considerado dentro de uma classe e uma subclasse que pertencem a um conjunto preordenado, mas o terceiro termo, que é o nome do inventor, fecha o sistema, lembrando um fato: é um termo de série, não de grupo.

Há, sem dúvida, uma diferença: nos trinômios científicos, o nome do inventor nada acrescenta à identificação, completa a partir dos dois primeiros termos; ele presta homenagem a seu autor. Mas isso não é absolutamente exato; o termo estatístico tem uma função lógica e não apenas moral. Ele remete ao sistema de recorte adotado pelo autor em questão ou por um confrade e permite ao especialista operar as transformações indispensáveis para resolver os problemas de sinonímia: saber, por exemplo, que *Juniperus occidentalis* Hook é o mesmo ser que *Juniperus utahensis* Engelm, quando, sem o nome dos inventores ou padrinhos poder-se-ia concluir por dois seres diferentes. Nas taxionomias científicas, por conseguinte, a função do termo estatístico é simétrica e inversa daquela que esse termo desempenha entre os wik munkan; ela permite assimilar, não desassimilar. Em vez de atestar a perfeição de um modo único de recorte, remete a uma pluralidade de recortes possíveis.

Ora, o caso dos wik munkan só é particularmente demonstrativo, em razão da estranheza da técnica concebida pelos indígenas, que lança uma luz crua sobre a estrutura do sistema. Mas essa estrutura sem dúvida seria encontrada nas sociedades que nos forneceram todos os nossos exemplos; assim, entre os algonkin, em que o nome pessoal inteiro é composto de três termos:[54] um nome derivado da denominação de clã, um nome ordinal (exprimindo a ordem de nascimento dentro da família) e um título militar, ou seja, desta vez um termo "mecânico" e dois termos "estatísticos" de força desigual. Existem mais títulos militares que nomes ordinais, e a probabilidade de que a mesma combinação se reproduza em duas pessoas diferentes é tanto mais fraca quanto, se o primeiro termo provém de um grupo obrigatório enquanto grupo, a escolha feita entre todas as possibilidades pelo doador do nome for derivada entre outras preocupações da de evitar as duplicações. Eis uma ocasião para destacar que o caráter "mecânico" ou "estatístico" não é intrínseco, ele se define em relação à pessoa do doador e do portador. O nome derivado da denominação de clã identifica inequivocamente o portador como membro de um clã, mas a maneira de escolhê-lo numa lista depende de condições históricas complexas: nomes atualmente vagos, personalidade e intenções do doador. Inversamente, os termos "estatísticos" definem, sem equívoco, uma posição individual dentro do sistema de *status* natais ou na hierarquia militar; mas o fato de ocupar essas posições resulta de circunstâncias demográficas, psicológicas e históricas, vale dizer, de uma indeterminação objetiva do futuro portador.

---

54. Dois termos, entre os lacandon, do México, de língua maya, que formam os nomes com o auxílio de um binômio composto de um nome animal e um nome ordinal (Tozzer 1907, pp. 42-43 e 46-47).

Essa impossibilidade de definir o nome próprio a não ser como meio de determinar uma posição num sistema que comporta várias dimensões ressalta também de um outro exemplo, retirado de nossas sociedades contemporâneas. Para o grupo social tomado em seu conjunto, nomes como Jean Dupont, Jean Durand denotam, para o segundo termo, a classe e, para o primeiro, o indivíduo. Jean Dupont pertence primeiro à classe Dupont; ele é Dupont Jean, diferente de Dupont Pierre, de Dupont André etc., mas trata-se tão pouco de um nome próprio que, no seio de um grupo mais restrito, e relação lógica se inverte. Imaginemos uma família na qual, conforme o hábito, todos os membros se tratam por seu prenome e na qual, por obra do acaso, o prenome Jean é usado pelo irmão e pelo cunhado. O equívoco será dissipado graças à oposição discriminativa do patronímico ao prenome. Assim, quando uma pessoa da família disser a uma outra: "Jean Dupont telefonou", de fato não se referirá mais ao mesmo binômio, o patronímico tornou-se um sobrenome. Para os membros da família em questão, existe primeiro uma classe de Jean, no seio da qual "Dupont" e "Durand" efetuam a individuação. Conforme estejam colocados na perspectiva do estado civil ou na de uma sociedade particular, os termos do binômio invertem suas funções.

Mas, se o mesmo termo pode desempenhar assim, em razão de sua posição única, o papel de indicador de classe ou de determinante individual, é inútil se perguntar como muitos etnógrafos o fizeram se as denominações em uso em tal ou qual sociedade constituem verdadeiramente nomes próprios. Skinner o admite para os sauk, mas duvida disso em relação a seus vizinhos menomini, cujos nomes antes seriam títulos honoríficos, limitados em número e aos quais o indivíduo tem acesso durante a vida, sem poder transmiti-los a seus descendentes (Skinner 1923-25, p. 17). Da mesma forma, entre os iroqueses:

> É claro que o nome individual... é pouco comparável ao nosso nome pessoal. É preciso ver nele mais uma espécie de designação cerimoniosa e também uma expressão mais íntima da vinculação ao clã que a implicada pelo uso do nome de clã (Goldenweiser 1913, p. 367).

Quanto aos nomes próprios do wik munkan:

> Se bem que eu os tenha chamado de nomes pessoais, na realidade são nomes de grupos que denotam as ligações de dependência e de solidariedade perante um grupo totêmico (Thomson 1946, p. 159).

Esses escrúpulos se explicam porque a lista dos nomes que são propriedade e privilégio de cada clã é muitas vezes limitada, e duas pessoas não podem usar o mesmo nome simultaneamente. Os iroqueses possuem "guardiães" à memória dos quais confiam o repertório dos nomes de clã e que conhecem, a qualquer momento, o estado dos nomes disponíveis. Quando nasce uma criança, o "guardião" é convocado para dizer quais são os nomes "livres". Entre os yurok, da Califórnia, uma criança pode permanecer sem nome durante seis ou sete anos, até que o nome de um parente fique vago devido à morte do portador. Em contrapartida, o tabu sobre o nome do morto desaparece ao cabo de um ano se um membro jovem da linhagem recoloca o nome em circulação.

Mais incômodos ainda parecem os nomes que, como os dos gêmeos ou do primeiro sobrevivente de uma série de natimortos, na África, destinam a certos indivíduos um lugar num sistema taxionômico rígido e restrito. Os nuer reservam aos gêmeos os nomes das aves que voam pesadamente: galinha-d'angola, francolim etc. Com efeito, eles consideram os gêmeos seres de origem sobrenatural, como as aves (Evans-Pritchad 1956, discussões em Lévi-Strauss 1962); e os kwakiutl, da Colômbia britânica, expressam uma crença análoga, associando os gêmeos aos peixes. É assim que os nomes Cabeça-de-salmão e Cauda-de-salmão são reservados às crianças cujo nascimento precede ou segue imediatamente o dos gêmeos. Estes são vistos como descendentes dos peixes-candeias (se têm as mãos pequenas), dos *Oncorhynchus kisutch* (*silver salmon*) ou dos *Oncorhynchus nerka* (*sockeye salmon*). O diagnóstico é feito por um ancião também nascido gêmeo. No primeiro caso, ele nomeia o gêmeo Homem-que-sacia, e a gêmea Mulher-que-sacia. No segundo caso, os nomes respectivos são: Único, Filha-de-nácar e, no terceiro, Trabalhador-de-cabeça, Dançarina-de-cabeça (Boas 1921, parte I, pp. 684-693).

Os dogon, do Sudão, seguem um método muito estrito para atribuir os nomes próprios que consiste em determinar a posição de cada indivíduo a partir de um modelo genealógico e mítico, em que cada nome está ligado a um sexo, a uma linhagem, a uma ordem de nascimento e à estrutura qualitativa do grupo de germanos no qual está incluído o indivíduo: gêmeo ele mesmo, primeiro ou segundo nascido antes ou depois de gêmeos, menino nascido depois de uma ou duas meninas ou vice-versa, menino nascido entre duas meninas ou vice-versa etc. (Dieterlen).

Enfim, hesita-se com frequência em considerar nomes próprios os nomes ordinais encontrados entre a maioria dos algonkin e dos sioux, entre os mixe (Radin 1931), os maya (Tozzer 1907) e no sul da Ásia (Benedict 1945) etc. Limitemo-nos a um único exemplo, o dos dakota, em que o sistema é particularmente desenvolvido, com os seguintes nomes correspondendo à ordem de nascimento das sete primeiras filhas e dos seis primeiros filhos:

	Meninas	Meninos
1	Wino'ne	Tcaske'
2	Ha'pe	Hepo'
3	Ha'psti	Hepi'
4	Wiha'ki	Watca'to
5	Hapo'nA	Hake'
6	HapstinA	Tatco'
7	Wihake'da	______

(Wallis 1947, p. 39)

Podem-se alinhar na mesma categoria os termos que substituem nomes próprios no decorrer das diferentes etapas da iniciação. As australianas do norte da terra de Dampier têm uma série de nove nomes dados aos noviços antes da extração dos dentes, depois, antes da circuncisão, antes da sangria ritual etc. Os tiwi, das ilhas Melville e Bathurst, ao largo da Austrália setentrional, dão aos noviços nomes especiais segundo seu grau; existem sete nomes de homem que cobrem o período compreendido entre o 15º e o 26º ano, e sete nomes de mulheres que vão do 10º ao 21º ano (Hart 1930, pp. 286-287).

Não obstante, os problemas que se colocam em tais casos não são diferentes daquele levantado pelo costume, conhecido nas nossas sociedades contemporâneas, de dar ao filho primogênito o prenome de seu avô paterno. "O nome do avô" também pode ser considerado um título, cujo uso é ao mesmo tempo obrigatório e reservado. Do nome ao título, passa-se então por uma transição insensível, que não está ligada a nenhuma propriedade intrínseca dos termos considerados ao papel estrutural que eles desempenham num sistema classificatório do qual será inútil pretender isolá-los.

7
O INDIVÍDUO COMO ESPÉCIE

O sistema nominal dos penan, que vivem como nômades no interior de Bornéu, permite determinar a relação entre os termos aos quais estaríamos inclinados a atribuir a qualidade de nome próprio e outros cuja natureza poderia parecer diferente numa primeira abordagem. De acordo com sua idade e situação familiar, um penan pode ser, com efeito, designado por três espécies de termos: um nome pessoal, um tecnônimo ("pai de um tal", "mãe de um tal") ou, enfim, por aquilo que estaríamos tentados a chamar de necrônimo, que exprime a relação familiar de um parente falecido com o sujeito: "pai morto", "sobrinha morta" etc. Os penan ocidentais não possuem menos de 26 necrônimos diferentes, correspondentes ao grau de parentesco, à idade relativa do defunto, ao sexo e à ordem de nascimento das crianças, até a nona.

As regras do emprego desses nomes são de uma surpreendente complexidade. Simplificando muito, pode-se dizer que uma criança é conhecida por seu nome próprio até que um de seus ascendentes morra. Se se trata de um avô, a criança é então chamada de Tupou. Se morre o irmão de seu pai, ela se torna Ilun, e assim permanecerá até que morra um outro parente. Nesse momento, receberá um novo nome. Antes de se casar e de ter filhos, um penan pode passar, assim, por uma série de seis ou sete necrônimos ou mais.

Por ocasião do nascimento do primeiro filho, o pai e a mãe adotam um tecnônimo que exprime sua relação com esse filho nominalmente designado. Assim Tama Awing, Tinen Awing, "pai (ou mãe) de Awing". Se o filho morre, o tecnônimo será substituído por um necrônimo: "filho primogênito morto". No próximo nascimento, um novo tecnônimo suplantará o necrônimo, e assim por diante.

A situação é ainda complicada pelas regras particulares que prevalecem entre germanos. Uma criança é chamada por seu nome se todos os seus irmãos e irmãs estão vivos. Quando morre um deles, ela adota um necrônimo: "germano mais velho (ou mais moço) morto", mas, a partir do nascimento de um novo irmão ou irmã, o necrônimo é abandonado, e o sujeito retoma o uso de seu nome (Needham 1954, p. 4).

Muitas obscuridades subsistem nessa descrição; compreende-se mal como as diferentes regras agem umas sobre as outras, se bem que pareçam funcionalmente ligadas. *Grosso modo*, o sistema pode ser definido por três tipos de periodicidade: em relação a seus ascendentes, um indivíduo vai de necrônimo em necrônimo; em relação a seus germanos, de autônimo (termo pelo qual, em tal sistema, é cômodo designar os nomes próprios) a necrônimo; e, enfim, em relação a seus filhos, vai de tecnônimo a necrônimo. Mas qual é a relação lógica entre os três tipos de termos? E qual é a relação lógica entre os três tipos de periodicidade? Tecnônimo e necrônimo se referem a um laço de parentesco, são, portanto, termos "relacionais". O autônimo não tem esse caráter, e, desse ponto de vista, opõe-se às formas anteriores: ele apenas determina um "si", em contraste com outros "si". Essa oposição (implícita no autônimo) entre si e outro permite, em contrapartida, distinguir o tecnônimo do necrônimo. O primeiro, que inclui um nome próprio (que não é o do sujeito) pode definir-se como exprimindo uma *relação com um si outro.* O necrônimo, do qual está ausente qualquer nome próprio, consiste no enunciado de uma relação de parentesco que é a de um outro, não nomeado, com um si igualmente não nomeado. Pode-se, então, defini-la como uma *relação outra.* Enfim, essa relação é negativa, pois o necrônimo menciona-a apenas para proclamá-la abolida.

A relação entre autônimo e necrônimo decorre claramente dessa análise. É a de uma simetria inversa:

	autônimo	necrônimo
relação presente (+) ou ausente (−)	−	+
oposição entre si (+) 2 outro (−)	+	−

Ao mesmo tempo, depreende-se uma primeira conclusão: o autônimo, que não hesitamos em considerar um nome próprio, e o necrônimo, que tem as características de um simples indicador de classe, pertencem de fato ao mesmo grupo. Passa-se de um a outro por meio de uma transformação.

Detenhamo-nos agora no tecnônimo. Qual é sua relação com os dois outros tipos e, primeiro, com o necrônimo? Estaríamos tentados a dizer que o tecnônimo conota a vinda de um outro si à vida, o necrônimo a passagem de um outro si à morte, mas as coisas não são tão simples, pois essa interpretação não explica que o tecnônimo mencione o si de um outro (sendo-lhe incorporado um autônimo), ao passo que o necrônimo se reduz a uma negação da relação outra, sem fazer referência a um si. Portanto não existe simetria formal entre os dois tipos.

No estudo que serve de ponto de partida para nossa análise, Needham faz uma interessante observação:

> Alguma coisa que se assemelha vagamente aos nomes da morte aparece no antigo uso inglês de *widow* como um título... no uso contemporâneo, na França e na Bélgica, da palavra *veuve* (viúva) e em outros usos análogos em várias regiões da Europa. Mas tudo isso, de quase todos os pontos de vista, é muito diferente dos nomes de morte, para sugerir uma interpretação (Needham 1954, p. 246).

Isso é esmorecer depressa demais. A Needham faltou apenas, para perceber o alcance de sua observação, notar nos exemplos citados o laço que evidenciam entre o direito ao necrônimo e o uso anterior de uma denominação inteiramente comparável a um tecnônimo. O uso francês tradicional é incorporar *veuve* ao nome próprio; mas o masculino *veuf* (viúvo) não é incorporado, e menos ainda *orphelin* (órfão). Por que esse exclusivismo? O patronímico pertence aos filhos de pleno direito; pode-se dizer que, em nossas sociedades, é um classificador de linhagem. A relação dos filhos com o patronímico não muda, então, com a morte dos pais. Isso é ainda mais verdadeiro para o homem, cuja relação com o seu patronímico permanece imutável, seja solteiro, casado ou viúvo.

Não acontece o mesmo com a mulher. Se, perdendo seu marido, ela se torna "viúva Fulana", é porque, quando vivo o marido, ela era "dona Fulana", vale dizer, ela já havia abandonado seu autônimo por um termo que exprimia sua relação com um si outro, que é a definição por nós admitida para tectônimo. Sem dúvida, essa palavra seria imprópria nessa circunstância; para manter o paralelismo, poder-se-ia forjar o termo andrônimo (do grego *ἀνήρ*, esposo), mas isso não parece útil, sendo a identidade da estrutura imediatamente perceptível sem recorrer a uma criação verbal. Por conseguinte, no uso francês, o direito ao necrônimo é função do uso anterior de um termo análogo a um tecnônimo: por ser meu si definido através de minha relação com um si outro, minha identidade só é preservada, no caso da morte desse outro, por essa relação imutável na forma, mas afetada pelo signo negativo, a partir de então. A "viúva Dumont" é a mulher de um Dumont não abolido mas que só existe em sua relação com esse outro que se define por ele.

Objetar-se-á, nesse exemplo, que os dois termos são construídos de modo semelhante, juntando uma relação de parentesco a um determinante patronímico, ao passo que, entre os penan, como observamos, o nome próprio está ausente do necrônimo. Antes de resolver essa dificuldade, voltemo-nos para a série dos germanos, em que a alternância ocorre entre o autônimo e o necrônimo. Por que o autônimo, e não um termo análogo ou tecnônimo – um "fratrônimo", digamos – do tipo "irmão (ou irmã) de Fulano"? A resposta é fácil: o nome pessoal da criança recém-nascida (que assim coloca ponto final no uso do necrônimo por seus irmãos e irmãs) é mobilizado para outros fins: serve para formar o tecnônimo dos pais, que de qualquer forma dele se apoderaram para incorporá-lo ao sistema particular graças ao qual eles se definem. O nome do último a nascer está, portanto, em disjunção com respeito à série dos germanos, e os outros germanos, não podendo se definir por ele nem pelo de seu irmão ou sua irmã desaparecidos (desde que nos encontramos numa "chave de vida" e não mais numa" chave de morte"), recaem no único partido que lhes resta: o uso de seu próprio nome, que é também seu nome próprio, mas por falta, assinalemos, de relações outras, umas tornadas não disponíveis, pois destinadas a um emprego diferente, e outras não pertinentes, pois foi mudado o signo do sistema.

Esclarecido esse ponto, restam apenas dois problemas para resolver: o uso dos tecnônimos pelos pais e a ausência de nome próprio nos necrônimos, problema com o qual nos deparamos há pouco. Se bem que na aparência o primeiro levante uma questão de fundo e o segundo uma questão de forma, na verdade trata-se de um só problema passível de uma mesma solução: *Não se pronuncia o nome dos mortos*, e isso é suficiente para explicar a estrutura do necrônimo. Quanto ao tecnônimo, a inferência é clara: se, quando uma criança nasce, torna-se proibido chamar os pais por seu nome, é que eles estão "mortos", e a procriação não é concebida como agregação mas como a substituição dos antigos por um novo ser.

Aliás, é dessa maneira que deve ser compreendido o costume dos tiwi, que proíbem o uso dos nomes próprios durante a iniciação e por ocasião dos partos de uma mulher:

> O nascimento de uma criança é, para o índio, um assunto muito misterioso, pois ele acredita que a mulher grávida mantém relações íntimas com o mundo dos espíritos. Por essa razão, o nome, parte integrante dela própria, é investido de um caráter fantasmático, o que a tribo demonstra tratando seu marido como se ela não existisse, como se, de fato, ela estivesse morta e não fosse mais sua mulher no momento. Ela está em contato com os espíritos e disso resultará um filho para seu marido (Hart 1930, pp. 288-289).

Para os penan, uma observação de Needham sugere uma interpretação do mesmo tipo; o tecnônimo, diz ele, não é honorífico, e ninguém se envergonha de ficar sem descendência: "Se você não tem filhos, comentam os informantes, não é culpa sua. Você o deplorará, porque não existe ninguém para substituí-lo, ninguém para se lembrar de seu nome. Mas você não tem vergonha disso. Por que o teria?" (*l.c.*, p. 417).

A mesma explicação vale para o recolhimento, pois seria falso dizer que o homem assume o lugar da parturiente. Muitas vezes marido e mulher estão sujeitos às mesmas precauções, pois se confundem com o filho que, nas semanas ou meses seguintes ao nascimento, está exposto a graves perigos. Outras vezes, como é frequente na América do Sul, o marido toma maiores precauções ainda que sua mulher, pois, em razão das teorias indígenas sobre a concepção e a gestação, é mais particularmente a sua pessoa que se confunde com a do filho. Em nenhuma das duas hipóteses o pai desempenha o papel da mãe; ele desempenha o papel do filho. É raro que os etnólogos se tenham equivocado no primeiro ponto, mas é ainda mais raro que tenham compreendido o segundo.

Três conclusões podem ser retiradas de nossa análise.

Em primeiro lugar, os nomes próprios, longe de constituir uma categoria à parte, formam grupo com outros termos que diferem dos nomes próprios, se bem que estejam unidos a eles por relações estruturais. Ora os próprios penan concebem esses termos como indicadores de classe: diz-se que se "entra" num necrônimo e não que se toma ou se recebe.

Em segundo lugar, nesse complexo sistema, os nomes próprios ocupam um lugar subordinado. No fundo, só as crianças usam abertamente seu nome, pois são muito jovens para serem estruturalmente qualificadas pelo sistema familiar e social ou porque o meio dessa qualificação está provisoriamente suspenso em benefício de seus pais. Assim, o nome próprio sofre uma verdadeira desvalorização lógica. Ele é a marca do "fora de classe" ou da obrigação temporária, em que estão os candidatos à classe, de se definirem eles mesmos como fora de classe (é o caso dos germanos que retomam o uso de seu autônimo), ou ainda, por sua relação com um fora de classe (como o fazem os pais, assumindo o tecnônimo). Mas, desde que a morte abre uma lacuna na textura social, o indivíduo, de alguma forma, se vê aspirado por ela. Graças ao uso do necrônimo cuja prioridade lógica sobre as outras formas é absoluta, ele substitui seu nome próprio, simples número de espera, por uma posição no sistema, que então pode ser considerada, no nível mais geral, como formada por classes discretas e quantificadas. O nome próprio é o reverso do necrônimo, do qual o tecnônimo oferece por sua vez uma imagem invertida. Na aparência, o caso dos penan é oposto aos dos algonkin, dos iroqueses e dos yurok; para uns, é preciso esperar que um parente morra para se livrar do nome que se usa; para outros, muitas vezes é preciso esperar que um parente morra para ascender ao nome que ele usa. Mas, na verdade, a desvalorização lógica do nome não é menor no segundo que no primeiro caso:

> O nome individual nunca é empregado em referência ou em se dirigindo a eles, quando se trata de parentes; é o termo de parentesco que serve em todo caso. E, mesmo quando se fala a um não-parente, o nome individual raramente é utilizado, pois se prefere um termo de parentesco escolhido em função da idade relativa daquele que fala e daquele a quem se dirige. Apenas quando, na conversação, se faz menção a não-parentes, é que se costuma empregar o nome pessoal, o qual, mesmo nesse caso, será evitado se o contexto bastar para mostrar de quem se quer falar (Goldenweiser 1913, p. 367).

Consequentemente, também entre os iroqueses e a despeito da diferença asinalada acima, o indivíduo só é posto "fora de classe" se for impossível fazer de outra maneira.[55]

Todas as espécies de crenças foram invocadas para explicar a proibição tão frequente do nome dos mortos. Essas crenças são reais e bem comprovadas, mas é preciso ver aí a origem do costume ou um dos fatores que contribuíram para reforçá-lo, senão até mesmo uma de suas consequências? Se nossas interpretações são exatas, a proibição ao nome dos mortos aparece como uma propriedade estrutural de certos sistemas de denominação. Ou os

---

55. Para evitar o uso dos nomes pessoais, os yurok, da Califórnia, conceberam um sistema de denominações formadas por um radical correspondente ao lugar de residência – aldeia ou casa – e por um sufixo, diferente para homens e mulheres, que descreve o *status* conjugal. Os nomes masculinos são formados com base no lugar de nascimento da mulher, os femininos, com base no lugar de nascimento do marido. Conforme o sufixo, o nome indica se se trata de um casamento patrilocal ou por compra, matrilocal, ainda de uma união livre; se o casamento se dissolveu pela morte de um dos cônjuges ou por divórcio etc. Outros afixos que compõem os nomes das crianças e dos celibatários referem-se ao lugar de nascimento da mãe viva ou morta ou do pai morto. Os únicos nomes usados são, portanto, de um dos tipos seguintes: Casado com uma mulher de ______; Casado com um homem de ______; Tem um meio-marido em sua casa natal de ______; Está "meio"-casado' com uma mulher de ______; Viúvo que pertence a ______; Divorciado(a) de uma mulher (homem) de ______; Mulher de ______ que permite a um homem viver com ela, tem uma amante ou tem filhos ilegítimos; Seu pai era de ______; Sua mãe morta era de ______; Solteiro de ______ etc. (Waterman 1920, pp. 214-218; Kroeber em Elmendorf e Kroeber 1960, n. 1, pp. 372-374).

nomes próprios já são os operadores de classe, ou oferecem uma solução provisória, esperando a hora da classificação; portanto eles sempre representam a classe, no mais modesto. No limite e como entre os penan, são apenas meios temporariamente fora de classe de formar classes ou ainda traços calcados sobre a solubilidade lógica do sistema, isto é, sobre sua capacidade esperada de fornecer em tempo útil uma classe ao credor. Apenas os recém-chegados, ou seja, as crianças que nascem, colocam um problema: elas estão lá. Ora, qualquer sistema que trate a individuação como uma classificação (e vimos que sempre é o caso) está arriscado a ver sua estrutura posta em questão cada vez que admite um novo membro.

Esse problema comporta dois tipos de solução, entre as quais, aliás, existem formas intermediárias. Se o sistema enfocado consiste em *classes de posições*, será bastante que disponha de uma reserva de posições livres, suficiente para nelas situar as crianças que nascem. Como as posições disponíveis sempre excedem o número da população, a sincronia está a salvo dos caprichos da diacronia, pelo menos teoricamente; é a solução iroquesa. Os yurok viram menos longe; entre eles, as crianças devem ficar na sala de espera. Mas como, todavia, se está seguro de classificá-las ao cabo de alguns anos, elas podem permanecer indistintas temporariamente, esperando receber uma posição numa classe que lhe está garantida pela estrutura do sistema.

Quando o sistema consiste em *classes de relações*, tudo muda. Em vez de um indivíduo desaparecer e de outro substituí-lo numa posição rotulada por meio de um nome próprio que sobrevive a cada um, para que a própria relação se torne termo de classe, é preciso que se apaguem os nomes próprios que colocavam os termos em relação, como outros tantos seres diferentes. As unidades últimas do sistema não são mais classes de apenas um, na qual desfilam, um depois do outro, os ocupantes vivos, mas relações classificadas entre mortos reais ou mesmo virtuais (os pais que se definem como mortos em contraste com a vida que criaram) e vivos reais ou mesmo virtuais (as crianças recém-nascidas, que têm um nome próprio para permitir aos parentes que se definam em relação a eles e até que a morte real de um ascendente lhes permita, por sua vez, definirem-se em relação a este). Nesses sistemas, as classes são, então, formadas por diferentes tipos de relações dinâmicas que unem as entradas e as saídas, enquanto entre os iroqueses e em outras sociedades do mesmo tipo, elas se baseiam num inventário de posições estáticas, que podem estar vagas ou ocupadas.[56]

Portanto a proibição do nome dos mortos não coloca um problema separado para o etnólogo: a morte perde seu nome, pela mesma razão que, entre os penan, o vivo perde o seu penetrando no sistema e assumindo um necrônimo, ou seja, torna-se termo de uma relação da qual o outro termo, já que está morto, só existe na relação que define um vivo em relação a ele; enfim, pela mesma razão que o pai e a mãe também perdem seu nome quando assumem um tecnônimo, resolvendo assim (até a morte de um de seus filhos) a dificuldade que resulta para o sistema da procriação de um membro supranumerário. Este deverá esperar "na porta", na qualidade de pessoa denominada, até que uma saída lhe permita realizar sua entrada, e que dois seres, dos quais um antes estava fora do sistema e o outro logo o estaria, confundam-se em uma das classes de relações de que o sistema é formado.

Algumas sociedades cuidam ciosamente de seus nomes e tornam praticamente impossível que se gastem. Outras os desperdiçam e destroem

---

56. Daí resulta que, diferentemente dos sistemas de posições cuja natureza descontínua é manifesta, os sistemas de relações estão mais situados do lado do contínuo. Um outro uso penan demonstra-o claramente, se bem que Needham (1954), que também o relatou, descarte uma interpretação que nos parece muito verossímil. Entre os membros de uma família restrita, as denominações recíprocas "grande pai" e "pequena criança" substituem os termos habituais e mais próximos, quando um membro do par considerado é atingido pelo luto. Será que a pessoa enlutada não é tida como um pouco deslocada em direção à morte, portanto mais distante do que deveria de seus parentes mais próximos? Devido à morte, as malhas da rede de parentesco tornar-se-iam mais frouxas. A Needham repugna admiti-lo, pois percebe vários problemas onde existe apenas um: a pessoa enlutada não chama mais "pequena criança" a um filho, uma filha, um sobrinho ou sobrinha ou a seu cônjuge, já que o mesmo luto os atinge direta ou indiretamente, mas por via da reciprocidade, simplesmente. Todos os exemplos citados por Needham confirmam isso, salvo o da criança vítima de um pequeno mal (queda, pancada, roubo de alimento por um cão) e à qual se chama, nessa circunstância, pelo necrônimo habitualmente reservado aos que perderam um avô. Mas nossa interpretação inclui também esse caso, pois que a criança está metaforicamente enlutada pelo luto sofrido e, em razão da sua pouca idade, um pequeno atentado a sua integridade atual (queda) ou virtual (perda de comida) basta para empurrá-la, por pouco que seja, em direção à morte.

ao cabo de cada existência individual; desfazem-se deles, então, proibindo-os e fabricam outros nomes no lugar. Mas essas atitudes, aparentemente contraditórias, não fazem mais que exprimir dois aspectos de uma propriedade constante dos sistemas classificatórios: são finitos e indeformáveis. Através de suas regras e hábitos, cada sociedade nada mais faz além de aplicar uma grade rígida e descontínua sobre o fluxo contínuo das gerações ao qual impõe, assim, uma estrutura. Para que uma ou outra atitude prevaleça, basta um pouco de lógica: ou o sistema de nomes próprios forma a mais fina peneira do filtro, com o qual, em consequência, é solidário, ou é deixado fora mas com a função, todavia, de individuar o contínuo e ajeitar, assim, de maneira formal, uma descontinuidade na qual então se vê uma condição prévia para a classificação. Também nos dois casos, os mortos, dos quais a grade se distancia constantemente, perdem seus nomes: quer os vivos os assumam como símbolos de posições que devem sempre ser ocupadas,[57] quer os nomes dos mortos sejam abolidos sob o efeito do mesmo movimento que, no outro extremo da grade, oblitera os nomes dos vivos.

Entre as duas formas, o sistema nominal dos tiwi, ao qual aludimos muitas vezes, ocupa um lugar intermediário. Primeiro, os nomes próprios são meticulosamente reservados a cada portador.

> É impossível que duas pessoas usem o mesmo nome... Se bem que os tiwi atualmente sejam quase em número de 1.100 e que cada indivíduo tenha em média três nomes, um estudo minucioso desses 3.300 nomes não revela dois que sejam idênticos (Hart 1930, p. 281).

Ora, essa proliferação de nomes é ainda acrescida pelo número e pela diversidade das proibições que a eles se referem. Essas proibições aplicam-se

57. No mito fox da origem da morte, diz-se àquele que foi atingido pelo luto: "Agora, eis o que deves fazer; será sempre preciso que vós (tu e o defunto) vos despeçais um do outro (por meio de uma festa de adoção). Então, a alma do defunto partirá para longe, segura e rapidamente. Deverás adotar alguém; deverás nutrir para com ele exatamente os mesmos sentimentos que tinhas em relação a teu parente morto e terás, perante o adotado, exatamente a mesma relação de parentesco. É o único meio pelo qual a alma de teu parente se afasta segura e rapidamente" (Michelson 1925, p. 411). O texto exprime com eloquência que, também neste caso, a vida expulsa a morte.

em duas direções: como indicamos, citando um exemplo,[58] elas atingem primeiro todas as palavras de uso corrente que se parecem foneticamente com o nome do defunto e também, além destes, todos os nomes que o próprio defunto tinha dado a outras pessoas, sejam estas seus filhos ou de outros. A criança que só tivesse um nome, recebido de seu pai, tornar-se-ia sem nome se este morresse e permaneceria nesse estado até que um outro nome lhe viesse de outra parte (*l.c.*, p. 282). Com efeito, cada vez que uma mulher torna a se casar, seu marido atribui novos nomes não apenas aos filhos de seu predecessor mas a todos os que sua mulher tenha gerado ao longo da vida, qualquer que tenha sido o pai. Como os tiwi praticam a poligamia, principalmente em benefício dos velhos, homem nunca pode esperar se casar antes dos 35 anos, e as mulheres passam de marido em marido, devido à diferença de idade entre os cônjuges, o que torna muito provável que os maridos morram antes de suas mulheres. Ninguém pode, portanto, jactar-se de um e definitivo antes da morte de sua mãe (*id.*, p. 283).

Um sistema tão estranho ficaria incompreensível se uma hipótese não sugerisse sua explicação: relações e posições estão aí postas em pé de igualdade. Assim, toda supressão da relação acarreta a dos nomes próprios que eram função desta, social (nomes conferidos pelo defunto) ou linguisticamente (palavras que se assemelham ao nome do defunto). E toda criação de nova relação desencadeia um processo de redenominação no domínio da relação.

* * *

Alguns etnólogos abordaram o problema dos nomes próprios do ângulo dos termos de parentesco:

> Do ponto de vista lógico, podem-se situar os termos de parentesco entre os nomes próprios e os pronomes. Seu lugar é intermediário, e eles mereceriam ser chamados de pronomes individualizados ou nomes pessoais generalizados (Thurnwald 1916, p. 357).

Mas, se essa transição é igualmente possível, é que, na perspectiva da etnologia, os nomes próprios sempre aparecem como termos generalizados

---

58. Pp. 206-207.

ou como vocação generalizante. Nesse sentido, não diferem fundamentalmente dos nomes de espécies, como o comprova a tendência da linguagem popular a atribuir nomes humanos às aves, conforme as espécies. Em francês, o pardal é Pierrot; o papagaio, Jacquot; a pega, Margot; o tentilhão, Guillaume; o troglodita, Bertrand ou Robert; a galinhola, Gérardine; a coruja fuscalva, Claude; o bufo, Hubert; o corvo, Colas; o cisne, Godard... Esse último nome também se referiria a uma condição socialmente significativa, pois, no século XVII, era atribuído aos maridos cujas mulheres estivessem em trabalho de parto (Witkowski 1887, pp. 501-502).[59]

Será que os nomes das espécies possuem, por sua vez, algumas características dos nomes próprios? Seguindo Bröndal,[60] Gardiner admite-o para as locuções da zoologia e da botânica científicas:

> O nome *Brassica rapa* evoca facilmente a imagem do botânico, classificando espécimes que se parecem muito aos olhos do leigo e que a um deles dá o nome da *Brassica rapa*, exatamente como os pais dão nome ao bebê. Nada disso nos acorre ao espírito a respeito da palavra *rave* e, entretanto, *Brassica rapa* nada mais é que o nome científico da couve-nabo comum. Pode-se encontrar uma razão suplementar para considerar *Brassica rapa* um nome próprio ou, pelo menos, para considerá-lo um nome mais próprio que *nabo*, no fato de que não se diz "isto é uma Brassica rapa", ou "estes são Brassicas rapas", se bem que se possa dizer "estes são belos espécimes de Brassica rapa". Assim falando, referimo-nos ao nome de qualquer exemplar individual do tipo, ao passo que, quando falamos de um certo vegetal como um *nabo*, referimo-nos

59. É muito significativo que mesmo uma série tão restrita e tão simples compreenda termos provenientes de níveis lógicos diferentes. "Pierrot" pode ser indicador de classe, pois é permtido dizer "Há três 'pierrôs' na sacada". Mas "Godard" é um termo de chamamento. Como o escreveu excelentemente o redator do verbete referente a essa palavra, no *Dictionnaire de Trévoux* (ed. de 1732): "Godard é o nome dado aos cisnes. Diz-se, quando os chamamos, quando se quer fazê-los vir: *Godard*, *Godard*, vem *Godard*, vem. Toma, *Godard*". Jacquot e talvez Margot parecem ter um papel intermediário. Sobre os nomes próprios dados às aves, cf. Rolland, *Faune*, t. II.

60. Do ponto de vista da eternidade, as espécies específicas de plantas e de animais e os corpos simples são *única* da mesma natureza que, por exemplo, Sirius ou Napoleão" (Bröndal 1928, p. 230).

> à semelhança com outros seres vegetais da mesma espécie. A diferença de comportamento lingüístico fica reduzida a uma simples nuança, mas ela é real. Num dos casos, o som da palavra, que habitualmente descrevemos como "o próprio nome", sobressai mais do que no outro caso (Gardiner 1954, p. 52).

Essa interpretação ilustra a tese central do autor, para quem "os nomes próprios são marcas de identificação reconhecíveis, não pelo intelecto mas pela sensibilidade" (*l.c.*, p. 41). Ora, nós mesmos baseamos a assimilação dos termos botânicos e zoológicos aos nomes próprios, mostrando que, em grande número de sociedades, os nomes próprios são formados da mesma maneira pela qual as ciências naturais formam os nomes das espécies. O resultado disso é que se pode tirar uma conclusão diametralmente oposta à de Gardiner: os nomes próprios parecem-nos próximos dos nomes de espécies, sobretudo nos casos em que desempenham claramente o papel de indicadores de classe, portanto quando pertencem a um sistema significante. Ao contrário, Gardiner pretende explicar a mesma analogia pelo caráter não significante dos termos científicos, que ele reduz, como os nomes próprios, a simples sonoridades distintivas. Se ele tivesse razão, chegar-se-ia a um estranho paradoxo: para o leigo que ignora latim e botânica, *Brassica rapa* (Figura 10) se reduz a uma sonoridade distintiva, mas ele não sabe de quê; na ausência de qualquer informação exterior, ele não poderia então perceber essa locução

Figura 10 – *Brassica rapa* (segundo Ed. Lambert, *Tratado prático de botânica*, Paris, 1883).

como nome próprio mas somente como palavra de sentido desconhecido senão *flatus vocis.* Aliás, é o que ocorre em certas tribos australianas, onde as espécies totêmicas recebem nomes retirados da linguagem sagrada que não despertam nenhuma associação de ordem animal ou vegetal no espírito dos não iniciados. Se, portanto, *Brassica rapa* apresenta caráter de nome próprio, isso pode ocorrer somente para o botânico, que é, também, o único a dizer: "Eis aqui belos espécimes *Brassica rapa*". Ora, para o botânico, trata-se de outra coisa mais além de uma sonoridade distintiva, pois ele conhece o sentido das latinas e as regras da taxionomia ao mesmo tempo.

A interpretação de Gardiner assim se veria limitada, no caso do semileigo que reconhecesse em *Brassica rapa* um nome de espécie botânica sem saber de que planta se tratava. É o mesmo que ir de encontro, a despeito das negativas do autor (1921, p. 51), à ideia bizarra de Vendryes (1921, p. 222), para quem um nome de ave torna-se um nome próprio quando se é incapaz de discernir a espécie à qual pertence a ave. Mas tudo o que dissemos até agora sugere que a conexão entre o nome próprio e o nome da espécie não seja contingente. Ela se prende ao fato de que uma locução do tipo *Brassica rapa* está duplamente "fora do discurso", pois provém da linguagem científica e é formada de palavras latinas. Portanto entra com dificuldade na cadeia sintagmática; sua natureza paradigmática sobressai, assim, no primeiro plano. Da mesma forma, é em razão do papel paradigmático assumido pelos nomes próprios num sistema de signos exterior ao sistema da língua que sua inserção na cadeia sintagmática interrompe perceptivelmente a continuidade desta: em francês, pela ausência do artigo que os precede e pelo emprego de uma maiúscula para transcrevê-los.

Os índios navajos parecem ter formado uma noção bastante clara dos problemas que acabamos de discutir. Um de seus mitos afasta, de antemão, a interpretação de Gardiner:

> Um dia, Camundongo encontrou Urso e lhe perguntou se seu nome não era Cac. Urso encolerizou-se e quis bater em Camundongo, que se escondeu atrás de suas costas e aproveitou para incendiar seu pêlo. Incapaz de apagar o fogo, Urso prometeu a Camundongo ensinar-lhe quatro sortilégios se ele o socorresse. Desde então, basta munir-se de alguns pêlos de camundongo para não ter mais nada a temer do urso (Haile-Wheelwright 1949, p. 46).

Prancha 5

CARICATURES.
Mᵉ LA BICHE
M. MOUTON
Mˡˡᵉ RATANNE
Mˡˡᵉ FIN-BEC
M. ASINUS
Mˡˡᵉ BELLOTE
M. REQUIN
M. LA TROMPE
M. VAUTOUR
Mˡˡᵉ MINETTE
M. L'IVROGNE
M. RATON
M. MAGOT
Mᵉ BONTÉ
M. ZEBRÉ
M. LEVRAUT

Prancha 6

Prancha 7

Prancha 8

O mito assinala jocosamente a diferença entre nome de espécie e sonoridade distintiva. Para os navajos, uma das razões dessa diferença se refere a que o nome específico, ao menos em parte, é um nome próprio. Na narrativa que acabamos de ler, Camundongo ofende Urso porque o interpela incorretamente e empregando uma palavra burlesca. Ora, os termos botânicos dos navajos (seu vocabulário zoológico foi menos estudado) consistem geralmente num trinômio cujo primeiro elemento é o nome verdadeiro, o segundo descreve a utilização, e o terceiro, o aspecto. A maioria das pessoas, parece, conhece apenas o termo descritivo. Quanto ao "nome verdadeiro", é um termo de chamar que os sacerdotes usam para falar com a planta: um nome próprio, por conseguinte, que é essencial conhecer bem e pronunciar corretamente (Wyman e Harris 1941; Leighton 1949).

Nós não usamos a nomenclatura científica para entabular um diálogo com as plantas e os animais. Entretanto, damos de bom grado, aos animais, e tomamos de empréstimo às plantas certos nomes que servem como termos para chamar entre humanos: nossas filhas, às vezes, são chamadas de Rosa ou Violeta e, reciprocamente, admite-se que várias espécies de animais partilhem com homens ou mulheres os prenomes que usam habitualmente. Mas por que, como já notamos, esse liberalismo favorece sobretudo as aves? Pela estrutura anatômica, pela fisiologia e pelo gênero de vida, elas estão situadas mais longe dos homens que os cães, aos quais não damos prenomes humanos sem provocar um sentimento de mal-estar ou mesmo um leve escândalo. Parece-nos que a explicação já está contida nesta observação.

Se, mais facilmente que outras classes zoológicas, as aves recebem prenomes humanos conforme a espécie à qual pertencem, é porque se podem permitir assemelharem-se aos homens, na medida em que, precisamente, deles diferem. As aves são cobertas de penas, são ovíparas e, também fisicamente, separam-se da sociedade humana pelo elemento no qual têm o privilégio de se moverem. Por isso, formam uma comunidade independente da nossa, mas que, em razão dessa independência, aparece-nos como uma outra sociedade, homóloga àquela em que vivemos: a ave é apaixonada pela liberdade, ela constrói para si uma morada onde vive em família e alimenta seus filhotes, muitas vezes mantém relações sociais com os outros membros de uma espécie e se comunica com eles por meios acústicos que evocam uma linguagem articulada.

Por conseguinte, todas as condições estão objetivamente reunidas para que concebamos o mundo das aves como uma sociedade humana metafórica; aliás, ela não lhe é literalmente paralela, num outro nível? A mitologia e o folclore atestam, por numerosos exemplos, a frequência desse modo de representação; tal como a comparação, já citada, feita pelos índios chickasaw, entre a sociedade das aves e uma comunidade humana.[61]

Ora, essa relação metafórica imaginada entre a sociedade das aves e a sociedade dos homens é acompanhada de um procedimento de denominação de ordem metonímica (não nos acreditamos atados, neste trabalho, pelas sutilezas dos gramáticos, e a sinédoque – espécie de metonímia, diz Littré – não será por nós tratada como um tropo distinto): quando as espécies de aves são batizadas como Pierrot, Margot ou Jacquot, esses nomes de batismo são retirados de um lote que é apanágio dos seres humanos, e a relação dos prenomes de aves com os prenomes humanos é, portanto, a da parte com o todo.

A situação é simétrica e inversa para os cães. Estes não apenas formam uma sociedade independente mas, como animais "domésticos", fazem parte da sociedade humana, aí ocupando um lugar tão humilde que nós não sonharíamos, seguindo o exemplo de alguns australianos e ameríndios, chamá-los como humanos, quer se tratassem de nomes próprios ou de termos de parentesco.[62] Muito ao contrário, destinamos-lhes uma série especial: Azor, Médor, Sultão, Fido, Diana (este último, sem dúvida

61. Cf. anteriormente, p. 143. Nossa interpretação é confirmada *a contrário* pelo caso dos animais que recebem igualmente prenomes humanos, se bem que não sejam aves: Jean Lapin (coelho), Robim Mouton (carneiro), Berd (ou Martin) l'Ane (asno), Pierre (ou Alain) le Renard (raposa), Martin l'Ours (urso) etc. (Sébillot 1906, vol. II, p. 97; vol. III, pp. 19-20). Com efeito, esses animais não constituem uma série natural: uns são domésticos, outros selvagens: uns são herbívoros, outros carnívoros; uns amados (ou desprezados), outros temidos... Trata-se, portanto, de um sistema artificial, formado com base em oposições características entre temperamentos e gêneros de vida e que tendem a reconstituir metaforicamente, no interior do reino animal, um modelo em miniatura da sociedade humana: procedimento do qual o *Roman de Renart* oferece uma ilustração característica.

62. Cf. anteriormente, pp. 196-197; e, menos ainda, como fazem os dayak, nomear os humanos à maneira deles: pai (ou mãe) deste ou daquele cão... (Geddes 1954).

prenome humano mas primeiro conhecido como mitológico) etc., que são quase todos nomes de teatro formando uma série paralela em relação àqueles que usamos na vida corrente, vale dizer, nomes metafóricos. Consequentemente, quando a relação entre as espécies (a humana e a animal) é socialmente concebida como metafórica, a relação entre os respectivos sistemas de denominação assume o caráter metonímico e, quando a relação entre as espécies é concebida como metonímica, os sistemas de denominação assumem um caráter metafórico.

Eis agora um outro caso: o do gado, cuja posição social é metonímica (ele faz parte de nosso sistema tecnoeconômico), mas diferente da dos cães, no fato de que o gado é mais abertamente tratado como objeto, o cão como sujeito (o que sugerem o nome coletivo pelo qual designamos o primeiro, por um lado, e o tabu alimentar imposto ao consumo do cão, em nossa cultura, por outro; a situação é diferente entre os pastores africanos que tratam o gado como tratamos os cães). Ora, os nomes que damos ao gado são retirados de uma série diferente da das aves ou dos cães; são geralmente termos descritivos, que evocam a cor da pelagem, o tamanho, o temperamento: Indômito, Baio, Branquinha, Mimosa etc., cf. Lévi-Strauss 1955, p. 280). Esses nomes muitas vezes têm um caráter metafórico mas diferem dos nomes dados aos cães no fato de que são epítetos provenientes da cadeia sintagmática, ao passo que os segundos provêm de uma série paradigmática; portanto, uns dependem mais da fala, e os outros mais da língua.

Consideremos, enfim, os nomes dados aos cavalos. Não os cavalos comuns, que, conforme a classe e a profissão do proprietário, podem se situar numa distância mais ou menos próxima do gado ou dos cães e cujo lugar se torna ainda mais incerto devido às rápidas transformações técnicas que marcaram nossa época, mas os cavalos de corrida, cuja posição sociológica está nitidamente determinada em relação aos casos já examinados. Primeiro, como qualificar essa posição? Não se pode dizer que os cavalos de corrida formam uma sociedade independente, à maneira das aves, pois que são um produto da indústria humana e nascem e vivem justapostos em haras concebidos em sua intenção, como indivíduos isolados. Eles não fazem mais parte da sociedade humana, a título seja de sujeitos, seja de objetos; eles são mais a condição dessocializada da existência de uma sociedade particular: a que vive dos hipódromos ou que os frequenta. A essas diferenças corresponde uma outra, no sistema de denominação, se bem que a comparação mereça aqui duas reservas: os nomes dados aos cavalos de corrida são escolhidos segundo a aplicação de regras particulares, diferentes para os puros-sangues e os meios-sangues; eles atestam um ecletismo que está mais ligado à literatura erudita que á tradição oral. Dito isto, não há dúvida de que os nomes de cavalos de corrida contrastam de maneira significativa com os de aves, cães ou gado. Eles são rigorosamente individualizados, pois exclui-se, como entre os tiwi, que dois indivíduos usem o mesmo nome; e, se bem que eles compartilhem os nomes dados ao gado numa formação levantada na cadeia sintagmática; Oceano, Azimuth, Ópera, Bela-da-Noite, Telégrafo, Lucíola, Orviétan, Week-End, Lápis-Lazúli etc., distinguem-se deles pela ausência de conotação descritiva: sua criação é absolutamente livre, porquanto respeita a exigência de uma individuação sem ambiguidade e as regras particulares às quais aludimos. Por conseguinte, enquanto o gado recebe nomes descritivos formados a partir do discurso, os cavalos de corrida recebem como nomes palavras do discurso que não os descrevem ou que raramente o fazem. Se os nomes do primeiro tipo assemelham-se a sobrenomes, os outros merecem ser chamados de subnomes, pois é nesse segundo domínio que reina a mais acentuada arbitrariedade.

Resumindo: aves e cães são pertinentes em relação à sociedade humana, seja porque a evocam, por sua própria vida social (que os homens concebem como uma imitação da sua), seja porque, sem vida social própria, eles fazem parte da nossa.

Como os cães, o gado faz parte da sociedade humana, mas dela faz parte – se assim se pode dizer – a-socialmente, pois está situado no limite do objeto. Enfim, os cavalos de corrida, como as aves, formam uma série disjuntiva em relação à comunidade humana, mas, como o gado, desprovida de sociabilidade intrínseca.

Portanto, se as aves são *humanos metafóricos* e os cães *humanos metonímicos*, o gado é um *inumano metonímico* e os cavalos de corrida são *inumanos metafóricos:* o gado só é contíguo por falta de semelhança, os cavalos de corrida semelhantes por falta de contiguidade. Cada uma dessas categorias oferece a imagem "em vazio" de uma das duas outras categorias, que estão, elas próprias, numa relação de simetria invertida.

No plano das denominações, encontra-se o equivalente linguístico desse sistema de diferenças psicossociológicas. Os nomes de aves e de cães provêm do sistema da língua. Mas, mesmo oferecendo o mesmo caráter paradigmático, eles diferem, pois que os primeiros são prenomes reais, e os segundos, prenomes de convenção. Os nomes de pássaros são extraídos do lote dos prenomes humanos comuns, dos quais constituem uma parte; ao passo que os nomes de cães reproduzem virtualmente, em sua totalidade, um lote de nomes que se assemelham, do ponto de vista formal, aos prenomes humanos, se bem que raramente sejam usados por humanos comuns.

Os nomes de gado e de cavalos provêm mais da fala, pois que ambos são retirados da cadeia sintagmática. Mas os nomes de gado permanecem mais próximos dela, pois, como termos descritivos, são apenas nomes próprios. Chama-se Mimosa à vaca da qual habitualmente se diz "que é mimosa". Os nomes dados ao gado permanecem pois como testemunhas de um discurso passado e podem a qualquer momento retomar sua função de epíteto no discurso: mesmo quando se fala ao gado, seu caráter de objeto jamais lhe permite ser senão *aquilo de que se fala.* Os nomes dos cavalos de corrida estão "em discurso" de uma outra maneira: não "ainda no discurso" mas "feitos com discurso". Para encontrar nomes para os cavalos é preciso desintegrar a cadeia sintagmática e transformar suas unidades discretas em nomes próprios que não poderão figurar de outra forma no discurso, a menos que o contexto crie ambiguidade. A diferença provém de que o gado está colocado na parte inumana da sociedade humana, enquanto os cavalos de corrida (que objetivamente provêm da mesma categoria) oferecem primeiro a imagem de uma antissociedade a uma sociedade restrita que só existe para eles. De todos os sistemas de denominação, o que lhes é aplicado é o mais francamente inumano, como é também a mais bárbara a técnica de demolição linguística posta em execução para construí-lo.

No final das contas, chega-se a um sistema de três dimensões:

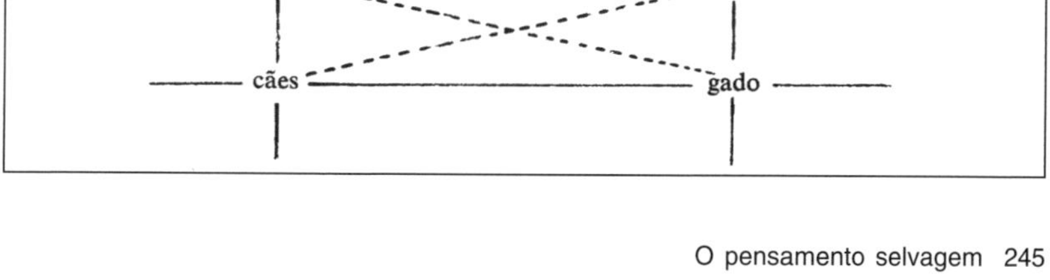

No plano horizontal, a linha superior corresponde à relação metafórica, positiva ou negativa, entre as sociedades humana e animal (aves) ou entre a sociedade dos homens e a antissociedade dos cavalos; a linha inferior, à relação metonímica entre a sociedade dos homens, de um lado, e a dos cães e do gado, de outro, que são membros da primeira a título de sujeitos ou de objetos.

No plano vertical, a coluna da esquerda associa os pássaros e os cães, que estão ligados à vida social por uma relação metafórica ou metonímica. A coluna da direita associa os cavalos e o gado, que não têm relação com a vida social, se bem que o gado dela faça parte (metonímia) e os cavalos de corrida tenham com ela uma semelhança negativa (metáfora).

Enfim, é preciso acrescentar dois eixos oblíquos, pois que os nomes dados a aves e a gado são formados por levantamento metonímico (a partir de um conjunto paradigmático ou de uma cadeira sintagmática), ao passo que os nomes dados a cães e a cavalos são formados por reprodução metafórica (de um conjunto paradigmático de uma cadeia sintagmática). Estamos tratando, então, de um sistema coerente.

* * *

O interesse que esses usos apresentam a nossos olhos não está unicamente ligado às relações sistemáticas que os unem.[63] Embora tomados de empréstimo a nossa civilização, onde ocupam um lugar modesto, eles nos colocam no mesmo pé com usos diferentes, aos quais as sociedades que os respeitam atribuem extrema importância. A atenção que prestamos a certas feições de nossos costumes, que muitos julgarão fúteis, justifica-se, então, sob dois aspectos: primeiro, esperamos formar, por esse meio, uma ideia mais geral e mais clara da natureza dos nomes próprios; em seguida e sobretudo, somos levados a nos interrogar sobre os motivos secretos da curiosidade etnográfica, a fascinação que sobre nós exercem os costumes

63. Este livro já estava terminado quando M.M. Houis chamou obrigatoriamente nossa atenção para o trabalho de V. Larock. Embora não o tenhamos utilizado, pois se situa numa perspectiva bastante diversa da nossa, parecer-nos-ia injusto não render homenagem, mencionando-a, a essa primeira tentativa de interpretação dos nomes das pessoas de um ponto de vista etnográfico.

aparentemente muito distantes de nós, o sentimento contraditório de presença e estranheza com que nos afetam não dizem respeito ao fato de que esses costumes estão bem mais próximos do que parece dos nossos usos, de que apresentam uma imagem enigmática e que pede para ser decifrada? É, em todo caso, o que confirma uma comparação dos fatos que acabam de ser analisados com certos aspectos do sistema nominal dos tiwi, que deixáramos provisoriamente de lado.

Lembramo-nos de que os tiwi consomem nomes próprios desenfreadamente; primeiro, porque cada indivíduo tem vários nomes: depois, porque todos esses nomes devem ser diferentes; em terceiro lugar, porque cada novo casamento (e vimos que são frequentes) implica que todas as crianças já geradas por uma mulher recebam nomes novos; e, enfim, porque a morte de um indivíduo impõe a proibição, não apenas aos nomes que ele usa mas também a todos os que pôde ser levado a atribuir[64] ao longo de sua existência. Em tais condições, como conseguem os tiwi fabricar novos nomes sem cessar?

É preciso distinguir vários casos. Um nome próprio pode ser recolocado em circulação pelo filho do morto, se ele decide assumi-lo após o período durante o qual seu uso estava proibido. Muitos nomes são assim deixados de reserva, constituindo uma espécie de economia onomástica da qual é lícito servir-se. Todavia, e se se supõem constantes as taxas de natalidade e de mortalidade, pode-se prever que, em razão da prolongada duração do tabu, a reserva diminuirá regularmente, a menos que um brusco desequilíbrio demográfico exerça uma ação compensadora. O sistema deve dispor, portanto, de outros procedimentos.

Com efeito, existem vários deles, dos quais o principal resulta da extensão aos nomes comuns da proibição atinente aos nomes próprios, quando se observa uma semelhança fonética entre eles. Entretanto, esses nomes comuns desvalorizados pelo uso corrente não são totalmente destruídos, passam para a língua sagrada, reservada ao ritual, em que perdem progressivamente a significação, sendo a língua sagrada, por definição, ininteligível aos não iniciados e parcialmente liberta de função significante

64. Cf. anteriormente, pp. 232-233.

para os próprios não iniciados. Ora, as palavras sagradas cujo sentido se perdeu podem servir para forjar nomes próprios pela adição de um sufixo. É assim que a palavra *matirandjingli*, da linguagem sagrada e cujo sentido é obscuro, torna-se o nome próprio *Materandjingimirli*. O procedimento é sistematicamente regado e se pôde escrever que a linguagem sagrada é feita sobretudo de palavras tornadas tabu, *pukimani*, em razão da contaminação (Hart 1932).

Esses fatos são importantes de dois pontos de vista. Primeiro, é claro que esse sistema complicado é perfeitamente coerente: os nomes próprios contaminam os nomes comuns; estes, expulsos da linguagem comum, passam para a língua sagrada, a qual permite formar, em troca, nomes próprios. Esse movimento cíclico se mantém, se se pode dizê-lo, por uma dupla pulsação: os nomes próprios, primitivamente desprovidos de sentido, ganham-no, aderindo aos nomes comuns, e estes o perdem passando para a língua sagrada, o que lhes permite tornarem-se novamente nomes próprios. Portanto o sistema funciona por bombeamento alternado da carga semântica, dos nomes comuns aos nomes próprios e da língua profana à língua sagrada. No fim das contas, a energia gasta provém da linguagem comum, que fabrica palavras novas para as necessidades da comunicação à medida que lhe são retiradas as palavras antigas. O exemplo demonstra admiravelmente o caráter secundário das interpretações aventadas para explicar a proibição do nome dos mortos, seja pelos etnólogos, seja pelos indígenas. Não é o medo de fantasmas que fez nascer um sistema tão bem ajustado. Foi antes aquele que veio enxertar-se neste.

Isso parecerá ainda mais certo se se observar que o sistema tiwi apresenta surpreendentes analogias, no plano humano, com o que evidenciamos, em nossa própria sociedade, analisando as diversas maneiras de nomear os animais e no qual, é necessário dizer, o medo dos mortos não intervém de maneira nenhuma. Também entre os tiwi, o sistema repousa em uma espécie de arbitragem, exercida através dos nomes próprios, entre uma cadeia sintagmática (a da linguagem comum) e um conjunto paradigmático (a língua sagrada, de que é o caráter essencial, já que as palavras, perdendo sua significação, tornam-se aí progressivamente inaptas para formar uma cadeia sintagmática). Ademais, os nomes próprios estão metaforicamente ligados aos nomes comuns pelo efeito de uma semelhança fonética positiva, ao passo que os nomes sagrados estão metonimicamente ligados aos nomes próprios (a título de meios ou fins) pelo efeito de uma semelhança negativa, baseada na ausência ou na pobreza do conteúdo semântico.

Mesmo se o definimos, no nível mais geral, como consistindo em uma troca de palavras entre a língua profana e a língua sagrada, por intermédio dos nomes próprios, o sistema tiwi esclarece fenômenos que somente aspectos menores de nossa cultura nos tinham permitido abordar. Compreendemos melhor que termos de uma língua duplamente "sagrada", porque latina e científica, tal como *Brassica rapa*, possam ter caráter de nomes próprios; não porque, como queria Gardiner e como Hart parecia prestes a admitir, eles são privados de significação mas porque, a despeito das aparências, fazem parte de um sistema global em que a significação nunca está inteiramente perdida: senão, a língua sagrada dos tiwi não seria uma língua, mas um conglomerado de gestos orais. Ora, não se pode colocar em dúvida que uma língua sagrada, mesmo obscura, conserva uma vocação significante. Voltaremos a esse aspecto do problema.

No momento, precisamos destacar um outro tipo de língua "sagrada" que usamos, à maneira dos tiwi, para introduzir nomes próprios na língua comum, com o risco de transformar em nomes próprios os nomes comuns provenientes do domínio apropriado. Assim, como já assinalamos, tomamos às flores seus nomes, com os quais fazemos nomes próprios para nossas filhas, mas não paramos aí, pois a imaginação dos horticultores dota as flores recentemente criadas com nomes próprios que são tomados aos seres humanos. Ora, essa contradança apresenta notáveis particularidades: os nomes que tiramos às flores e que nos damos (principalmente às pessoas do sexo feminino) são nomes comuns que pertencem à língua usual (em rigor, uma mulher pode se chamar Rosa mas não certamente *Rosa centifolia*), mas os que lhes damos provêm de uma língua "sagrada", pois que o patronímico ou o prenome é acompanhado de um título que lhe confere uma misteriosa dignidade. Habitualmente não se nomeia uma nova flor como "Elizabeth", "Doumer" ou "Brigitte", mas como "Queen-Elizabeth", "President-Paul-Doumer", "Madame-Brigitte-Bardot".[65] Ademais,

65. Essa tendência já é aparente na tradição popular que, quando atribui a certas flores prenomes humanos, geralmente os insere numa locução: "Beau Nicolas" para o

não se leva em conta o sexo do portador (no caso, o gênero gramatical do nome da flor) para nomeá-lo: *uma* rosa, *um* gladíolo podem receber indiferentemente um nome de mulher ou de homem, o que evoca uma das regras de atribuição do nome "umbilical" entre os wik munkan.[66]

Ora, esses usos provêm, manifestamente, do mesmo grupo que todos os enfocados por nós, provenham também de nossa cultura ou da dos insulares australianos; com efeito, percebe-se aí a mesma equivalência entre relação metonímica e relação metafórica que, desde o inicio, pareceu-nos desempenhar entre eles o papel de denominador comum. Os nomes que tomamos às flores para deles fazer nomes próprios têm valor de metáfora: bela como a rosa, modesta como a violeta etc. Mas os nomes tirados de línguas "sagradas" que lhes damos em troca têm valor de metonímia, e isso de duas maneiras: *Brassica rapa* retira à *couve-nabo* sua suficiência para dele fazer uma espécie de um gênero, a parte de um todo. O nome Imperatriz Eugênia dado a uma nova variedade de flor opera uma transformação simétrica e inversa, desde que se faz sentir no nível do significante ao invés de no do significado: desta vez, a flor é qualificada *por meio* da parte de um todo: não é qualquer Eugênia mas uma Eugênia específica; não Eugênia de Montijo antes de seu casamento mas depois; não um indivíduo biológico mas uma pessoa num papel social determinado etc.[67]

Um tipo de nome "sagrado" é, portanto, "metonimizante", o outro é "metonimizado", e essa oposição vale para os casos já examinados. Lembramo-nos de que, se os humanos assumem nomes de flores, dão alguns dos seus às aves; esses nomes também são "metonimizantes", pois

---

narciso, "Marie Cancale" para a rosa-dos-trigos ou axênus, "Joseph Foireux" para a primavera etc. (Rolland, *Flore*, t. II). Em inglês, também os nomes de flor: "Jack in the Pulpit", "Jack behind the Garden Gate" etc.

66. Cf. anteriormente p. 214.

67. Notar-se-á a inversão do ciclo em relação ao sistema tiwi. Entre nós, o ciclo vai da linguagem comum ao nome próprio, do nome próprio à língua "sagrada", para finalmente voltar à linguagem comum. Essa linguagem fornece o nome comum "rosa", que se torna primeiro "Rosa", prenome feminino, depois volta à linguagem comum por intermédio da língua sagrada, sob a forma "Princesa Margaret-Rose", denominando uma variedade de rosa que (se a flor obtiver sucesso) depressa será nome comum.

no mais das vezes consistem em diminutivos tirados da língua popular e que tratam a comunidade das aves (ao contrário da das flores) como equivalente em sua totalidade a um subgrupo humilde e ingênuo da sociedade humana. Do mesmo modo, dir-se-ia de bom grado que os nomes metafóricos dados aos cães e ao gado situam o papel do tropo no nível do significante e do significado, respectivamente.

Portanto, por mais sistemático que pareça o conjunto de procedimentos de denominação que passamos em revista, ele coloca um problema: esses procedimentos equivalentes, ligados uns aos outros por relações de transformação, operam em níveis de generalidade diferentes. Os prenomes humanos dados às aves aplicam-se a qualquer membro individual de uma espécie determinada – toda pega chama-se Margot. Mas os nomes dados às flores – Queen-Elizabeth, Imperatriz-Eugênia etc. – recobrem somente a variedade ou a subvariedade. Ainda mais restrito é o campo de aplicação dos nomes dados a cães e a gado; na intenção do proprietário do animal, eles denotam um único indivíduo, se bem que, na verdade, cada nome possa ser usado por vários: não há só um cão chamado Médor. Apenas os nomes dos cavalos de corrida e de outros animais de raça são absolutamente individualizados: durante os 26 anos do ciclo alfabético, nenhum outro cavalo de trote além daquele assim batizado foi, é ou será chamado Orviétan III.

Porém, em nosso ver, a prova mais clara que se poderia desejar é que, fazendo os nomes próprios e os nomes de espécie parte do mesmo grupo, não existe nenhuma diferença fundamental entre os dois tipos. Mais precisamente, a razão da diferença não está em sua natureza linguística mas na maneira pela qual cada cultura recorta o real e nos limites variáveis que determina, em função dos problemas que coloca (e que podem diferir para cada sociedade particular, no interior do grupo social) ao trabalho de classificação.É, portanto, em virtude de uma determinada extrínseca que um certo nível de classificação requer denominações que podem ser, conforme o caso, nomes comuns ou nomes próprios. Mas, por isso, não perfilhamos a tese durkheimiana da origem social do pensamento lógico. Se bem que exista indubitavelmente uma relação dialética entre a estrutura social e o sistema das categorias, o segundo não é um efeito ou um resultado do primeiro: um e outro traduzem, ao preço de laboriosos ajustamentos recíprocos, certas modalidades históricas e locais das relações entre o homem e o mundo que formam seu substrato comum.

Essas especificações eram indispensáveis para nos permitir assinalar, sem risco de mal-entendidos, o caráter ao mesmo tempo sociológico e relativo atinente tanto à noção de espécie quanto à de indivíduo. Considerados do ângulo biológico, homens oriundos de uma mesma raça (supondo-se que este termo tenha um sentido exato) são comparáveis às flores individuais que brotam, desenvolvem-se e fenecem na mesma árvore: são outros tantos espécimes de uma variedade ou de uma subvariedade; da mesma forma, todos os membros da espécie *Homo sapiens* são logicamente comparáveis aos membros de uma espécie animal ou vegetal qualquer. Entretanto, a vida social opera uma estranha transformação nesse sistema, pois incita cada indivíduo biológico a desenvolver uma personalidade, noção que não evoca mais o espécime dentro da variedade mas antes um tipo de variedade ou de espécie que provavelmente não existe na natureza (embora o meio tropical tenda, às vezes, a esboçá-lo) e que se poderia chamar "monoindividual". Quando uma personalidade morre, o que desaparece consiste numa síntese de ideias e de comportamentos tão exclusiva e insubstituível quanto a operada por uma espécie floral a partir de corpos químicos simples usados por todas as espécies. A perda de um parente ou de uma personagem pública – homem político, escritor ou artista – quando nos atinge o faz, portanto, da mesma maneira com que sentiríamos a irreparável privação de um perfume, se a *Rosa centifolia* fenecesse. Desse ponto de vista, não seria falso dizer que certas formas de classificação arbitrariamente isoladas sob o rótulo do totemismo conhecem um uso universal: entre nós, esse totemismo apenas se humanizou. Tudo se passa como se, em nossa civilização, cada indivíduo tivesse como totem sua própria personalidade: ela é o significante do seu ser significado.

Enquanto provenientes de um conjunto paradigmático os nomes próprios formam, então, a franja de um sistema geral de classificação:[68]

---

68. Mesmo Vercingetórix que, para Gardiner, é um perfeito exemplo de nome "encarnado". Sem levantar hipóteses sobre o lugar de Vercingetórix no sistema nominal dos gauleses, é claro que, para nós, ele designa o guerreiro dos tempos antigos que desfruta um nome exclusivo e de consonância original que não é Átila, nem

eles são, ao mesmo tempo, seu limite e prolongamento. Quando entram em cena, a cortina se ergue para o último ato da representação lógica. Mas a extensão da peça e o número de atos são fatos de civilização, não de língua. O caráter mais ou menos "próprio" dos nomes não é determinável de maneira intrínseca nem por sua comparação com as outras palavras da linguagem; ele depende do momento em que cada sociedade declara terminada sua obra de classificação. Dizer que uma palavra é percebida como nome próprio é dizer que ela está situada num nível além do qual não se requer nenhuma classificação, não absolutamente mas no seio de um sistema cultural determinado. O nome próprio sempre permanece do lado da classificação.

Por conseguinte, em cada sistema, os nomes próprios representam *quanta de significação*, abaixo dos quais nada se faz, além de mostrar. Atingimos assim na raiz o erro paralelo cometido por Peirce e por Russell, o primeiro definindo o nome próprio como um "índex", o segundo acreditando descobrir o modelo lógico do nome próprio no pronome demonstrativo. É admitir, com efeito, que o ato de nomear está situado num contínuo no qual insensivelmente se efetuaria a passagem do ato de significar ao de mostrar. Ao contrário, esperamos ter estabelecido que essa passagem é descontínua, embora cada cultura fixe de forma diferente seus limiares. As ciências naturais situam seu limiar no nível da espécie, da variedade ou da subvariedade, conforme o caso. Portanto, serão termos de generalidade diferente que elas perceberão como nome próprio a cada vez. Mas o perito – e às vezes o sábio – indígena, que também pratica esses modos de classificação, através da mesma operação mental, estende-os até os membros individuais do grupo social ou, mais exatamente, até as posições específicas que os indivíduos – cada um dos quais forma uma subclasse – podem ocupar simultaneamente ou em sucessão. De um ponto de vista formal, não existe então diferença fundamental entre o zoólogo ou o botânico que atribui a uma planta recém-descoberta a posição *Elephantopus spicatus* Aubl., preparada pelo sistema (embora não estivesse antecipadamente

---

Genseric, nem Jugurta, nem Gengis Khan... Quanto a Popocatepetl, outro exemplo caro a Gardiner, qualquer colegial, mesmo ignorando geografia, sabe que esse nome remete a uma classe da qual Titicaca também faz parte. Classifica-se como se pode, mas se classifica.

inscrita nele), e o sacerdote omaha que define os paradigmas sociais de um novo membro do grupo conferindo-lhe o nome disponível: *Tamanco-gasto-de-bisão-velho.* Nos dois casos, eles sabem o que fazem.

8
O TEMPO REENCONTRADO

Quando se toma uma vista de conjunto dos andamentos e processos dos quais até aqui procuramos, sobretudo, fazer o inventário, em primeiro lugar fica-se surpreendido pelo caráter sistemático das relações que os unem. Ademais, esse sistema apresenta-se de imediato com um duplo aspecto: o de sua coerência interna e de sua capacidade de extensão, praticamente ilimitada.

Como o demonstraram nossos exemplos, em todos os casos, um eixo (que é cômodo imaginar vertical) suporta a estrutura. Ele une o pai ao especial, o abstrato ao concreto, mas num sentido ou em outro, a intenção classificatória pode sempre ir até seu termo. Este se define em função de uma axiomática implícita para a qual toda classificação procede por pares de contrastes: somente se para de classificar quando chega o momento em que não é mais possível opor. Propriamente falando, em consequência, o sistema ignora reveses. Seu dinamismo interno diminui ao mesmo tempo em que a classificação progride ao longo de seu eixo, tanto numa quanto em outra direção. E, quando o sistema se imobiliza, não é nem em razão de um obstáculo revisto resultante das propriedades empíricas dos seres ou das coisas, nem porque seu mecanismo esteja emperrado: é que percorreu seu caminho, e sua função foi plenamente cumprida.

Quando a intenção classificatória se volta, digamos, para o alto, no sentido da maior generalidade e da abstração mais arrojada, nenhuma diversidade a impedirá de aplicar um esquema sob a ação do qual o real sofrerá uma série de depurações progressivas, cujo termo será fornecido, de acordo com a intenção do processo, sob o aspecto de uma simples oposição binária (alto e baixo), direita e esquerda, paz e guerra etc.) para além da qual, por razões intrínsecas, é tão inútil quanto impossível ir. A mesma operação poderá ser repetida em outros planos: seja o da organização interna do grupo social, que as classificações ditas totêmicas permitem ampliar, até as dimensões de uma sociedade internacional, pela aplicação de um mesmo esquema organizador a grupos sempre mais numerosos, seja no plano espaço-temporal, graças a uma geografia mítica que, como o demonstra um mito aranda já citado,[69] permite organizar a inesgotável variedade de uma paisagem por reduções sucessivas, chegando de novo a uma oposição binária (aqui, entre direções e elementos, pois que o contraste é colocado entre terra e água).

Para baixo, o sistema tampouco conhece o limite externo, pois consegue tratar a diversidade qualitativa das espécies naturais como a matéria simbólica de uma ordem, e sua marcha para o concreto, o especial e o individual não é sustada nem mesmo pelo obstáculo das denominações pessoais: nem mesmo os nomes próprios podem servir de termos a uma classificação.

Trata-se, portanto, de um sistema total, que os etnólogos em vão se esforçaram para fragmentar, a fim de elaborar instituições distintas, das quais o totemismo permanece a mais célebre. Todavia, por esse meio, chega-se somente a paradoxos que tangenciam o absurdo: é assim que Elkin (1961, pp. 153-154), numa obra de síntese que continua admirável, tomando o totemismo como ponto de partida de sua análise do pensamento e da organização religiosa dos indígenas australianos, mas logo se defrontando com sua riqueza especulativa, evita a dificuldade abrindo uma rubrica especial para o "totemismo classificatório". Assim ele faz da classificação uma forma especial de totemismo, quando, como pensamos ter estabelecido, é o totemismo ou o que se pretende como tal que constitui não um modo mas um aspecto ou um momento da classificação. Ignorando tudo do totemismo (e, sem dúvida, graças a essa ignorância que lhe evitava ser iludido por um fantasma), Comte compreendeu, melhor que os etnólogos contemporâneos, a economia e a envergadura de um sistema classificatório cuja importância,

69. Cf. anteriormente pp. 197-199.

na falta de documentos que teriam confirmado sua tese, *grosso modo* ele tinha apreciado na história do pensamento:

> Nunca, desde essa época, as concepções humanas puderam recuperar em um grau de nenhuma forma comparável, esse grande caráter de unidade de método e de homogeneidade de doutrina que constitui o estado plenamente normal de nossa inteligência e que ela adquirira, então, espontaneamente... (Comte 1908, 53ª lição, p. 58).

Sem dúvida Comte atribui a um período da história – idades do fetichismo e do politeísmo – esse pensamento selvagem que não é, para nós, o pensamento dos selvagens nem o de uma humanidade primitiva e arcaica mas o pensamento em estado selvagem, diferente do pensamento cultivado ou domesticado com vistas a obter um rendimento. Este apareceu em certos pontos do globo e em certos momentos da história, e é natural que Comte, privado de informações etnográficas (e do sentido etnográfico que apenas a coleta e a manipulação de informações desse tipo permitem adquirir), tenha tomado o primeiro em sua forma retrospectiva, como um modo de atividade mental anterior ao outro. Hoje compreendemos melhor que os dois possam coexistir e se interpenetrar, como podem (pelo menos de direito) coexistir e cruzarem espécies naturais, uma em estado selvagem e outras transformadas pela agricultura ou pela domesticação, embora – devido a seu próprio desenvolvimento e às condições gerais que requer – a existência destas ameace aquelas de extinção. Mas, seja isso deplorável ou motivo de alegria, conhecem-se ainda zonas onde o pensamento selvagem, tal como as espécies selvagens, acha-se relativamente protegido: é o caso da arte, à qual nossa civilização concede o estatuto de parque nacional, com todas as vantagens e os inconvenientes relacionados com uma fórmula tão artificial; e é sobretudo o caso de tantos setores da vida social ainda não desbravados nos quais, por indiferença ou impotência e sem que o mais das vezes saibamos por que, o pensamento selvagem continua a prosperar.

Os caracteres excepcionais desse pensamento que denominamos vagem e que Comte qualifica como espontâneo dizem respeito sobretudo à amplitude dos fins a que ele se presta. Ele pretende ser simultaneamente analítico e sintético, ir até seu termo extremo em uma e outra direção, permanecendo capaz de exercer uma mediação entre os dois polos. Comte observou muito bem a orientação analítica:

> As próprias superstições que hoje nos parecem as mais absurdas... tiveram primitivamente... um caráter filosófico verdadeiramente progressivo, como que de hábito mantendo um enérgico estímulo em observar com constância fenômenos cuja exploração, nessa época, não podia inspirar diretamente nenhum interesse constante (*id.*, p. 70).

O erro de julgamento que aparece na última proposição explica por que Comte desprezou completamente o aspecto sintético: escravos "da infinita variedade dos fenômenos" e como o confirma, segundo ele, sua "exploração judiciosa", os selvagens contemporâneos ignoravam qualquer "nebulosa simbolização" (p. 63). Ora, a "exploração judiciosa dos selvagens contemporâneos" tal como precisamente a etnografia prática anula nesses dois pontos o preconceito positivista. Se o pensamento selvagem se define ao mesmo tempo por uma devoradora ambição simbólica, semelhante à qual a humanidade jamais experimentou alguma, e por uma atenção escrupulosa inteiramente voltada para o concreto, enfim, pela convicção implícita de que essas duas atitudes não são mais que uma, não será que ela repousa precisamente, do ponto de vista tanto teórico quanto prático, nesse "interesse constante" do qual Comte o julga incapaz? Porém, quando o homem observa, experimenta, classifica e investiga, é tanto mais impelido pelas superstições arbitrárias quanto pelos caprichos do acaso, a que vimos, no início deste trabalho, ser ingênuo atribuir um papel na descoberta das artes da civilização.[70]

Se fosse preciso escolher entre as duas explicações, a de Comte ainda seria a preferida, mas com a condição de primeiro libertá-la do paralogismo na qual se baseia. Com efeito, para Comte, toda a evolução intelectual procede do "inevitável ascendente primitivo da filosofia teológica", isto é, da impossibilidade em que se encontrou o homem, no início, de interpretar os fenômenos naturais sem assimilá-los "a seus próprios atos, os únicos cujo modo essencial de produção sempre pôde acreditar compreender" (*id.,* 51ª lição; IV, p. 347). Mas, como o poderia se por uma

70. Cf. anteriormente pp. 29-30.

operação simultânea e inversa não atribuísse a seus próprios atos um poder e uma eficácia comparáveis aos dos fenômenos naturais? Esse homem que o homem exterioriza não pode servir para modelar um deus, a não ser que as forças da natureza já estejam interiorizadas nele. O erro de Comte e da maioria de seus sucessores foi acreditar que o homem pôde, com alguma verossimilhança, povoar a natureza de vontades comparáveis à sua, sem atribuir a esses desejos certos predicados dessa natureza na qual se reconhecia; pois, se houvesse começado unicamente pelo sentimento de sua impotência, este jamais lhe teria fornecido um princípio de explicação.

Na verdade, a diferença entre a ação prática, dotada de rendimento, e a ação mágica ou ritual, desprovida de eficácia, não é aquela que se acredita perceber quando as definimos respectivamente por sua orientação objetiva ou subjetiva. Isso pode parecer verdadeiro se são consideradas as coisas de fora, mas, do ponto de vista do agente, a relação se inverte: ele concebe a ação prática como subjetiva em seu princípio e centrífuga em sua orientação, pois que resulta de sua intromissão no mundo físico. Enquanto a operação mágica lhe parece uma adição à ordem objetiva do universo: para aquele que a realiza, ela apresenta a mesma necessidade que o encadeamento das causas naturais, no qual, sob a forma de ritos, o agente crê inserir apenas elos suplementares. Imagina-se, portanto, que ele observa de fora e como se ela não emanasse dele.

Essa retificação das perspectivas tradicionais permite eliminar o falso problema que levanta, para alguns, o recurso normal à fraude e ao embuste no decorrer das operações mágicas. Pois, se o sistema da magia repousa inteiramente na crença segundo a qual o homem pode intervir no determinismo natural, completando-o ou modificando seu curso, não importa absolutamente que ele o faça um pouco mais ou um pouco menos: a fraude é consubstancial à magia e, propriamente falando, o feiticeiro nunca "trapaceia". Entre sua teoria e sua prática a diferença não é de natureza mas de grau.

Em segundo lugar, a tão controvertida questão das relações entre magia e religião se esclarece. Pois se, num certo sentido, pode-se dizer que a religião consiste em uma *humanização das leis naturais* e a magia em uma *naturalização das ações humanas* – tratamento das ações humanas *como se* elas fossem uma parte integrante do determinismo físico – não se trata dos termos de uma alternativa ou das etapas de uma evolução. O antropomorfismo da natureza (em que consiste a religião) e o fisiomorfismo do homem (pelo qual definimos a magia) formam dois componentes sempre dados e cuja dosagem apenas varia. Como observamos mais acima, cada uma delas implica a outra. Não existe religião sem magia, nem magia que não contenha pelo menos um grão de religião. A noção de uma supernatureza existe para uma humanidade que atribui a si mesma poderes sobrenaturais e que, em troca, empresta à natureza os poderes da super-humanidade.

Para compreender a penetração de que dão prova os pretensos primitivos quando observam e interpretam os fenômenos naturais, não é preciso invocar o exercício de faculdades desaparecidas ou o uso de uma sensibilidade supranumerária. O índio americano que decifra um rastro por meio de índices imperceptíveis, o australiano que identifica sem hesitar as pegadas deixadas por um membro qualquer de seu grupo (Meggit 1961) não agem diferentemente de nós quando dirigimos um automóvel e percebemos com um simples golpe de vista uma leve mudança de direção das rodas, uma flutuação da marcha do motor ou mesmo a suposta intenção de um olhar no momento de ultrapassar ou evitar um carro. Por mais incongruente que possa parecer, essa comparação é rica de ensinamentos, pois o que aguça nossas faculdades, estimula nossa percepção, dá segurança a nossos julgamentos é, de um lado, que os meios de que dispomos e os riscos que corremos são incomparavelmente aumentados pela potência mecânica do motor, de outro, que a tensão resultante do sentimento dessa força incorporada se exerce em uma série de diálogos com outros motoristas, cujas intenções, semelhantes às nossas, traduzem-se em signos que nos obstinamos em decifrar porque são precisamente signos que solicitam intelecção.

Transposta para o plano da civilização mecânica, encontramos então essa reciprocidade de perspectivas na qual homem e mundo se fazem espelho um do outro e que nos pareceu poder sozinha dar conta das propriedades e das capacidades do pensamento selvagem. Um observador exótico julgaria, sem dúvida, que a circulação de automóveis no centro de uma grande cidade ou numa autoestrada ultrapassa as faculdades humanas; de fato, ela as ultrapassa, quando coloca frente a frente não homens ou leis naturais mas sistemas de forças naturais humanizadas pela intenção dos motoristas e homens transformados em forças naturais pela energia física de que se fazem mediadores. Não se trata mais da operação de um agente sobre um objeto inerte nem da ação de resposta de um objeto promovido ao papel de agente sobre um sujeito que se teria desprovido em seu favor sem nada lhe pedir em troca, ou seja, de situações que comportem, de um lado e de outro, uma certa dose de passividade: os seres em questão se defrontam ao mesmo tempo como sujeitos e como objetos e, no código que utilizam, uma simples variação da distância que os separa tem a força de uma intimação muda.

* * *

Compreende-se, então, que uma observação atenta e detalhada, inteiramente voltada para o concreto, encontre no simbolismo ao mesmo tempo seu princípio e seu término. O pensamento selvagem não distingue o momento da observação e o da interpretação, assim como não registramos logo, ao observá-los, os sinais emitidos por um interlocutor para em seguida procurar compreendê-los: ele fala, e a emissão sensível traz com ela sua significação. É que a linguagem articulada se decompõe em elementos dos quais cada um não é um signo mas o meio de um signo: unidade distintiva que não poderia ser substituída por uma outra sem que mudasse a significação, e que pode ser ela mesma desprovida dos atributos dessa significação, a qual ela exprime unindo-se ou se opondo a outras unidades.

Essa concepção dos sistemas classificatórios como sistemas de significação sobressairá ainda melhor se nos for permitido evocar rapidamente dois problemas tradicionais: o da relação entre o suposto totemismo e o sacrifício e o que é colocado pelas semelhanças apresentadas no mundo inteiro pelos mitos que servem para explicar a origem das denominações de clã.

Que a história das religiões tenha podido ver no totemismo a origem do sacrifício permanece, depois de tantos anos, motivo de espanto. Mesmo que se convencione, pelas necessidades da causa, emprestar ao totemismo uma aparência de realidade, as duas instituições só apareceriam ainda mais contrastadas e incompatíveis, tal como Mauss, não sem hesitação e arrependimento, foi muitas vezes levado a afirmar.

Nós não pretendemos que sociedades segmentares, cujos clãs levam nomes animais ou vegetais, não tenham podido praticar certas formas de sacrifício: é suficiente evocar o sacrifício do cão, entre os iroqueses, para se convencer do contrário. Mas, entre os iroqueses, o cão não serve de epônimo a nenhum clã, e o sistema sacrificial, portanto, independente do das afinidades de clã. Sobretudo, existe uma outra razão que torna os dois sistemas naturalmente exclusivos: se se admite que, nos dois casos, uma afinidade é implícita ou explicitamente reconhecida entre um homem ou um grupo de homens, de um lado, e um animal ou vegetal, de outro (seja a título de epônimo de um grupo de homens, seja a título de coisa sacrificada que substitui o homem ou serve de médium ao sacrificador humano), é claro que, no caso do totemismo, nenhuma outra espécie ou fenômeno natural é substituível ao epônimo: jamais se pode tomar um animal por outro. Se sou membro do clã do urso, não posso pertencer ao da águia, pois que, como vimos, a única realidade do sistema consiste numa rede de recortes diferenciais entre termos colocados como descontínuos. No do sacrifício, é o inverso: embora coisas distintas sejam muitas vezes destinadas preferencialmente a certas divindades ou a certos tipos de sacrifício, o princípio fundamental é o da substituição, na falta da coisa prescrita, qualquer outra pode substituí-la, desde que permaneça a intenção, a única que importa, e ainda que o próprio zelo possa variar. O sacrifício está, então, situado no reino da continuidade:

> Quando um pepino faz as vezes da vítima sacrificada, os nuer falam dele como se fosse um boi e, exprimindo-se assim, vão um pouco além da afirmação de que o pepino substitui o boi. Certamente eles não pretendem que os pepinos sejam bois e, quando se referem como a um boi a tal pepino específico em situação de ser sacrificado, dizem apenas que ele é assimilável a um boi nesse contexto particular e agem conseqüentemente, cumprindo cada rito do sacrifício tanto quanto é possível exatamente como fazem quando a vítima é um boi. A semelhança é conceitual, não perceptiva; o "é" baseia-se numa analogia qualitativa que não implica a expressão de uma simetria: um pepino é um boi, mas um boi não é um pepino (Evans-Pritchard 1956, p. 128).

Entre o sistema do totemismo e o do sacrifício existem, portanto, duas diferenças fundamentais: o primeiro é um sistema quantificado, ao passo que o segundo admite uma passagem contínua entre seus termos; enquanto vítima sacrificial, um pepino vale um ovo, um ovo um pinto, um pinto uma galinha, uma galinha uma cabra, uma cabra um boi; por outro lado, essa gradação é orientada: na falta de um boi, sacrifica-se um pepino, mas o inverso seria um absurdo. Ao contrário, para o totemismo ou o que se pretende como tal, as relações são sempre reversíveis: num sistema de denominações de clã em que ambos figurariam, o boi seria verdadeiramente equivalente ao pepino, no sentido de que é impossível confundi-los e de que eles são igualmente próprios para manifestar o recorte diferencial entre os dois grupos que conotam respectivamente. Mas eles só podem cumprir esse papel quando (em oposição ao sacrifício) o totemismo os declara diferentes, portanto, não substituíveis entre si.

Se agora quisermos aprofundar a razão dessa diferença, encontrá-la-emos nos papéis respectivamente atribuídos às espécies naturais por cada sistema. O totemismo repousa em uma homologia postulada entre duas séries paralelas – a das espécies naturais e a dos grupos sociais – das quais, não o esqueçamos, os termos respectivos não se assemelham dois a dois; somente a relação global entre as séries é homomórfica: correlação formal entre dois sistemas de diferenças dos quais cada um constitui um polo de oposição. No sacrifício, a série (contínua e não mais descontínua, orientada e não mais reversível) das espécies naturais desempenha o papel de intermediário entre dois termos polares, dos quais um é o sacrificador e o outro a divindade e entre os quais, no início, não existe homologia nem sequer uma relação de qualquer tipo; o objetivo do sacrifício é precisamente instaurar uma relação, que não é de semelhança mas de contiguidade, por meio de uma série de identificações sucessivas que podem se fazer nos dois sentidos, conforme o sacrifício seja expiatório ou represente um rito de comunhão: seja, pois, do sacrificante ao sacrificador, do sacrificador à vítima, da vítima consagrada à divindade ou na ordem inversa.

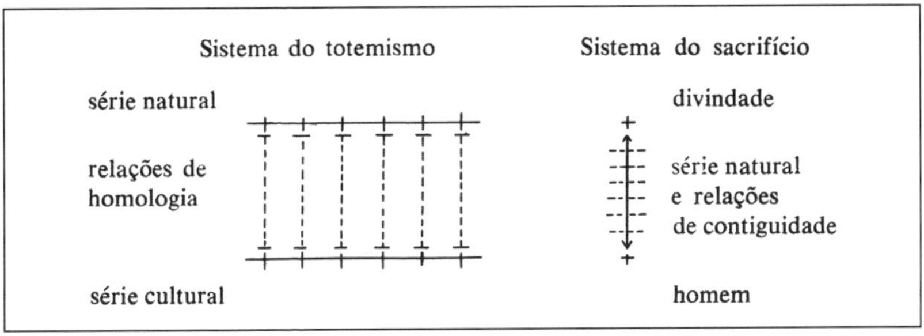

Isso não é tudo. Uma vez que a relação entre o homem e a divindade esteja assegurada pela sacralização da vítima, o sacrifício rompe-o pela destruição dessa mesma vítima. Uma solução de continuidade aparece assim devida ao homem e, como este tinha estabelecido previamente uma comunicação entre o reservatório humano e o reservatório divino, este último deverá, automaticamente, preencher o vazio, liberando o benefício esperado. O esquema do sacrifício consiste em uma operação irreversível (a destruição da vítima), a fim de desencadear, num outro plano, uma operação igualmente irreversível (a outorga da graça divina), cuja necessidade resulta da prévia entrada em comunicação de dois "recipientes" que não estão no mesmo nível.

Vê-se que o sacrifício é uma operação *absoluta* ou *extrema* que recai sobre um objeto *intermediário*. Desse ponto de vista, ele se assemelha, mesmo opondo-se a isso, aos ritos ditos "sacrílegos" tais como o incesto, a bestialidade etc., que são operações *intermediárias* que recaem sobre objetos *extremos*; nós o demonstramos num capítulo anterior, a propósito de um sacrilégio menor: o comparecimento de uma mulher menstruada durante o desenrolar dos ritos de caça às águias, entre os índios hidatsa.[71] O sacrifício procura estabelecer uma conexão desejada entre dois domínios inicialmente separados: como a linguagem o diz muito bem, seu objetivo é obter que uma divindade distante *satisfaça* aos votos humanos. Ele crê alcançá-lo ligando inicialmente dois domínios por meio de uma vítima sacralizada (objeto ambíguo que diz respeito, de fato, a ambos) e depois suprimindo esse termo conector: o sacrifício cria, assim, um *deficit* de contiguidade e induz (ou crê induzir), pela intencionalidade da prece, o surgimento de uma continuidade compensatória no plano em que a carência inicial, sentida pelo sacrificador, traçava por antecipação, como um pontilhado, o caminho a seguir para a divindade.

Portanto, não basta que, nos ritos australianos de multiplicação, conhecidos pelo nome de *intichiuma,* às vezes se observe o consumo da espécie totêmica, para que se possa fazer disso uma forma primitiva de sacrifício ou mesmo uma forma aberrante; a semelhança é tão superficial

---

71. Cf. anteriormente, p. 68 ss.

quanto a que levaria a identificar baleia e peixe. Aliás, esses ritos de multiplicação não estão regularmente ligados às classificações ditas totêmicas; mesmo na Austrália, eles não as acompanham sempre, e se conhecem pelo mundo numerosos exemplos de ritos de multiplicação sem "totemismo" e de "totemismo" sem ritos de multiplicação.

Sobretudo a estrutura dos ritos de tipo intichiuma e as noções implícitas nas quais se baseiam estão muito distantes das que descobrimos no sacrifício. Nas sociedades que têm os intichiuma, a produção (mágica) e o consumo (real) das espécies naturais estão normalmente separados, por efeito de uma identidade postulada entre cada grupo de homens e uma espécie totêmica e de uma distinção promulgada ou constatada entre os grupos sociais, de um lado, e entre as espécies naturais, de outro. O papel do intichiuma é, então, periodicamente e por um breve instante, restabelecer a contiguidade entre produção e consumo, como se fosse preciso que, de tempos em tempos, os grupos humanos e as espécies naturais se contassem dois a dois e por pares de aliados antes que cada um fosse assumir o lugar que lhe cabe no jogo: as espécies, para alimentar esses homens que não as "produzem", os homens para "produzir" as espécies que se proíbem de consumir. Por conseguinte, no intichiuma, os homens comprovam momentaneamente sua identidade substancial com suas respectivas espécies totêmicas, pela dupla regra de que cada grupo produz o que consome e consome o que produz, e que essas coisas são semelhantes para cada um e diferentes para todos; graças a isso, o jogo normal de reciprocidade não mais correrá o risco de criar confusões entre as definições fundamentais que devem ser repetidas periodicamente. Se a série natural é designada por maiúsculas, e a série social por minúsculas,

A	B	C	D	E .... N
a	b	c	d	e .... n

o intichiuma lembra a afinidade entre A e a, B e b, C e c, D e d, N e n, atestando que, se no curso normal da existência, o grupo b se incorpora por consumo alimentar às espécies A,C,D,E... N, o grupo a às espécies B,C,D,E... N, e assim por diante, trata-se de uma troca entre grupos sociais e de uma arbitragem entre semelhança e contiguidade, não de substituição de uma semelhança por uma outra contiguidade.[72] O sacrifício recorre à comparação como meio de apagar as diferenças e a fim de estabelecer a contiguidade; as refeições ditas totêmicas instauram a contiguidade, mas somente com vistas a permitir uma comparação cujo resultado esperado é o de confirmar as diferenças.

Os dois sistemas se opõem, então, por sua orientação, metonímica num caso e metafórica no outro. Mas essa antissimetria ainda as deixa no mesmo plano, quando, de fato, de um ponto de vista epistemológico, estão situados em níveis diferentes.

As classificações totêmicas têm um duplo fundamento objetivo: as espécies naturais verdadeiramente existem e existem de fato sob a forma de série descontínua; por seu lado, os segmentos sociais também existem. O totemismo, ou o que se pretende como tal, limita-se a conceber uma homologia de estrutura entre as duas séries, hipótese perfeitamente legítima, pois os segmentos sociais estão instituídos, e cada sociedade tem o poder de tornar a hipótese plausível, nela conformando suas regras e representações. Ao contrário, o sistema do sacrifício faz intervir um termo não existente: a divindade, e adota uma concepção objetivamente falsa da série natural, já que vimos que ele a representa como contínua. Para exprimir a diferença entre o totemismo e o sacrifício, não basta, portanto, dizer que o primeiro é um sistema de referências e o segundo um sistema de operações; que um elabora um esquema de interpretação enquanto o outro propõe (ou acredita propor) uma técnica para obter certos resultados: um é verdadeiro,

---

72. Os índios do Canadá oriental não comem carne de cervo enquanto o caçam e nem trutas durante a estação da pesca (Jenness 1930, p. 60). Eles consomem, portanto, apenas quando não matam, e matam somente quando não consomem. A reciprocidade entre o homem e a espécie animal é do mesmo tipo que aquela que, em certas tribos australianas, estabelece-se entre dois grupos de homens *a propósito* de uma espécie natural. Por outro lado, trata-se, no Canadá, de uma reciprocidade diacrônica e não sincrônica, como na Austrália. A mesma diferença também aparece entre os pueblos do grupo keresan: "A cada ano o (chefe da mata) escolhia algumas espécies selvagens, tanto animais quanto vegetais, sobre as quais se concentrava para provocar sua abundância; a lista das espécies escolhidas era modificada de um ano para outro" (White 1943, p. 306). Trata-se, então, de um *intichiuma*, mas colocado no eixo das sucessividades ao invés de no das simultaneidades.

outro falso. Mais exatamente, os sistemas classificatórios estão situados no nível da língua: são códigos mais ou menos bem elaborados, mas sempre visando exprimir sentidos, ao passo que o sistema do sacrifício representa um discurso específico e desprovido de bom sentido, ainda que seja proferido frequentemente.

* * *

Num outro trabalho, lembramos ligeiramente os mitos de origem das instituições ditas totêmicas e mostramos que, mesmo em regiões longínquas e apesar das moralidades diferentes, esses mitos trazem um mesmo ensinamento, a saber:

1. que essas instituições baseiam-se numa correspondência global entre duas séries e não em correspondências particulares entre os seus termos;
2. que essa correspondência é metafórica e não metonímica;
3. enfim, que ela só se torna manifesta depois que cada série foi previamente empobrecida pela supressão de elementos, de maneira que sua descontinuidade interna sobressaia nitidamente (Lévi-Strauss 1962, pp. 27-28 e 36-37).

Devido a sua precisão e riqueza (tanto mais surpreendentes quanto os mitos analisados só são conhecidos por nós através de versões abreviadas ou mutiladas),[73] essa lição contrasta de maneira singular com a insignificância dos mitos que dão conta das denominações próprias a cada clã. Todos eles se parecem, pelo mundo afora, mas sobretudo por sua pobreza. A Austrália certamente possui mitos complexos que se prestam a uma análise semântica inspirada naquela que aplicamos aos mitos de outras regiões (Stanner 1961). Entretanto, os especialistas desse continente estão acostumados a recolher mitos nos quais a atribuição a um grupo totêmico de um ancestral meio-homem meio-animal resulta de uma simples constatação: o mito certifica que o ancestral surgiu em tal lugar, que percorreu tal trajeto, efetuou aqui e ali determinadas ações que o designam como o autor de acidentes de terreno

73. Firth (1961) acaba de publicar versões mais completas do mito de Tikopia.

que ainda podem ser observados, enfim, que ele parou ou desapareceu em um lugar determinado. Propriamente falando, por conseguinte, o mito está ligado à descrição de um itinerário e nada, ou quase nada, acrescenta aos fatos notáveis que pretende estabelecer: que um trajeto, os olhos-d'água, os bosques ou os rochedos que o margeiam têm um valor sagrado para um grupo humano e que esse grupo proclama sua afinidade com esta ou aquela espécie natural, lagarta, avestruz ou canguru.

Sem dúvida, e como T.G.H. Strehlow destacou, o uso exclusivo do *pidgin* há muito tempo tem obrigado os pesquisadores a se contentarem com versões tão sumárias quanto ridículas. Mas, além de dispormos hoje de numerosos textos com tradução justalinear e de adaptações que são obra de especialistas competentes, outras regiões do mundo, onde os obstáculos linguísticos foram superados mais rapidamente, fornecem mitos que são exatamente do mesmo tipo. Limitemo-nos aqui a três exemplos, todos americanos, dos quais os dois primeiros provêm respectivamente do norte e do sul dos Estados Unidos e o terceiro do Brasil central.

Para explicar suas denominações de clã, os menomini dizem que o urso, quando foi dotado de forma humana, estabeleceu-se com sua mulher não muito longe da embocadura do rio Menomini, onde pescavam esturjões que constituíam seu único alimento (os clãs do urso e do esturjão pertencem à mesma frátria). Um dia, três pássaros-trovão pousaram sobre um banco rochoso, que se nota no lago Winnebago, no lugar conhecido como Fundo do Lago. Depois de se transformarem em homens, fizeram uma visita aos ursos e entraram num acordo com eles para convocar vários animais, dos quais o mito determina o lugar de nascimento ou de residência. Todos se puseram a caminho. Chegado a Green Bay, no lago Michigan, o lobo, que não sabia nadar, deveu a uma onda complacente ter sido transportado para a outra margem. Como prova de gratidão, adotou a onda como um dos totens de seu clã Um incidente análogo, que situam perto de Mackinaw, também no lago Michigan, teve como resultado a associação do urso negro e da águia calva. Foi igualmente em razão de encontros fortuitos e de serviços prestados que se estabeleceram relações entre os outros clãs: alce, grou, cão, cervo, castor etc. (Hoffman 1896; Skinner 1913).

Se o clã hopi da mostarda silvestre usa esse nome ao mesmo tempo que o do carvalho, do galo selvagem e do guerreiro, é porque, no curso de uma migração legendária, tentou-se deter o pranto de uma criança oferecendo-lhe folhas de mostarda e um galho de carvalho, colhidas no caminho, depois do que se encontrou o galo e em seguida um guerreiro. O clã do texugo e da borboleta são assim denominados porque seus ancestrais trouxeram com eles um homem-texugo que tinham conhecido pouco antes de capturar uma borboleta para distrair uma criança; mas a criança estava doente, e foi o texugo quem a curou com plantas medicinais. Os ancestrais do clã do coelho e do tabaco acharam a planta e encontram o animal; os do clã do patki inspirando-se nos acidentes do caminho, assumiram os nomes do lago: da nuvem, da chuva, da neve e da névoa. Em algum lugar entre a localização atual de Phoenix (Arizona) e o Pequeno Colorado, os ancestrais do clã do urso descobriram uma carcaça de urso, daí seu nome; mas um outro bando encontrou o couro, do qual pequenos roedores tinham arrancado o pelo para atapetar sua toca. Desse couro, fizeram correias e, desde então, o clã da correia e o clã do urso estão associados; um terceiro bando tomou o nome dos roedores e aliou-se aos clãs precedentes (Voth 1905; Parsons 1933).

Passemos agora à América do Sul. Os bororos contam que, se o sol e a lua pertencem ao clã badedgeba da metade cera, é em razão de uma disputa entre um pai e um filho que queriam se apropriar dos nomes desses corpos celestes. Chegou-se a um acordo, que reservou ao pai os nomes de Sol e de Caminho do Sol. O tabaco pertence ao clã paiwe, porque um índio desse clã descobriu fortuitamente suas folhas no ventre de um peixe que limpava antes de cozer. O chefe do clã badedgeba "negro" possuía outrora certos pássaros negros (*Phimosus infuscatus*) e vermelhos (*Ibis ruba*), mas seu colega badedgeba "vermelho" roubou-lhos e foi preciso consentir numa partilha conforme a cor (Colbacchini e Albisetti 1942).

Todos esses mitos da origem das denominações de clã assemelham-se tanto que é inútil citar exemplos provenientes de outras regiões do mundo, como a África, onde também são abundantes. Quais são, portanto, suas características comuns? Primeiro, uma concisão que não deixa nenhum lugar a digressões aparentes, muitas vezes ricas de um sentido oculto. Uma narrativa reduzida a seus contornos essenciais não guarda, para o analista, nenhuma surpresa de reserva. Em segundo lugar, esses mitos são falsamente etiológicos (supondo-se que um mito possa verdadeiramente sê-lo), uma vez que o gênero de explicação que acarretam se reduz a uma exposição ligeiramente modificada da situação inicial. Desse ponto de vista, apresentam um caráter redundante. Mais que etiológico, seu papel parece ser demarcador: eles não explicitam verdadeiramente uma origem e não designam uma causa, mas invocam uma origem ou uma causa (*insignificantes* em si próprias) para realçar qualquer detalhe ou para "marcar" uma espécie. Esse detalhe e essa espécie adquirem um valor diferencial, não em função da origem particular que lhes é atribuída mas pelo simples fato de que são dotados de uma origem, ao passo que outros detalhes ou espécies não a possuem. A história se introduz subrepticiamente na estrutura sob uma forma modesta e quase negativa: ela não explica o presente mas efetua uma triagem entre os elementos do presente, outorgando a apenas alguns dentre eles o privilégio de ter um passado. Em consequência, a pobreza dos mitos totêmicos vem do fato de que cada um tem por função exclusivamente fundamentar uma diferença como diferença: eles são as unidades constitutivas de um sistema. A questão da significação não se coloca no nível de cada mito tomado isoladamente mas no nível do sistema do qual formam os elementos.

Ora, reencontramos aqui um paradoxo já debatido em outro capítulo:[74] os sistemas de que nos ocupamos são, enquanto sistemas, dificilmente "mitologizáveis", pois seu ser sincrônico virtual está engajado num conflito incessante com a diacronia; por hipótese, os elementos do sistema estão aquém do mito, mas, por destinação, o conjunto está sempre além; dir-se-ia que o mito corre atrás, para juntar-se a ele. Não o consegue senão excepcionalmente, pois o sistema é constantemente absorvido pela história; e, quando se acredita que ele o conseguiu, surge uma nova dúvida: as representações míticas correspondem a uma estrutura atual que modela a prática social e religiosa ou apenas traduzem a imagem fixa por meio da qual os filósofos indígenas têm a ilusão de fixar uma realidade que lhes foge? Por mais importantes que tenham sido as descobertas de Marcel Griaule na África, muitas vezes nos perguntamos se elas dependem mais desta ou daquela interpretação.

As mais antigas teorias sobre o totemismo estão como que infectadas por esse paradoxo, que elas não souberam formular com clareza. Se

74. Cf. anteriormente, pp. 84-90.

McLennan e em seguida Robertson Smith e Frazer (IV, pp. 73-76, 264-265) sustentaram com tanta convicção que o totemismo era anterior à exogamia (proposição a nossos olhos desprovida de sentido), é porque este lhes parecia simplesmente denotativo, enquanto suspeitavam do caráter sistemático da segunda: ora, o sistema só pode se estabelecer entre elementos já denotados. Mas, para perceber também o totemismo como sistema, teria sido preciso situá-lo no contexto linguístico, taxionômico, mítico e ritual dos quais esses autores tinham começado por isolá-lo, ocupados que estavam traçando os contornos de uma instituição arbitrária.

Com efeito e como o demonstramos, as coisas não são tão simples. A ambiguidade do totemismo é real, se a instituição imaginada na esperança de suprimi-la não o é. De fato, conforme o ponto de vista adotado, o pretenso totemismo apresenta ou exclui os caracteres de um sistema: é uma gramática voltada a se deteriorar em léxico. Diferente dos outros sistemas de classificação que são sobretudo *concebidos* (como os mitos) ou *postos em ação* (como os ritos), o totemismo é quase sempre *vivido*, ou seja, ele adere a grupos concretos e a indivíduos concretos, porque é um *sistema hereditário de classificação.*[75]

Desde então, compreende-se que apareça um conflito permanente entre o caráter estrutural da classificação e o caráter estatístico de seu suporte demográfico. Como um palácio arrastado por um rio, a classificação tende a se desmantelar, e suas partes se compõem entre si de uma forma diferente daquela que o arquiteto queria, sob o efeito das correntes e das águas mortas, dos obstáculos e dos estreitos. Por conseguinte, no totemismo a função sobrepõe-se inevitavelmente à estrutura; o problema que ele nunca deixou de colocar aos teóricos é o da relação entre a estrutura e o fato. E a grande lição do totemismo é que a forma da estrutura pode às vezes sobreviver, quando a própria estrutura sucumbe ao fato.

Existe, portanto, uma espécie de antipatia fundamental entre a história e os sistemas de classificação. Isso talvez explique o que seríamos tentados a chamar de "vazio totêmico", pois, mesmo no estado de vestígios, tudo aquilo

75. Sem dúvida, certas formas de totemismo propriamente falando não são hereditárias; mas, mesmo nesse caso, o sistema é sustentado por homens concretos.

que poderia evocar o totemismo parece notadamente ausente das áreas das grandes civilizações da Europa e da Ásia. A razão não será terem estas escolhido explicarem-se a si mesmas através da história e que esse empreendimento é incompatível com o que classifica os seres e as coisas (naturais e sociais) por meio de grupos finitos? As classificações totêmicas sem dúvida dividem seus grupos entre uma série original e uma série derivada; a primeira compreende as espécies zoológicas e botânicas em seu aspecto sobrenatural, a segunda, os grupos humanos em seu aspecto cultural; e afirma-se que a primeira existia antes da segunda, tendo-a, de alguma forma, engendrado. Não obstante, a série original continua a viver na diacronia através das espécies animais e vegetais, paralelamente à série humana. As duas séries existem no tempo, mas aí usufruem um regime atemporal, pois, ambas reais, permanecem em conserva, tais como eram no instante de sua separação. A série original está sempre lá, pronta a servir de sistema de referência para interpretar ou retificar as mudanças que se produzem na série derivada. Teórica senão praticamente, a história está subordinada ao sistema.

Todavia, quando uma sociedade toma o partido da história, a classificação em grupos finitos torna-se impossível, porque a série derivada, em vez de reproduzir uma série original, confunde-se com ela para formar uma série única da qual cada termo é derivado em relação ao anterior e original em relação ao posterior. Em vez de uma homologia dada de uma vez por todas entre as duas séries, cada uma, finita e descontínua por sua conta, postula-se uma evolução contínua no interior de uma única série que acolhe termos em número ilimitado.

Algumas mitologias polinésias situam-se nesse ponto crítico em que a diacronia predomina irrevogavelmente sobre a sincronia, tornando impossível a interpretação da ordem humana como uma projeção fixa da ordem natural, já que esta engendra a outra, que a prolonga em vez de refleti-la:

> Fogo e Água uniram-se e de seu casamento nasceram a terra, os rochedos, as árvores e todo o resto. A siba lutou com o fogo e perdeu. O fogo lutou com os rochedos, que venceram. As pedras grandes combateram as pequenas, estas foram vitoriosas. As pedras pequenas lutaram com a relva, e a relva obteve a vitória. A relva lutou com as árvores, perdeu, e as árvores ganharam. As árvores lutaram com as lianas, perderam, e as lianas obtiveram a

vitória. As lianas apodreceram, os vermes nelas se multiplicaram e, de vermes, transformaram-se em homens (Turner 1884, pp. 6-7).

Esse evolucionismo exclui qualquer síntese de tipo totêmico, pois as coisas e os seres naturais não apresentam um modelo estático de uma diversidade igualmente estática entre grupos humanos: eles se ordenam como gênese de uma humanidade da qual preparam o surgimento. Mas essa incompatibilidade, por sua vez, coloca um problema: se ela existe, como os sistemas classificatórios chegam a eliminar a história ou, quando isso é impossível, a integrá-la?

Nós sugerimos em outro lugar que a desastrada distinção entre os "povos sem história" e os outros poderia ser vantajosamente substituída por uma distinção entre o que chamamos, para as necessidades da causa, de sociedades "frias" e sociedades "quentes": umas procurando, graças às instituições que se dão, anular de maneira quase automática o efeito que os fatores históricos poderiam ocasionar sobre seu equilíbrio e sua continuidade; outras interiorizando resolutamente o devir histórico para dele fazer o motor de seu desenvolvimento (Charbonnier 1961, pp. 35-47; Lévi-Strauss 1960a, pp. 41-43).

É preciso, ainda, distinguir vários tipos de encadeamentos históricos. Estando ainda na duração, alguns deles apresentam um caráter recorrente: assim o ciclo anual das estações, o da vida individual ou o das trocas de bens e serviços, no seio do grupo social. Esses encadeamentos não suscitam problemas, pois se repetem periodicamente na duração, sem que sua estrutura seja necessariamente alterada; o objetivo das sociedades "frias" é fazer de maneira tal que a ordem de sucessão temporal influa tão pouco quanto possível sobre o conteúdo de cada uma. Sem dúvida, só o conseguem imperfeitamente, mas é a norma que se fixam. Além do fato de que os procedimentos por elas empregados são mais eficazes do que certos etnólogos contemporâneos o admitem (Vogth), a verdadeira questão não é saber quais os resultados reais obtidos mas que intenção durável as direciona, pois a imagem que se fazem de si mesmas é uma parte essencial de sua realidade.

Nesse sentido, é tão fastidioso quanto inútil empilhar argumentos para provar que toda sociedade está na história e que muda: isso é a própria evidência. Porém, obstinando-nos sobre uma demonstração supérflua, arriscamo-nos a desconhecer que as sociedades humanas reagem de maneiras muito diferentes a essa condição comum: algumas aceitam-na de bom ou de mau grado e, pela consciência que tomam disso, ampliam suas consequências (para si próprias e para as outras sociedades) em enormes proporções; outras (que por essa razão chamamos primitivas) querem ignorá-la e tentam, com uma habilidade que subestimamos, tornar tão permanentes quanto possíveis os estados que consideram "primeiros" em seu desenvolvimento.

Para que o consigam, não basta que suas instituições exerçam uma ação reguladora sobre os encadeamentos recorrentes, limitando a incidência dos fatores demográficos, amortizando os antagonismos que se manifestam no interior do grupo ou entre os grupos, enfim, perpetuando o quadro em que se desenvolvem as atividades individuais e coletivas;[76] é também preciso que essas cadeias de fatos não recorrentes cujos efeitos se acumulam para produzir perturbações econômicas e sociais sejam rompidas tão logo se formem ou que a sociedade disponha de um procedimento eficaz para prevenir sua formação. Esse procedimento é conhecido e consiste não em negar o devir histórico mas em admiti-lo como uma forma sem conteúdo: há sempre um antes e um depois, mas sua única significação é a de se refletirem um no outro. É assim que todas as atividades dos aranda setentrionais reproduzem as que seus ancestrais totêmicos, dizem, praticaram:

76. No início de um estudo recente, G. Balandier anuncia com estrépito que já é tempo, para as ciências sociais, de "captar a sociedade em sua própria vida e em seu devir". Depois disso, ele descreve, aliás de maneira muito pertinente, instituições cujo objetivo é, segundo seus próprios termos, "reagrupar" linhagens ameaçadas pela dispersão, "corrigir" seu esfacelamento, "lembrar" sua solidariedade, "estabelecer" uma comunicação com os antepassados, "impedir que os membros separados de clã se tornem estranhos uns para os outros", fornecer "um instrumento de proteção contra os conflitos", "controlar" e "dominar" os antagonismos e os distúrbios, por meio de um ritual "minuciosamente regulado", que é "um fator de reforço das estruturas sociais e políticas". Facilmente se pode estar de acordo com ele, mesmo duvidando que ele próprio o esteja com suas premissas, para reconhecer que instituições, que ele começara por contestar que fossem baseadas em "relações lógicas" e em "estruturas fixas" (p. 23), de fato demonstram a "prevalência da lógica social tradicional" (p. 33), e que "sistema clássico revela assim, durante um longo período, uma surpreendente capacidade 'assimiladora'" (p. 34). Em tudo isso, nada há de "surpreendente" além da surpresa do autor.

> O ancestral *gurra* caça, mata e come perameles (*bandiccot*), e seus filhos continuam a se dedicar à mesma busca. Os homens-larvas "witchetty", de Lukara, passam todos os dias de sua vida extraindo larvas das raízes das acácias... O ancestral *ragia* (ameixeira silvestre) alimenta-se das bagas que não pára de amontoar num grande recipiente de madeira. O ancestral caranguejo sempre continua a levantar barragem após barragem através das ondas cujo curso segue e não cessará nunca de arpoar os peixes... (mas, reciprocamente)... se se tratam os mitos dos aranda setentrionais como um todo, encontrar-se-á aí a exposição detalhada de todas as formas de atividade às quais ainda se entregam os indígenas da Austrália central. Através de seus mitos, percebe-se o indígena ligado a suas tarefas cotidianas: caçando, pescando, colhendo plantas silvestres, cozinhando e modelando diversos instrumentos. Todos esses trabalhos começaram com os ancestrais totêmicos; e, também nesse domínio, o indígena respeita cegamente a tradição: permanece fiel às armas primitivas que empregavam seus longínquos avós, e a idéia de aperfeiçoá-las nunca lhe ocorre ao espírito (Strehlow 1947, pp. 34-35).

Preferimos esse testemunho a todos aqueles que, provindos de outras regiões do mundo, poderiam ser citados no mesmo sentido, pois parte de um etnólogo nascido e criado entre os indígenas, que fala correntemente sua língua e que permanece profundamente ligado a eles. Portanto não se pode supor de sua parte nem incompreensão, nem má vontade. Para nós, sem dúvida, é difícil (como para ele, se acreditamos na sequência de seu texto) não julgar desfavoravelmente uma atitude que contradiz de maneira flagrante essa ávida necessidade de mudança própria de nossa civilização. Entretanto, a fidelidade obstinada a um passado concebido como modelo intemporal mais que como uma etapa do devir não trai nenhuma carência moral ou intelectual; ela exprime um partido adotado consciente ou inconscientemente e cujo caráter é confirmado no mundo inteiro por essa justificação incansavelmente repetida de cada técnica, de cada regra e de cada costume, através de um único argumento: os antepassados nos ensinaram. Como para nós, em outros domínios e até uma época recente, a antiguidade e a continuidade são os fundamentos da legitimidade. Mas essa antiguidade é colocada no absoluto, pois que remonta à origem do mundo, e essa continuidade não admite orientação nem gradação.

A história mítica apresenta, então, o paradoxo de ser simultaneamente disjunta e conjunta em relação ao presente. Disjunta, porque os primeiros antepassados eram de uma outra natureza que não a dos homens contemporâneos: aqueles foram criadores, estes são copistas; e conjunta porque, desde o surgimento dos ancestrais, nada mais ocorreu além de fatos cuja recorrência periodicamente apaga a particularidade. Falta demonstrar como o pensamento selvagem consegue não apenas ultrapassar essa dupla contradição mas retirar dela a matéria de um sistema coerente em que uma diacronia, de qualquer forma domada, colabora com a sincronia, sem risco de que entre elas surjam novos conflitos.

Graças ao ritual, o passado "disjunto" do mito articula-se de um lado com a periodicidade biológica e sazonal e de outro com o passado "conjunto" que liga ao longo das gerações os mortos e os vivos. Esse sistema sincro-diacrônico foi bem analisado por Sharp (1943, p. 71), que classifica os ritos das tribos australianas da península do Cabo Iorque em três categorias. Os *ritos de controle* são positivos ou negativos, visam aumentar ou restringir as espécies ou fenômenos totêmicos, tanto em benefício quanto em detrimento da coletividade, fixando a quantidade de espíritos ou de substância espiritual cuja liberação será permitida, nos centros totêmicos estabelecidos pelos ancestrais, em diversos pontos do território tribal. Os *ritos históricos* ou comemorativos recriam a atmosfera sagrada e benéfica dos tempos míticos – época do "sonho", dizem os australianos – a cujos protagonistas e grandes feitos refletem, como num espelho. Os *ritos de luto* correspondem a um processo inverso: em vez de confiar aos homens vivos o encargo de personificar os antepassados distantes, esses ritos asseguram reconversão, em antepassados, de homens que deixaram de ser vivos. Vê-se, então, que o sistema do ritual tem por função superar e integrar três oposições: a da diacronia e da sincronia, a dos caracteres periódico ou aperiódico que ambas podem apresentar e, enfim, no interior da diacronia, a do tempo reversível e do tempo irreversível, pois, se bem que o presente e o passado sejam teoricamente diferentes, os ritos históricos transportam o passado no presente, e os ritos de luto, o presente no passado, não sendo equivalentes os dois processos; dos heróis míticos, pode-se verdadeiramente dizer que voltam, pois toda sua realidade reside em sua personificação, mas os humanos morrem de fato. Seja o esquema:

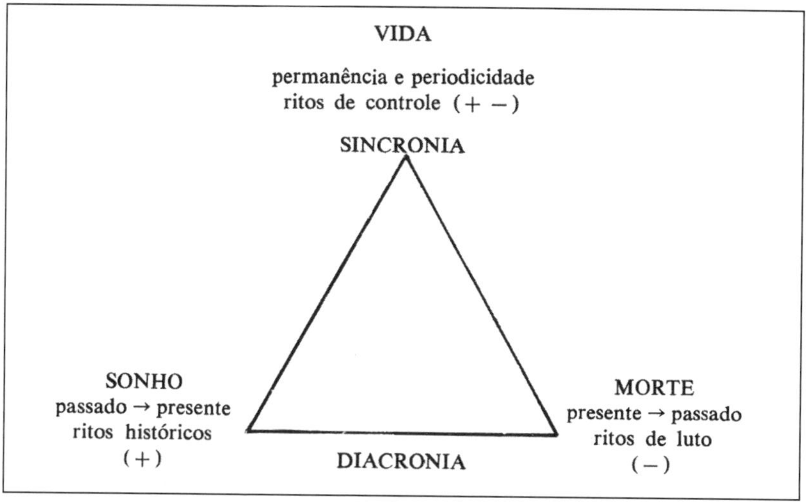

Na Austrália central, esse sistema se completa ou reforça pelo uso dos churinga (Figura 11) ou tjurunga, que propiciou muitas pesquisas antigas e recentes, mas que as considerações precedentes ajudam a explicar. Os ritos comemorativos e funerários postulam que entre o passado e o presente é possível a passagem nos dois sentidos; eles não fornecem a prova disso. Pronunciam-se sobre a diacronia mas fazem-no ainda em termos de sincronia, pois somente o fato de celebrá-los equivale a mudar o passado em presente. Concebe-se, portanto, que certos grupos tenham procurado reconhecer, de uma forma tangível, o ser diacrônico da diacronia no interior da própria sincronia. Desse ponto de vista, é significativo que a importância dos churinga seja grande sobretudo entre os aranda ocidentais e setentrionais e que vá decrescendo até se apagar completamente, à medida que se avança para o norte. Com efeito, nesses grupos aranda, o problema da relação entre diacronia e sincronia tornou-se ainda mais espinhoso, pelo fato de que eles representam seus ancestrais totêmicos não como heróis individualizados, dos quais todos os membros do grupo totêmico seriam os descendentes diretos, à maneira dos arabanna e dos warramunga (Spencer e Gillen 1904, pp. 161-162), mas sob a forma de uma multidão indistinta, que em princípio deveria excluir até a noção de continuidade genealógica. De fato, e como vimos em outro capítulo,[77] tudo se passa, de um certo

77. Cf. anteriormente, pp. 99-100.

ponto de vista, entre esses aranda, como se, antes de nascer, cada indivíduo sorteasse o ancestral anônimo de que seria a reencarnação. Sem dúvida, devido ao requinte de sua organização social, que prodigaliza à sincronia o benefício das distinções nítidas e das definições precisas, mesmo a relação entre o passado e o presente lhes aparece em termos de sincronia. O papel dos churinga seria, assim, o de compensar o empobrecimento correlativo da dimensão diacrônica: eles são o passado materialmente presente e oferecem o meio de conciliar a individuação empírica e a confusão mítica.

Sabe-se que os churinga são objetos de pedra ou de madeira, de forma mais ou menos oval com as extremidades pontudas ou arredondadas, muitas vezes gravadas com sinais simbólicos; às vezes, também, simples pedaços de madeira ou seixos não trabalhados. Qualquer que seja sua aparência, cada churinga representa o corpo físico de um ancestral determinado e é solenemente atribuído, geração após geração, ao vivo que se acredita ser esse ancestral reencarnado. Os churinga são empilhados e escondidos em abrigos naturais, longe dos caminhos frequentados. Periodicamente são retirados para inspeção e manuseio e, em cada uma dessas ocasiões, eles são polidos, engraxados e coloridos, não sem que lhes sejam dirigidas preces e encantamentos. Por seu papel e pelo tratamento a eles reservado, apresentam assim surpreendentes analogias com os documentos de arquivos que metemos em cofres ou confiamos à guarda secreta dos notários e que, de tempos em tempos, inspecionamos com os cuidados devidos às coisas sagradas, para repará-los, se necessário, ou para confiá-los a pastas mais elegantes. E, em tais ocasiões, também nós de bom grado recitamos os grandes mitos cuja lembrança é reavivada pela contemplação das páginas rasgadas e amarelecidas: fatos e gestos de nossos ancestrais, história de nossas moradas desde sua construção ou sua primeira cessão.

Portanto, não é útil procurar tão longe quanto o faz Durkheim a razão do caráter sagrado dos churinga: quando um costume exótico nos cativa, a despeito (ou por causa) de sua aparente singularidade, é porque ele geralmente nos apresenta, como um espelho deformante, uma imagem familiar e que reconhecemos confusamente como tal, sem da conseguir identificá-la. Durkheim (1925, pp. 167-174) queria que os churinga fossem sagrados porque trazem a marca totêmica gravada ou desenhada. Mas, primeiro, hoje se sabe que isso não é sempre verdade: T.G.H. Strehlow

(1947) assinala, entre os aranda setentrionais, churinga de pedra, mais preciosos que os outros, os quais descreve como "objetos rudes e insignificantes, grosseiramente polidos por terem sido esfregados uns contra os outros no decorrer das cerimônias" (p. 54); e, entre os aranda meridionais, ele viu churinga que são simples pedaços de madeira ... que não trazem nenhum sinal e revestidos com uma espessa camada de ocre vermelho e graxa misturados (p. 73). O churinga pode ser mesmo um seixo polido, uma rocha natural ou uma árvore (p. 95).

Por outro lado e segundo a intenção do próprio Durkheim, sua interpretação dos churinga deveria confirmar uma de suas teses fundamentais: a do caráter emblemático do totemismo. Sendo os churinga as coisas mais sagradas que os aranda conheciam, era preciso explicar esse caráter por uma figuração emblemática do totem, para demonstrar que o totem representado é mais sagrado que o totem real. Mas, conforme já dissemos, não existe totem real:[78] o animal individual desempenha o papel de significante, e o caráter sagrado se prende não a ele ou a seu ícone mas ao significado, de que indiferentemente assumem o lugar. Enfim, um documento não se torna sagrado pelo simples fato de trazer um selo de prestígio, por exemplo, o dos arquivos nacionais; ele traz o selo porque primeiro foi considerado sagrado e, sem ele, continuaria a sê-lo.

Tampouco se pode dizer, seguindo uma outra interpretação, que aliás Durkheim reduz à anterior, que o churinga *é* o corpo do ancestral. Essa fórmula aranda, recolhida por C. Strehlow, deve ser tomada em sua acepção metafórica. Com efeito, o ancestral não perde seu corpo porque no instante

---

78. Cf. anteriormente, p. 175. "Entre os humanos, não há um chefe único que comande toda uma tribo mas tantos chefes quantos são os bandos; da mesma forma, as espécies animais e vegetais não têm um patrono único: existem patronos diferentes para cada localidade. Os patronos são sempre maiores que os outros animais ou plantas da mesma espécie, e, no caso das aves, dos peixes e dos quadrúpedes, são sempre de cor branca. Acontece, de tempos em tempos, que os índios os avistem e os matem, mas, no mais das vezes, eles se mantêm fora das vistas dos humanos. Como o fazia observar um velho índio, eles se assemelham ao governo, em Otawa. Nunca um índio comum pôde ver 'o governo'. Enviam-no de uma repartição a outra, de funcionário a funcionário, e cada um desses pretende, muitas vezes, ser 'o patrão'; mas o verdadeiro governo nunca é visto, pois tem o cuidado de se manter oculto" (Jenness 1930, p. 61).

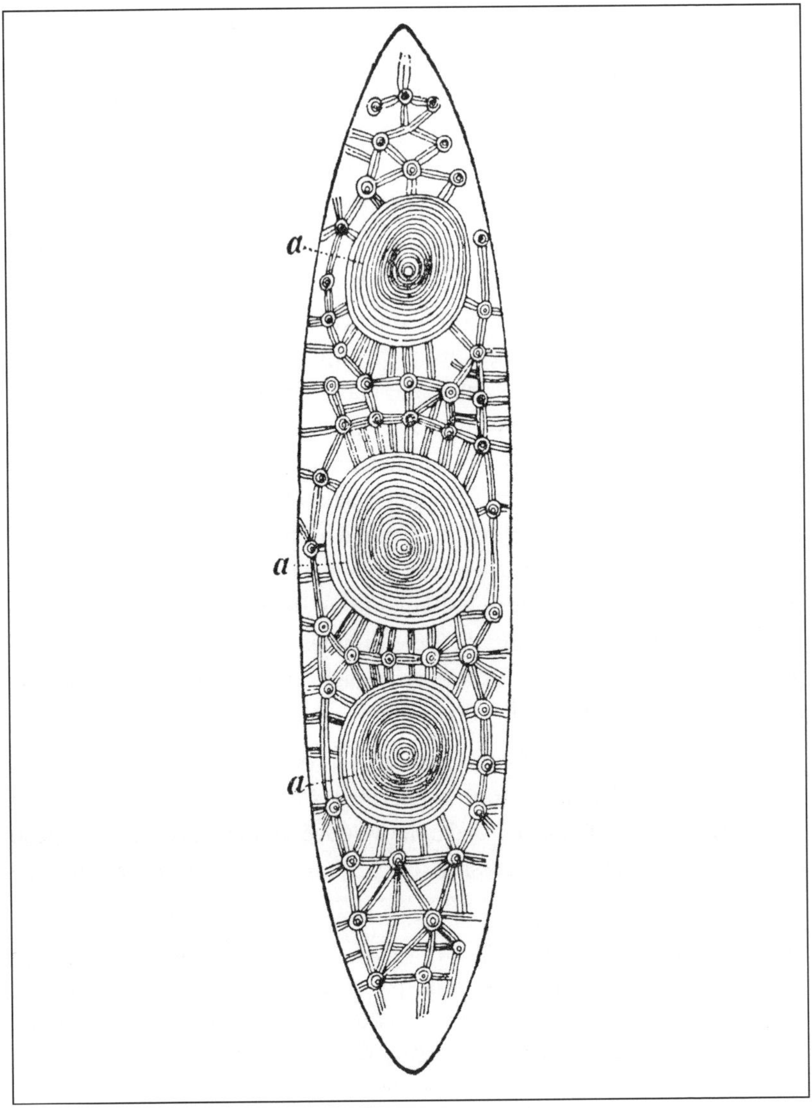

Figura 11 – *Churinga de um homem aranda do totem da rã.* Os grandes círculos concêntricos (*a*) representam três árvores célebres que marcam o lugar totêmico, perto do rio Hugh. As linhas retas que os ligam (*b*) representam grandes raízes; e as linhas curvas (*c*), as pequenas. Os pequenos círculos concêntricos (*d*) representam árvores de menor importância e suas raízes; e os pontilhados (*e*) são os traços deixados pelas

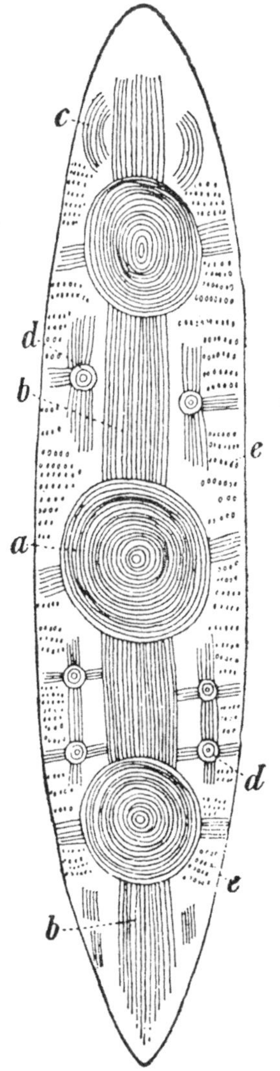

rãs saltando sobre a areia à beira d'água. As próprias rãs são representadas num dos lados do churinga (à esquerda) pela rede complicada de linhas (seus membros) que ligam os pequenos círculos concêntricos (os corpos) (Spencer B. e Gillen, F.J., *The native tribes of Central Australia*, nova ed., Londres, 1938, pp. 145-147).

da concepção abandona seu churinga (ou um deles) em benefício de sua encarnação posterior: o churinga traz, antes, a prova tangível de que o ancestral e seu descendente vivo são uma única carne. Senão, como poderia ser que, no caso de não se descobrir o churinga original no lugar onde a mulher foi misticamente fecundada, se fabricasse um outro que lhe assumisse o posto? Por esse caráter probatório, os churinga se assemelham assim aos documentos de arquivos, sobretudo aos títulos de propriedade que passam pelas mãos de todos os sucessivos aquisitores (e que podem ser reconstituídos em caso de perda ou de destruição) a não ser que se trate aqui não da detenção de um bem imobiliário por um proprietário mas de uma personalidade moral e física por um usufrutário. Aliás, e ainda que para nós também os arquivos constituam os mais preciosos e sagrados de todos os bens, acontece-nos, à moda aranda, confiar esses tesouros a grupos estrangeiros. E, se enviamos o testamento de Luís XIV aos Estados Unidos ou se estes nos emprestam a Declaração da Independência ou o Sino da Liberdade, é a prova de que, conforme os termos do informante aranda,

> ... estamos em paz com os nossos vizinhos, pois não pode entrar em disputa ou em conflito com gente que tem a guarda de nossos *tjurunga* e que confiaram seus *tjurunga* a nossos cuidados (Strehlow 1947, p. 161).

Mas por que valorizamos tanto os nossos arquivos? Os fatos a que eles se referem são independentemente comprovados e de mil formas: vivem em nosso presente e em nossos livros; por si mesmos são desprovidos de um sentido que se origina inteiramente de suas repercussões históricas e dos comentários que os explicam, ligando-os a outros fatos. Parafraseando um argumento de Durkheim, poder-se-ia dizer, a propósito dos arquivos: no fim das contas, são pedaços de papel.[79] Por menos que todos tenham sido publicados, nada seria mudado em nosso conhecimento e em nossa condição se um cataclisma destruísse as peças autênticas. Não obstante, ressentir-nos-íamos dessa perda como de um mal irreparável que nos

---

79. "... em si próprios, os churinga são objetos de madeira e de pedra, como tantos outros..." (Durkheim 1925, p. 172).

atingisse no mais profundo do ser. E isso não seria sem razão: se nossa interpretação dos *churinga* é exata, seu caráter sagrado diz respeito à função de significação diacrônica que apenas e eles asseguram, dentro de um sistema que, por ser classificatório, está completamente desenrolado numa sincronia que até consegue ser assimilada à duração. Os churinga são os testemunhos palpáveis do período mítico: esse *alcheringa* que em sua falta ainda se poderia conceber mas que não mais seria fisicamente comprovado. Assim também se perdêssemos nossos arquivos, nosso passado não seria abolido por isso: ele seria privado daquilo que seríamos tentados a chamar de sabor diacrônico. Ele existiria ainda como passado mas preservado apenas em reproduções, em livros, nas instituições e mesmo numa situação, todos contemporâneos ou recentes. Consequentemente, ele também estaria desdobrado na sincronia.

A virtude dos arquivos é a de nos colocar em contato com a pura historicidade. Conforme já dissemos a respeito dos mitos de origem das denominações de clã, seu valor não está ligado à significação intrínseca dos fatos evocados, estes podem ser insignificantes ou mesmo completamente ausentes, se se trata de um autógrafo de algumas linhas ou de uma assinatura sem contexto. Entretanto, que valor não teria a assinatura de Johann Sebastian Bach, para quem não ouve três compassos dele sem sentir bater o coração! Quanto aos próprios fatos, dissemos que eles são comprovados por outra forma que não os atos autênticos e o são, geralmente, melhor. Os arquivos trazem, pois, outra coisa: por um lado, eles constituem o fato em sua contingência radical (visto que apenas a interpretação, que não faz parte dele, pode baseá-lo numa razão); por outro lado, eles dão uma existência física à história, pois apenas neles é ultrapassada a contradição de um passado terminado e de um presente no qual ele sobrevive. Os arquivos são o ser encarnado da factualidade.

Por esse ângulo reencontramos, então, no interior do pensamento selvagem, a história pura com a qual os mitos totêmicos já nos haviam confrontado. Não e inconcebível que alguns dos fatos que eles narram sejam reais, mesmo que o quadro que pintam deles seja simbólico e deformado (Elkin 1961, p. 210). Todavia, a questão não é essa, pois todo fato histórico resulta em larga medida, do recorte do historiador. Mesmo se a histórica mítica é falsa, não deixa por isso de exibir em estado puro e sob a forma mais marcada (tanto mais, poder-se-ia dizer que é falsa) os caracteres próprios do fato histórico que, por um lado, estão ligados a sua contingência: o antepassado apareceu em tal lugar, foi ali e depois acolá, fez tal ou tal gesto...; por outro lado, a seu poder de suscitar emoções intensas e variadas:

> O aranda setentrional está preso a seu solo natal por todas as fibras de seu ser. Fala sempre de seu "lugar de nascimento" com amor e respeito. E hoje, vêm-lhe lágrimas aos olhos quando evoca um lugar ancestral que o homem branco, às vezes involuntariamente, profanou... O amor ao país, a nostalgia do país, aparecem assim constantemente nos mitos que se referem aos ancestrais totêmicos (Strehlow 1947, pp. 30-31).

Ora, essa ligação apaixonada com o torrão natal explica-se sobretudo numa perspectiva histórica:

> As montanhas, os riachos, as fontes e os charcos não são para ele (o indígena) apenas aspectos da paisagem belos ou dignos de atenção... Cada um deles foi obra de um dos ancestrais de que descende. Na paisagem que o circunda, ele lê a história dos fatos e gestos dos seres imortais que ele venera; seres que, por um breve instante, ainda podem assumir a forma humana; seres dos quais muitos lhe são conhecidos por experiência direta, como pais, avôs, irmãos, mães e irmãs. Todo o país é para ele como uma árvore genealógica antiga e sempre viva. Cada indígena concebe a história de seu antepassado totêmico como uma relação de suas próprias ações no início dos tempos e na própria aurora da vida, quando o mundo, tal como é hoje conhecido, estava ainda entregue às mãos todo-poderosas que o modelavam e o formavam (*ibid.*, pp. 30-31).

Se se observa que esses fatos e esses lugares são os mesmos que fornecem a matéria dos sistemas simbólicos aos quais os capítulos anteriores foram dedicados, deve-se reconhecer que os povos chamados primitivos souberam elaborar métodos racionais para inserir, sob seu duplo aspecto de contingência lógica e de turbulência afetiva, a irracionalidade na racionalidade. Os sistemas classificatórios permitem, então, integrar a história; mesmo e sobretudo aquela que se poderia acreditar rebelde ao sistema. Pois é preciso não se enganar: os mitos totêmicos que compungidamente narram incidentes fúteis e que se enternecem com os lugares conhecidos não lembram, no que se refere à história, senão a pequena, a dos mais apagados cronistas. As mesmas sociedades cujas organização social e regras de matrimônio requerem para sua interpretação o esforço dos matemáticos e cuja cosmologia espanta os filósofos não veem solução de continuidade entre as altas especulações às quais se entregam nesses domínios e uma história que não é a dos Burckardt ou dos Spengler mas a dos Lenôtre e dos La Force. Considerado a essa luz, o estilo dos aquarelistas aranda talvez parecesse menos insólito. E nada se parece mais, em nossa civilização, com as peregrinações que os iniciados australianos fazem periodicamente aos lugares sagrados, conduzidos por seus sábios, que nossas visitas-conferências às casas de Goethe ou de Victor Hugo, cujos móveis nos inspiram emoções tão vivas quanto arbitrárias. Aliás, como para os churinga, o essencial não é que a cama de Van Gogh seja exatamente aquela em que se afirma que ele dormiu; tudo o que o visitante espera é que lha possam mostrar.

9
HISTÓRIA E DIALÉTICA

Ao longo deste trabalho, nós nos permitimos, não sem segundas intenções, tomar empréstimos ao vocabulário de Jean-Paul Sartre. Queríamos, assim, levar o leitor a colocar para si um problema, cuja discussão servirá de entrada na matéria para nossa conclusão: quando um pensamento que sabe e que quer ser ao mesmo tempo anedótico e geométrico pode ainda ser chamado dialético? O pensamento selvagem é totalizante; de fato, ele pretende ir muito mais longe nesse sentido do que Sartre o faculta à razão dialética, pois, num extremo, esta deixa escapar a pura serialidade (cuja integração acabamos de ver alcançada pelos sistemas classificatórios) e, no outro, ela exclui o esquematismo no qual esses mesmos sistemas encontram seu coroamento. Pensamos que, nessa intransigente recusa do pensamento selvagem para que nada de humano (e mesmo de vivo) possa lhe continuar estranho, a razão dialética descobre seu verdadeiro princípio. Mas nós fazemos dela uma ideia muito diferente daquela de Sartre.

Quando se lê a *Crítica*, não se deixa de sentir que o autor hesita entre duas concepções da razão dialética. Ora ele opõe razão analítica e razão dialética como o erro e a verdade senão mesmo como o diabo e o bom Deus, ora as duas razões aparecem como complementares: caminhos diferentes que levam às mesmas verdades. Além de a primeira concepção desacreditar o saber científico e chegar mesmo a sugerir a impossibilidade de uma ciência biológica, ela encerra um curioso paradoxo, pois a obra intitulada *Crítica da razão dialética* é o resultado do exercício, pelo autor, de sua própria razão analítica: ele define, distingue, classifica e opõe. Esse tratado filosófico não é de natureza diversa das obras por ele discutidas e com as quais dialoga, mesmo que para condená-las. Como a razão analítica poderia ser aplicada à razão dialética e pretender fundá-la se elas se definem por caracteres mutuamente exclusivos? O segundo partido abre o flanco a uma outra crítica: se razão dialética e razão analítica no fim chegam aos mesmos resultados e se suas verdades respectivas confundem-se em uma verdade única, em virtude de que seriam colocadas em oposição e, sobretudo, proclamar-se-ia a superioridade da primeira sobre a segunda? Num caso, o empreendimento de Sartre parece contraditório; no outro, parece supérfluo.

Como se explica o paradoxo e por que se pode escapar a ele? Nas duas hipóteses entre as quais hesita, Sartre atribui à razão dialética uma realidade *sui generis*; ela existe independentemente da razão analítica, seja como sua antagonista, seja como sua complementar. Se bem que nossa reflexão em relação a uma e a outra tenha seu ponto de partida em Marx, parece-me que a orientação marxista conduz a uma visão diferente: a oposição entre as duas razões é relativa, não absoluta; ela corresponde a uma tensão no âmago do pensamento humano, que talvez subsista indefinidamente de fato mas que não está fundada no direito. Para nós, a razão dialética é sempre constituinte: é a passarela incessantemente prolongada e melhorada que a razão analítica lança sobre um abismo, do qual não percebe a outra borda, mesmo sabendo que ela existe e que deve constantemente dela afastar-se. O termo razão dialética encobre, assim, os esforços perpétuos que a razão analítica deve fazer para se reformar, se pretende dar conta da linguagem, da sociedade e do pensamento; e a distinção entre as duas razões, a nossos olhos, está baseada apenas no corte temporário que separa a razão analítica da inteligência da vida. Sartre chama razão analítica à razão preguiçosa; chamamos à mesma razão dialética, mas corajosa: curvada pelo esforço exercido para se superar.

No vocabulário de Sartre, definimo-nos, então, como materialista transcendental e como esteta. Materialista transcendental (p. 124), pois que, para nós, a razão dialética não é *outra coisa que* a razão analítica e aquilo sobre o que se fundaria a originalidade absoluta de uma ordem humana; mas *alguma coisa a mais na* razão analítica: sua condição requerida para que ouse empreender a resolução do humano não humano. Esteta, pois Sartre aplica esse termo a quem pretende estudar os homens como se fossem formigas (p. 183), Mas, além de essa atitude parecer-nos a de todo homem de ciência do momento, que é agnóstico, não é absolutamente comprometedora, pois as formigas, com seus cupins, sua vida social e suas mensagens químicas, já oferecem uma resistência suficientemente coriácea aos empreendimentos da razão analítica... Aceitamos, pois, o qualificativo de esteta, por acreditar que o objetivo último das ciências humanas não é constituir o homem mas dissolvê-lo. O valor eminente da etnologia é o de corresponder à primeira etapa de um processo que comporta outras: para além da diversidade empírica das sociedades humanas, a análise etnográfica pretende atingir invariantes, que o presente trabalho mostra estarem situadas, às vezes, nos mais imprevistos pontos. Rousseau (1783, cap. VIII) o pressentira com sua habitual clarividência: "Quando se quer estudar os homens, é preciso olhar para perto de si; mas, para estudar o homem, é preciso aprender a dirigir a vista para longe; é preciso primeiro observar as diferenças para descobrir as propriedades". Não obstante, não seria bastante reabsorver humanidades particulares em uma humanidade geral; esta primeira empresa insinua outras, que Rousseau não teria admitido de bom grado e que cabem às ciências exatas e naturais: reintegrar a cultura na natureza e, finalmente, a vida no conjunto de suas condições físico-químicas.[80]

Mas, a despeito da forma voluntariamente brutal dada a nossa tese, não perdemos de vista que o verbo "dissolver" não implica de maneira nenhuma (e mesmo exclui) a destruição das partes constitutivas do corpo submetidas à ação de um outro corpo. A solução de um sólido num líquido modifica o arranjo das moléculas do primeiro, ela representa também, muitas vezes, um meio eficaz de colocá-las de reserva para recuperá-las segundo a necessidade e para melhor estudar suas propriedades. As reduções que enfocamos só serão, portanto, legítimas e mesmo possíveis sob duas condições, das quais a primeira é não empobrecer os fenômenos submetidos à redução e ter certeza de que se reuniu previamente em torno de cada um

80. A oposição entre natureza e cultura, sobre a qual insistimos outrora (Lévi-Strauss 1949, caps. I e II), parece-nos, hoje, oferecer um valor sobretudo metodológico.

tudo o que contribui para sua riqueza e originalidade distintivas, pois de nada serviria empunhar um martelo se fosse para bater ao lado do prego.

Em segundo lugar, deve-se estar preparado para ver cada redução perturbar por completo a ideia preconcebida que se possa fazer do nível, qualquer que seja, que se tente alcançar. A ideia de uma humanidade geral, para a qual a redução etnográfica conduz, não terá mais nenhuma relação com aquela que antes se fazia. E, no dia em que se chegar a compreender a vida como uma função da matéria inerte, será para descobrir que esta possui propriedades bem diferentes das que lhe eram atribuídas anteriormente. Portanto, não se poderiam classificar os níveis de redução em superiores e inferiores, pois, ao contrário, é preciso esperar que, por efeito da redução, o nível tido como superior comunique retroativamente alguma coisa de sua riqueza ao nível inferior ao qual fora reduzido. A explicação científica não consiste na passagem da complexidade à simplicidade mas na substituição de uma complexidade mais inteligível a uma outra que o era menos.

Em nossa perspectiva, por conseguinte, o eu não se opõe mais ao outro do que o homem se opõe ao mundo: as verdades aprendidas através do homem são "do mundo" e elas são importantes por isso.[81] Compreende-se, então, que encontremos na etnologia o princípio de toda pesquisa, ao passo que, para Sartre, ela levanta um problema sob a forma de embaraço a superar ou de resistência a reduzir. E, com efeito, que se pode fazer dos povos "sem história" quando se definiu o homem pela dialética e a dialética pela história? Às vezes Sartre parece tentado a distinguir duas dialéticas: a

81. Isso é mesmo verdadeiro para as verdades matemáticas, a respeito das quais um lógico contemporâneo, não obstante, escreveu: "Hoje quase se pode considerar uma opinião comum dos matemáticos a idéia de que os enunciados da matemática pura nada exprimem sobre a realidade" (Heyting 1955, p. 71). Mas os enunciados da matemática pelo menos refletem o funcionamento livre do espírito, ou seja, a atividade das células do córtex cerebral relativamente libertas de qualquer coerção exterior e obedecendo apenas a suas próprias leis. Como o espírito também é uma coisa, o funcionamento dessa coisa nos instrui sobre a natureza das coisas: mesmo a reflexão pura se resume em uma interiorização do cosmos. De uma forma simbólica, ela ilustra a estrutura de fora: "A lógica e a logística são ciências empíricas pertencentes mais à etnografia que à psicologia" (Beth 1955, p. 151).

"verdadeira", que seria a das sociedades históricas, e uma dialética repetitiva e de curto prazo, que ele concede às sociedades ditas primitivas, colocando-a muito perto da biologia; ele expõe, assim, todo o seu sistema, visto que, pelo ponto de vista da etnografia, que é incontestavelmente uma ciência humana e que se dedica ao estudo dessas sociedades, a ponte demolida com tanta fúria entre o homem e a natureza seria subrepticiamente reconstruída. Ou então Sartre se resigna a enfileirar, ao lado do homem, uma humanidade "mirrada e disforme" (p. 203) mas não sem insinuar que seu ser de humanidade não lhe pertence propriamente e que é função de que seja tomado como encargo da humanidade histórica: seja que, na situação colonial, a primeira tenha começado a interiorizar a história da segunda; seja que, graças à própria etnologia, a segunda dispense a bênção de um sentido a uma primeira humanidade, que não o tinha. Nos dois casos, deixa-se escapar a prodigiosa riqueza e diversidade de usos, de crenças e costumes; esquece-se que, a seus próprios olhos, cada uma das dezenas ou das centenas de milhares de sociedades que coexistiram sobre a terra ou que se sucederam desde que o homem nela apareceu prevaleceu-se de uma certeza moral, semelhante àquela que nós mesmos podemos invocar, para proclamar que nela – fosse ela reduzida a um pequeno bando nômade ou a um lugarejo perdido no coração das florestas – estão condensados todo o sentido e a dignidade de que a vida humana é suscetível. Mas seja entre elas ou entre nós, é preciso muito egocentrismo e ingenuidade para crer que o homem está todo inteiro refugiado num só dos modos históricos ou geográficos de seu ser, ao passo que a verdade do homem reside no sistema de suas diferenças e de suas propriedades comuns.

Quem começa por se instalar nas pretensas evidências do eu, esse daí não sai mais. O conhecimento dos homens às vezes parece mais fácil para aqueles que se deixam prender na armadilha da identidade pessoal. Mas assim eles fecham para si a porta do conhecimento do homem: toda pesquisa etnográfica tem seu princípio nas "confissões" escritas ou inconfessadas. De fato, Sartre torna-se cativo de seu *Cogito:* o de Descartes permitia ter acesso ao universal mas com a condição de permanecer psicológico e individual; sociologizando o *Cogito*, Sartre apenas muda de prisão. A partir de então, o grupo e a época de cada sujeito far-lhe-ão as vezes de consciência intemporal. Também a mirada que Sartre lança sobre o mundo e sobre o homem apresenta a estreiteza pela qual tradicionalmente se apraz reconhecer as sociedades fechadas. Sua insistência em traçar uma distinção entre o primitivo e o civilizado, com grande reforço dos contrastes gratuitos, reflete de forma apenas mais nuançada a oposição fundamental por ele postulada entre o eu e o outro. E, não obstante, na obra de Sartre, essa oposição não é formulada de maneira muito diferente da que o teria feito um selvagem melanésio, ao passo que a análise do prático – inerte – restaura muito ingenuamente a linguagem do animismo.[82]

Descartes, que queria fundar uma física, separava o Homem da Sociedade. Sartre, que pretende fundar uma antropologia, separa a sua sociedade das outras sociedades. Entrincheirado no individualismo e no empirismo, um *Cogito* – que pretende ser ingênuo e bruto – perde-se nos impasses da psicologia social. Pois é surpreendente que as situações a partir das quais Sartre procura destacar as condições formais da realidade social – greve, luta de boxe, partida de futebol, fila numa parada de ônibus – sejam todas incidências secundárias da vida em sociedade; elas não podem, então, servir para depreender seus fundamentos.

Para o etnólogo, essa axiomática tão distanciada da sua é tanto mais decepcionante quanto mais próximo de Sartre ele se sente, cada vez que este se aplica, com arte incomparável, a captar em seu movimento dialético uma experiência social atual ou antiga mas interior a nossa cultura. Ele faz, então, o que todo etnólogo tenta fazer com culturas diferentes: colocar-se no lugar dos homens que aí vivem, compreender sua intenção em seu princípio e em seu ritmo, perceber uma época ou uma cultura como um conjunto significante. Neste sentido, muitas vezes podemos tomar lições com ele, mas estas têm um caráter prático, não teórico. Pode ser que, para alguns historiadores, sociólogos e psicólogos a exigência de totalização seja uma grande novidade. Para os etnólogos, ela é comum, visto que Malinowski a ensinou a eles. Mas as insuficiências de Malinowski também nos ensinaram que o fim da explicação não estava aí; esta apenas começa quando chegamos

82. É precisamente porque se encontram todos esses aspectos do pensamento selvagem na filosofia de Sartre que ele nos parece incapaz de julgá-la: pelo simples fato de que oferece seu equivalente, ela o exclui. Para o etnólogo, ao contrário, essa filosofia representa (como todas as outras) um documento etnográfico de primeira ordem, cujo estudo é indispensável se se quer compreender a mitologia do nosso tempo.

a constituir nosso objeto. O papel da razão dialética é colocar as ciências humanas na posse de uma realidade que apenas ela é capaz de lhes fornecer, mas que o esforço propriamente científico consiste em decompor, depois em recompor, seguindo um outro plano. Embora rendendo homenagem à filosofia sartriana, esperamos nela encontrar apenas um ponto de partida, não um ponto de chegada.

Isso não é tudo. Não é preciso que a razão dialética se deixe levar por seu impulso e que o processo que nos leva à compreensão de uma outra realidade atribua a esta, além de suas próprias características dialéticas, as que procedem mais do processo que do objeto: do fato de que todo conhecimento do outro é dialético não resulta que o todo do outro seja integralmente dialético. À força de fazer da razão analítica uma anticompreensão, Sartre chega, muitas vezes, a lhe recusar toda realidade como parte integrante do objeto de compreensão. Esse paralogismo já aparece na maneira de invocar uma história cuja dificuldade é descobrir se é essa história que os homens fazem sem saber ou a história dos homens tal como a fazem os historiadores sabendo-o, ou, enfim, a interpretação, pelo filósofo, da história dos homens ou da história dos historiadores. Mas a dificuldade torna-se ainda maior quando Sartre tenta explicar como vivem e pensam não os membros atuais ou antigos de sua própria sociedade, mas os das sociedades exóticas.

Ele acredita, com razão, que seu esforço de compreensão só tem oportunidade de se realizar com a condição de ser dialético; e conclui, erroneamente, que a relação com o pensamento indígena do conhecimento que tem dele é a de uma dialética constituída para com uma dialética constituinte, retomando assim, por sua conta e por um atalho imprevisto, todas as ilusões dos teóricos da mentalidade primitiva. Que o selvagem possua "conhecimentos complexos" e seja capaz de análise e de demonstração parece-lhe ainda menos suportável do que a um Lévy-Bruhl. Do indígena de Ambrym, tornado célebre pela obra de Deacon, que sabia demonstrar para o pesquisador o funcionamento de suas regras de casamento e de seu sistema de parentesco traçando um diagrama na areia (atitude nada excepcional, pois a literatura etnográfica contém muitas observações semelhantes), Sartre afirma: "Sem dúvida essa construção não é um pensamento, é um trabalho manual controlado por um conhecimento sintético que ele não exprime" (p. 505). Seja, mas então será preciso dizer o mesmo do professor da Escola Politécnica que faz uma demonstração no quadro, pois todo etnógrafo capaz de compreensão dialética está intimamente persuadido de que a situação é exatamente a mesma nos dois casos. Convir-se-á, portanto, que toda razão é dialética, o que, de nossa parte, estamos prontos a admitir, já que a razão dialética nos aparece como a razão analítica em marcha; mas a distinção entre as duas formas, que está na base do empreendimento de Sartre, terá ficado sem objeto.

Devemos confessá-lo hoje: sem o querer e sem o prever, favorecemos essas interpretações falíveis, parecendo, muito frequentemente, nas *Estruturas elementares do parentesco*, estar à procura de uma gênese inconsciente do intercâmbio matrimonial. Teria sido preciso distinguir mais entre intercâmbio, tal como se exprime espontânea e imperiosamente na práxis dos grupos, e as regras conscientes e premeditadas por meio das quais esses mesmos grupos – ou seus filósofos – se empenham em codificá-lo e controlá-lo. Se existe um ensinamento a retirar das pesquisas etnográficas desses 20 últimos anos, é que esse segundo aspecto é muito mais importante do que os observadores – vítimas da mesma ilusão que Sartre – geralmente tinham suposto. Devemos, portanto, como preconizou Sartre, aplicar a razão dialética ao conhecimento de nossas sociedades e das outras, mas sem perder de vista que a razão analítica ocupa um lugar considerável em todas elas e que, já que aí está, o processo que seguimos também deve permitir encontrá-la.

Mas, mesmo se ela aí não estivesse, não se vê como a posição de Sartre seria melhor por isso; pois, nessa hipótese, as sociedades exóticas apenas nos poriam em confronto, com mais generalidade que outras, com uma teleologia inconsciente que, ainda que histórica, escapa completamente à história humana: aquela da qual linguística e psicanálise nos desvelam certos aspectos e que repousa no jogo combinado dos mecanismos biológicos (estrutura do cérebro, lesões, secreções internas) e psicológicos. Parece-nos que aí está "o osso" – para retomar uma expressão de Sartre – que sua crítica não consegue quebrar. Aliás, ela não tem essa preocupação, e esta é a mais grave censura que se lhe de fazer. Pois a língua não reside nem na razão analítica dos antigos gramáticos, nem na dialética constituída da linguística estrutural, nem na dialética constituinte da práxis individual confrontada com o prático-inerte, já que todas as três a supõem. A linguística coloca-nos na presença de um ser dialético e totalizante mas exterior (ou inferior) à consciência e à vontade. Totalização não reflexiva, a língua é uma razão humana que tem suas razões e que o homem não conhece. E, se nos objetam que ela é assim unicamente para o sujeito que a interioriza com base na teoria linguística, responderemos que a esse sujeito, que é um sujeito *falante*, essa escapatória deve ser recusada, pois a mesma evidência que lhe revela a natureza da língua revela-lhe também que ela era assim quando não a conhecia, pois já se fazia compreender, e que permanecerá assim amanhã, sem que o saiba, visto que seu discurso nunca resultou nem resultará nunca de uma totalização consciente das leis linguísticas. Mas, se como sujeito falante o homem pode encontrar sua experiência apodítica numa outra totalização, não se vê mais por que, como sujeito vivo, a mesma experiência ser-lhe-ia inacessível em outros seres não necessariamente humanos mas vivos.

Esse método poderia também reivindicar o nome de "progressivo-regressivo"; com efeito, o que Sartre descreve com esse termo nada mais é que o método etnológico tal como o praticam os etnólogos há muitos anos. Mas Sartre restringe-o a seu processo preliminar. Pois nosso método não é apenas progressivo-regressivo: ele o é duas vezes. Numa primeira etapa, observamos o dado vivido, analisamo-lo no presente, procuramos apreender seus antecedentes históricos tão longe quanto podemos mergulhar no passado, depois trazemos todos esses fatos à superfície para integrá-los numa totalidade significante. Então começa a segunda etapa, que renova a primeira num outro plano e num outro nível: essa coisa humana interiorizada, que nos aplicamos a prover de toda sua riqueza e originalidade, apenas fixa, para a razão analítica, a distância a vencer, o impulso a tomar para superar a separação entre a sempre imprevista complexidade desse novo objeto e os meios intelectuais de que ela dispõe. É preciso, então, que como razão dialética, ela se transforme, com a esperança de que, uma vez abrandada, ampliada e fortalecida, por ela esse objeto imprevisto seja reduzido a outros, essa totalidade original fundida em outras totalidades, e que, assim exaltada pouco a pouco sobre o amontoado de suas conquistas, a razão dialética perceba outros horizontes e outros objetos. Sem dúvida o processo se perderia se a cada etapa e sobretudo quando crê chegar a seu termo não estivesse em condições de voltar sobre seus passos e dobrar-se sobre si mesmo para guardar o contato com a totalidade vivida que ao mesmo tempo lhe serve de fim e meio. Nesse retorno sobre si mesmo, em que Sartre encontra uma demonstração, nós vemos mais uma verificação, pois, a nossos olhos, o ser-consciente do ser coloca um problema do qual ele não tem a solução. A descoberta da dialética submete a razão analítica a uma exigência imperativa: a de também dar conta da razão dialética. Essa exigência permanente obriga sem cessar a razão analítica a estender seu programa e a transformar sua axiomática. Mas a razão dialética não pode dar conta de si mesma nem da razão analítica.

Objetar-nos-ão que essa ampliação é ilusória porque está sempre acompanhada de uma passagem ao menor sentido. Deixaríamos, assim, a presa pela sombra, o claro pelo obscuro, o evidente pelo conjetural, a verdade pela ficção científica (Sartre 1960, p. 129). Seria preciso ainda que Sartre pudesse demonstrar que ele próprio escapa a esse dilema, inerente a qualquer esforço de explicação. A verdadeira questão não é saber se, procurando compreender, ganha-se sentido ou se o perde mas se o sentido que se preserva vale mais que aquele ao qual se tem a sabedoria de renunciar. Nesse sentido, parece-nos que, da lição combinada de Marx e Freud, Sartre reteve apenas a metade. Eles nos ensinaram que o homem só tem sentido com a condição de se colocar no ponto de vista do sentido. Mas é preciso acrescentar que *esse sentido nunca é o bom:* as superestruturas são atos falhos que socialmente "tiveram êxito". Portanto, é inútil indagar sobre o sentido mais verdadeiro a obter da consciência histórica. O que Sartre chama razão dialética não é mais que a reconstrução pelo que se chama da razão analítica de processos hipotéticos dos quais é impossível saber – salvo para aquele que os realiza sem pensar neles – se têm qualquer relação com o que ele nos diz e que, em caso afirmativo, poderiam ser definidos apenas em termos da razão analítica. Assim, chega-se ao paradoxo de um sistema que invoca o critério da consciência histórica para distinguir os "primitivos" dos "civilizados", mas que – ao contrário do que pretende – é ele próprio a-histórico: não nos oferece uma imagem concreta da história, mas um esquema abstrato dos homens que fazem uma história tal como pode manifestar-se em seu devir, sob a forma de uma totalidade sincrônica. Portanto, está situado em face da história, tal como os primitivos o estão perante o eterno passado: no sistema de Sartre, a história desempenha exatamente o papel de um mito.

De fato, o problema colocado pela *Crítica da razão dialética* pode ser reduzido a este: em que condições o mito da Revolução Francesa é possível? E estamos prontos para admitir que, a fim de que o homem contemporâneo possa desempenhar plenamente o papel de agente histórico, deve acreditar nesse mito e que a análise de Sartre depreende admiravelmente o conjunto das condições formais indispensáveis para que esse resultado seja assegurado. Mas daí não decorre que esse sentido, por ser o mais rico (e portanto o mais apropriado para inspirar a ação prática), seja o mais verdadeiro. Aqui, a dialética se volta contra si mesma: essa verdade é de situação e se tomarmos nossas distâncias em relação a ela – tal como é o papel do homem de ciência – o que aparecia como verdade vivida começará, primeiro, por embaralhar-se e acabará por desaparecer. O homem dito de esquerda aferra-se ainda a um período da história contemporânea que lhe dispensava o privilégio de uma congruência entre os imperativos práticos e os esquemas de interpretação. Talvez essa idade de ouro da consciência histórica já esteja terminada; e que se possa pelo menos conceber essa eventualidade prova que se trata apenas de uma situação contingente, como o poderia ser a focagem fortuita de um instrumento ótico do qual a objetiva e o foco se movimentassem um em relação ao outro. Ainda estamos "em dia" com a Revolução Francesa; mas o estaríamos com a Fronda, se tivéssemos vivido antes. E, como já é o caso para a segunda, a primeira logo deixará de nos oferecer uma imagem coerente pela qual nossa ação possa ser modelada. O que de fato ensina a leitura de Retz é a impotência do pensamento para depreender um esquema de interpretação a partir de fatos longínquos.

Numa primeira abordagem, parece, não há hesitação: de um lado, os privilegiados, do outro, os humildes e os explorados; como poderíamos vacilar? Somos frondistas. Entretanto, o povo parisiense é manipulado pelas casas nobres, cujo único objetivo é fazer seus negócios com o Poder, e por uma metade da família real que queria despossuir a outra. E eis-nos aqui, já meio frondistas. Quanto à Corte, refugiada em Saint-Germain, aparece primeiro como uma facção de inúteis, vegetando sobre seus privilégios e saciando-se de exacções e de usura a expensas da coletividade. Não: apesar de tudo ela tem uma função, pois detém a força militar; ela dirige a luta contra os estrangeiros, esses espanhóis que os frondistas não receiam convidar para invadir o país a fim de impor suas vontades a essa mesma Corte, que defende a pátria. Mas a balança pende ainda uma vez no outro sentido: juntos, frondistas e espanhóis formam o partido da paz; o príncipe de Condé e a Corte só procuram aventuras guerreiras. Nós somos pacifistas e voltamos a ser frondistas. E, entretanto, as empresas militares da Corte e de Mazarino não aumentaram a França até suas fronteiras atuais, fundando o Estado e a nação? Sem elas, não seríamos o que somos. Eis-nos novamente do outro lado.

Então, basta que a história se distancie de nós na duração ou que dela nos distanciemos pelo pensamento, para que ela deixe de ser interiorizável e perca sua inteligibilidade, ilusão ligada a uma interioridade provisória. Mas que não nos façam dizer que o homem pode ou deve livrar-se dessa interioridade. Não está em seu poder o fato de fazê-lo, e a sabedoria consiste, para ele, em olhar-se vivendo-a, sabendo (porém num outro registro) que aquilo que vive tão completa e intensamente é um mito, que aparecerá como tal aos homens de um século próximo, que assim lhe parecerá a si próprio, talvez, daí a alguns anos, e que aos homens de um próximo milênio não aparecerá absolutamente. Todo sentido é jurisdicionado de um sentido menor que lhe fornece seu sentido mais alto; e, se essa regressão finalmente chega a reconhecer "uma lei contingente da qual se pode dizer apenas: "*é assim*, e não de outro modo" (Sartre 1960, p. 128), essa perspectiva nada tem de alarmante para um pensamento a que nenhuma transcendência angustia, ainda que sob forma larvar. Porque o homem teria obtido tudo o que racionalmente pode desejar, se, com a única condição de se curvar diante dessa lei contingente, conseguisse determinar sua forma prática e situar todo o resto num meio de inteligibilidade.

* * *

Entre os filósofos contemporâneos, certamente Sartre não é o único a valorizar a história em detrimento das outras ciências humanas e a fazer dela uma concepção quase mítica. O etnólogo respeita a história mas não lhe atribui um valor privilegiado. Ele a concebe como uma pesquisa complementar à sua: uma abre o leque das sociedades humanas no tempo, a outra, no espaço. E a diferença é ainda menor do que parece, pois o historiador se esforça para reconstituir a imagem das sociedades tais como foram nos momentos que para elas correspondiam ao presente, ao passo que o etnógrafo faz o melhor possível para reconstruir as etapas históricas que precederam no tempo as formas atuais.

Esta relação de simetria entre a história e a etnologia parece ser rejeitada pelos filósofos, que contestam, implícita ou explicitamente, que o desenrolar no espaço e a sucessão no tempo ofereçam perspectivas equivalentes. Dir-se-ia que, a seus olhos, a dimensão temporal goza de um prestígio especial, como se a diacronia criasse um tipo de inteligibilidade, não apenas superior ao que traz a sincronia, mas, sobretudo, de ordem mais especificamente humana.

É fácil explicar ou pelo menos justificar essa opção: a diversidade das formas sociais, que a etnologia capta desdobradas no espaço, apresenta o aspecto de um sistema descontínuo; ora, imagina-se que, graças à dimensão temporal, a história nos restitui não etapas separadas mas a passagem de um estado a outro sob uma forma contínua. E, como acreditamos apreender nós mesmos nosso devir pessoal como uma mudança contínua, parece-nos que o conhecimento histórico vem ao encontro da evidência do sentido íntimo. A história não se contentaria em nos descrever seres em exterioridade, ou melhor, em nos fazer penetrar, por fulgurações intermitentes, interioridades que seriam tais cada uma por sua conta ainda que permanecendo exteriores umas às outras: ela nos faria encontrar, fora de nós, o próprio ser da mudança.

Haveria muito a dizer sobre essa suposta continuidade totalizadora do eu em que vemos uma ilusão mantida pelas exigências da vida social – por conseguinte, reflexo da exterioridade sobre a interioridade – mais do que o objeto de uma experiência apodítica. Mas não é necessário resolver o problema filosófico para perceber que a concepção de história que nos propõem não corresponde a nenhuma realidade. Desde que se pretenda privilegiar o conhecimento histórico, sentimo-nos no direito (que de outra forma não pensaríamos em reivindicar) de sublinhar que a própria noção de fato histórico encobre uma dupla antinomia. Pois, por hipótese, o fato histórico é o que se passou realmente; mas onde se passou alguma coisa? Cada episódio de uma revolução ou de uma guerra se resolve numa multidão de movimentos psíquicos e individuais; cada um desses movimentos traduz evoluções inconscientes, e estas se resolvem em fenômenos cerebrais, hormonais ou nervosos, cujas referências também são de ordem física ou química... Consequentemente, o fato histórico não é mais *dado* que os outros; é o historiador ou o agente do devir histórico que o constitui por abstração e como sob a ameaça de uma regressão ao infinito.

Ora, o que é verdadeiro para a constituição do fato histórico não o é menos para sua seleção. Também desse ponto de vista, o historiador e o agente histórico escolhem, destacam e recortam, pois uma história verdadeiramente total os poria perante o caos. Cada canto do espaço contém uma multidão de indivíduos, dos quais cada um totaliza o devir histórico de uma maneira não comparável às outras; para um só desses indivíduos cada momento do tempo é inesgotavelmente rico de incidentes físicos e psíquicos que desempenham cada um o seu papel em sua totalização. Mesmo uma história que se diz universal ainda não é mais que uma justaposição de algumas histórias locais, dentro das quais (e entre as quais) os vazios são muito mais numerosos que os espaços cheios. E seria vão acreditar que multiplicando os colaboradores e intensificando as pesquisas obter-se-ia um resultado melhor: pelo fato de a história aspirar à significação, ela está condenada a escolher regiões, épocas, grupos de homens e indivíduos dentro desses grupos e a fazê-los surgir, como figuras descontínuas, num contínuo suficientemente bom para servir de pano de fundo. Uma história verdadeiramente total neutralizar-se-ia a si própria; seu produto seria igual a zero. O que torna a história possível é que um subconjunto de fatos tem, num dado período, aproximadamente a mesma significação para um contingente de indivíduos que necessariamente não viveram esses fatos e que podem mesmo considerá-los a vários séculos de distância. Portanto a história nunca é a história mas a história-para.[83] Parcial mesmo quando se

83. Certamente, dirão os adeptos de Sartre. Mas todo o empreendimento deste demonstra que, se a subjetividade da história-para-mim pode dar lugar à objetividade da história-para-nós, não se chega, entretanto, a converter o *eu* em *nós*, a não ser condenando esse *nós* a ser apenas um *eu* de segunda potência, ele próprio hermeticamente fechado a outros *nós*. Assim, o preço pago pela ilusão de ter superado a insolúvel antinomia (num tal sistema) entre o *eu* e o *outro* consiste na atribuição pela consciência histórica da função metafísica de Outro aos papuas. Reduzindo-os ao estado de meios suficientemente bons para satisfazer a seu apetite filosófico, a razão histórica entrega-se a uma espécie de canibalismo intelectual, que, aos olhos do etnógrafo, é muito mais revoltante que o outro.

proíbe de sê-lo, permanece inevitavelmente parte de um todo, o que ainda é um modo de parcialidade. Desde que seja proposto escrever a história da Revolução Francesa, sabe-se (ou se deveria saber) que isso não poderá ser, simultaneamente e ao mesmo título, a do jacobino e a do aristocrata. Por hipótese, suas respectivas totalizações (cada uma das quaís é antissimétrica à outra) são igualmente verdadeiras. É preciso, então, escolher entre dois partidos: seja reter principalmente uma das duas ou uma terceira (pois existe uma infinidade delas) e renunciar a procurar na história uma totalização de conjunto de totalizações parciais; seja reconhecer em todas uma realidade igual: mas somente para descobrir que a Revolução Francesa tal como dela se fala, não existiu.

Portanto a história não escapa a essa obrigação, comum a todo conhecimento, de utilizar um código para analisar seu objeto, mesmo (e sobretudo) se se atribui a esse objeto uma realidade contínua.[84] Os caracteres distintivos do conhecimento histórico não dizem respeito à ausência de código, que é ilusória, mas a sua natureza específica: esse código consiste em uma cronologia. Não há história sem datas; para se convencer disso, basta considerar como um aluno consegue aprender história: ele a reduz a um corpo descarnado, cujo esqueleto é formado pelas datas. Não sem razão, reagiu-se contra esse método enfadonho, muitas vezes, porém, caindo no excesso inverso. Se as datas não são toda a história nem o mais interessante na história, elas são aquilo na falta do que a própria história se desvaneceria, pois toda sua originalidade e especificidade estão na apreensão da relação do antes e do depois, que estaria condenada a se dissolver se seus termos não pudessem ser pelo menos virtualmente datados.

Ora, a codificação cronológica dissimula uma natureza muito mais complexa do que se imagina, quando as datas da história são concebidas

---

84. Também nesse sentido pode-se falar de uma antinomia do conhecimento histórico: se este pretende atingir o contínuo, é impossível, pois estará condenado a uma regressão ao infinito; mas, para torná-lo possível, é preciso quantificar os fatos e, a partir de então, a temporalidade é abolida como dimensão privilegiada do conhecimento histórico, pois cada fato, no momento em que é quantificado, pode ser tratado, para todos os fins úteis, como se fosse o resultado de uma escolha entre possíveis preexistentes.

sob a forma de uma simples série linear. Em primeiro lugar, uma data denota um *momento* numa sucessão: *d2* está depois de *d1* e antes de *d3*; desse ponto de vista, a data tem apenas a função de número ordinal. Mas cada data é também um número cardinal e, enquanto tal, exprime uma *distância* em relação às datas mais próximas. Para codificar certos períodos da história usamos muito as datas, e para outros menos. Essa quantidade variável de datas aplicadas a períodos de duração igual mensura o que se poderia chamar de pressão da história: há cronologias "quentes", que são as das épocas em que numerosos acontecimentos oferecem, aos olhos do historiador, o caráter de elementos diferenciais. Outros, ao contrário, em que, para ele (se não, certamente, para os homens que os viveram), poucas coisas se passaram e às vezes nada. Em terceiro lugar e sobretudo, uma data é um *membro* de uma classe. Essas classes de datas se definem pelo caráter significante que cada data possui no interior da classe em relação às outras datas que dela fazem parte igualmente e pela ausência desse caráter significante com respeito às datas que pertencem a uma classe diferente. Assim, a data 1685 pertence a uma classe da qual são igualmente membros as datas 1610, 1648, 1715; mas ela não significa nada em relação à classe formada pelas datas 1º, 2º, 3º, 4º milênios e nada também em relação à classe das datas 23 de janeiro, 17 de agosto, 30 de setembro etc.

Isso posto, em que consiste o código do historiador? Certamente não em datas, pois que estas não são recorrentes. Podem-se codificar as mudanças de temperatura com a ajuda de algarismos, pois a leitura de um algarismo na escala termométrica evoca a volta de uma situação anterior: cada vez que eu leio 0°, eu sei que gela e coloco meu sobretudo mais quente. Mas, tomada nela mesma, uma data histórica não teria sentido, pois não remeteria a outra coisa que não a si mesma: se eu ignoro tudo dos tempos modernos, a data 1643 nada me diz. O código só pode, então, constituir-se de classes de datas, em que cada data significa, quando mantém, com outras datas, relações complexas de correlação e oposição. Cada classe se define por uma frequência e pertence ao que se poderia chamar um corpo ou um domínio da história. Portanto, o conhecimento histórico opera da mesma maneira que um aparelho de frequência modulada: como o nervo, ela codifica uma quantidade contínua – e assimbólica enquanto tal – por frequência de impulsos, que são proporcionais a suas variações. Quanto à própria história, ela não é representável sob a forma de uma série aperiódica da qual conheceríamos apenas um fragmento. A história é um conjunto descontínuo formado de domínios da história, cada um dos quais é definido por uma frequência própria e por uma codificação diferencial do antes e do depois. Entre as datas que os compõem uns e outros, a passagem não é mais possível, assim como entre números racionais e números irracionais. Mais exatamente: as datas próprias a cada classe são irracionais em relação a todas as das outras classes.

Não é, então, apenas ilusório mas contraditório conceber o devir histórico como um desenrolar contínuo, começando por uma pré-história codificada em dezenas ou centenas de milênios, prosseguindo na escala dos milênios a partir do 4º ou do 3º e continuando, em seguida, sob a forma de uma história secular entremeada, ao bel-prazer de cada autor, de pedaços de história anual dentro do século, ou diária dentro do ano, ou mesmo horária, dentro de um dia. Todas essas datas não formam uma série, elas provêm de espécies diferentes. Para nos mantermos num só exemplo, a codificação que utilizamos em pré-história não é preliminar à que nos serve para a história moderna e contemporânea: cada código remete a um sistema de significações que é, pelo menos teoricamente, aplicável à totalidade virtual da história humana. Os fatos que são significativos para um código não o são para outro. Codificados no sistema da pré-história, os episódios mais famosos da história moderna e contemporânea deixam de ser pertinentes; exceto, talvez (e ainda nada sabemos disso) certos aspectos maciços da evolução demográfica enfocada em escala global, a invenção da máquina a vapor, a da eletricidade e da energia nuclear.

Se o código geral não se resume em datas que se possam ordenar em série linear mas em classes de datas em que cada uma fornece um sistema de referência autônoma, o caráter descontínuo e classificatório do conhecimento histórico aparece claramente. Ele opera por meio de uma matriz retangular:

....

....

....

....

....

....

em que cada linha representa classes de datas que, para esquematizar, podem ser chamadas de horárias, diárias, anuais, seculares, milenares etc. e que formam em si um conjunto descontínuo. Num sistema desse tipo, a pretensa continuidade histórica só pode ser assegurada por meio de traçados fraudulentos.

Isso não é tudo. Se as lacunas internas de cada classe não podem ser preenchidas recorrendo a outras classes, não é menos certo que cada classe, tomada em sua totalidade, remeta sempre a uma outra classe que contém a razão de uma inteligibilidade à qual a primeira não poderia pretender. A história do século XVII é "anual", mas o século XVII como domínio da história provém de uma outra classe, que a codifica em referência a séculos passados e a séculos por vir; esse domínio dos tempos modernos torna-se, por sua vez, elemento de uma classe na qual aparece em correlação e oposição entre outros "tempos": Idade Média, Antiguidade, época contemporânea etc. Ora, esses diversos domínios correspondem a histórias de poder desigual.

A história biográfica e anedótica, que está bem embaixo na escala, é uma história fraca, que não contém em si mesma sua própria inteligibilidade, a qual apenas lhe advém quando transportada em bloco para o interior de uma história mais forte que ela; e esta mantém a mesma relação com uma classe de categoria mais elevada. Entretanto, seria errôneo acreditar que esses encaixes reconstruam progressivamente uma história total, pois o que se ganha de um lado perde-se de outro. A história biográfica e anedótica é a menos explicativa mas é a mais rica do ponto de vista da informação, pois ela considera os indivíduos em sua particularidade e para cada um deles detalha os matizes do caráter, as sinuosidades de seus motivos, as fases de suas deliberações. Essa informação é esquematizada, depois apagada e depois abolida quando se passa às histórias cada vez mais "fortes".[85]

85. Cada domínio da história está circunscrito em relação ao da categoria imediatamente inferior e inscrito em relação ao da categoria mais elevada. Verifica-se, então, que cada história fraca de um domínio inscrito é complementar da história forte do domínio circunscrito e contraditória em relação à história fraca desse mesmo domínio (enquanto ele próprio é um domínio inscrito). Cada história é acompanhada, portanto, de um número indeterminado de anti-histórias, cada uma das quais é complementar às outras: a uma história de categoria 1 corresponde uma anti-história de categoria 2

Consequentemente e conforme o nível em que se coloca o historiador, este perde em informação o que ganha em compreensão ou vice-versa, como se a lógica do concreto quisesse lembrar sua natureza lógica modelando na argila do devir um confuso esboço do teorema de Gödel. Em relação a cada domínio da história ao qual renuncia, a escolha relativa do historiador é sempre entre uma história que ensina mais e explica menos e uma história que explica mais e ensina menos. E, se ele quer fugir ao dilema, seu único recurso é sair da história: seja por baixo, se a pesquisa da informação leva-o da consideração dos grupos para a dos indivíduos, depois a suas motivações, que se referem a sua história pessoal e a seu temperamento, isto é, a um domínio infra-histórico em que reinam a psicologia e a fisiologia; seja pelo alto, se a necessidade de compreender incita-o a recolocar a história na pré-história e esta na evolução geral dos seres organizados, que só explica a si mesma em termos de biologia, geologia e, finalmente, cosmologia.

Mas existe um outro meio de eludir o dilema sem por isso destruir a história. Basta reconhecer que a história é um método ao qual não corresponde um objeto específico e, por conseguinte, recusar a equivalência entre a noção de história e a de humanidade que nos pretendem impor com o fito inconfessado de fazer da historicidade o último refúgio de um humanismo transcendental, como se, com a única condição de renunciar aos *eus* por demais desprovidos de consistência, os homens pudessem reencontrar no plano do nós a ilusão da liberdade.

De fato, a história não está ligada ao homem nem a nenhum objeto particular. Ela consiste, inteiramente, em seu método, cuja experiência prova que ela é indispensável para inventariar a integralidade dos elementos de uma

---

etc. O progresso do conhecimento e a criação das novas ciências se fazem pela geração de anti-histórias, que demonstram que uma certa ordem apenas possível num plano deixa de sê-lo num outro plano. A anti-história da Revolução Francesa imaginada por Gobineau é contraditória no plano em que a Revolução fora pensada antes dele; ela se torna logicamente concebível (o que não significa que seja verdadeira) se for situada num novo plano, que, aliás, Gobineau escolheu desastradamente; isto é, com a condição de passar de uma história de categoria "anual" ou "secular" (e também política, social e ideológica) a uma história de categoria "milenar" ou "plurimilenar" (e também cultural e antropológica); procedimento do qual Gobineau não é o inventor e que poderia ser chamado "transformação de Boulainvilliers".

estrutura qualquer, humana ou não humana. Portanto, longe de a busca da inteligibilidade levar à história como seu ponto de chegada, é a história que serve de ponto de partida para toda busca da inteligibilidade. Tal como se diz de algumas carreiras, a história leva a tudo mas com a condição de sair dela.

* * *

Essa outra coisa a que a história remete, na falta de referências, demonstra que o conhecimento histórico, qualquer que seja seu valor (que não se pensa em contestar), não merece ser oposto às outras formas de conhecimento como uma forma absolutamente privilegiada. Notamos anteriormente[86] que a descobrimos já enraizada no pensamento selvagem e compreendemos agora por que aí não se desenvolveu. O próprio do pensamento selvagem é ser intemporal, ele quer apreender o mundo, como totalização sincrônica e diacrônica ao mesmo tempo, e o conhecimento que dele toma se assemelha ao que oferecem num quarto espelhos fixos em paredes opostas e que se refletem um ao outro (assim como aos objetos colocados no espaço que os separa) mas sem serem rigorosamente paralelos. Forma-se simultaneamente uma multidão de imagens, nenhuma das quais é exatamente parecida com as outras; por conseguinte, cada uma delas traz apenas um conhecimento parcial da decoração e do mobiliário, mas seu agrupamento se caracteriza por propriedades invariantes que exprimem uma verdade. O pensamento selvagem aprofunda seu conhecimento com o auxílio de *imagines mundi.* Ele constrói edifícios mentais que lhe facilitam a inteligência do mundo na medida em que se lhe assemelham. Nesse sentido, pôde ser definido como pensamento analógico.

Mas nesse sentido ele se distingue do pensamento domesticado, do qual o conhecimento histórico constitui um aspecto. A preocupação de continuidade que esse último inspira aparece de fato como uma manifestação na ordem temporal de um conhecimento não mais descontínuo e analógico mas intersticial e uniente: em vez de duplicar os objetos por esquemas promovidos ao papel de objetos acrescentados, procura superar uma descontinuidade original, ligando os objetos entre si. Mas é essa razão, inteiramente ocupada em reduzir as separações e em dissolver as diferenças,

86. Pp. 283-285.

que pode ser acertadamente chamada "analítica". Por um paradoxo sobre o qual recentemente se insistiu, para o pensamento moderno, "contínuo, variabilidade, relatividade, determinismo seguem juntos" (Auger 1960, p. 475).

Sem dúvida se colocará em oposição esse contínuo analítico e abstrato e o da práxis, tal como a vivem os indivíduos concretos. Mas esse segundo contínuo aparece derivado como o outro, pois não é senão o modo de apreensão consciente de processos psicológicos e fisiológicos eles próprios descontínuos. Nós não contestamos que a razão se desenvolve e se transforma no campo prático; a maneira pela qual o homem pensa traduz suas relações com o mundo e com os homens. Mas, para que a práxis possa ser vivida como pensamento, é preciso antes (num sentido lógico e não histórico) que o pensamento exista, isto é, que suas condições iniciais sejam dadas sob a forma de uma estrutura objetiva do psiquismo e do cérebro, na falta da qual não haveria nem práxis, nem pensamento.

Quando descrevemos, pois, o pensamento selvagem como um sistema de conceitos imersos nas imagens, não nos aproximamos absolutamente das "robinsonadas" (Sartre 1960, pp. 642-643) da dialética constituinte: toda razão constituinte supõe uma razão constituída. Mas, mesmo se se concede a Sartre a circularidade que ele invoca para dissipar o "caráter suspeito" ligado às primeiras etapas da síntese, são com efeito "robinsonadas" que ele propõe, e desta vez à guisa de descrição de fenômenos, quando pretende reconstituir o sentido do intercâmbio matrimonial, do *potlatch* ou da demonstração das regras de casamento de sua tribo por um selvagem melanésio. Sartre se refere então a uma compreensão vivida na práxis dos organizadores, fórmula bizarra à qual não corresponde nada de real, exceto talvez a opacidade que toda sociedade estranha opõe àquele que a considera de fora e que o incita a projetar sobre ela, na forma de atributos positivos, as lacunas de sua própria observação. Dois exemplos ajudar-nos-ão a determinar nosso pensamento.

Nenhum etnólogo pode deixar de ficar surpreendido pela maneira comum pela qual as mais diferentes sociedades conceitualizam os ritos de iniciação pelo mundo afora. Na África, na América, na Austrália ou na Melanésia, esses ritos reproduzem o mesmo esquema: começa-se por "matar" simbolicamente os noviços roubados a suas famílias; mantidos escondidos na floresta ou nos matos, eles sofrem as provações do Além;

depois disso, eles "renascem" como membros da sociedade. Quando são devolvidos a seus pais naturais, estes simulam então todas as fases de um novo parto e procedem a uma reeducação que recai até sobre os gestos elementares da alimentação ou do ato de vestir-se. Seria tentador interpretar esse conjunto de fenômenos como uma prova de que, nesse estágio, o pensamento está totalmente imerso na práxis. Mas isso seria ver as coisas inversamente, pois, ao contrário, é a práxis científica que entre nós esvaziou as noções de morte e de nascimento de tudo aquilo que não correspondesse a simples processos fisiológicos, tornando-as impróprias para veicular outras significações. Nas sociedades de ritos de iniciação, o nascimento e a morte oferecem matéria para uma conceitualização rica e variada, vez que um conhecimento científico voltado para o rendimento prático – que lhe falta – não despojou essas noções (e tantas outras) da maior parte de um sentido que transcende a distinção entre real e imaginário: sentido pleno do qual nada mais sabemos que evocar o fantasma na cena reduzida da linguagem figurada. O que então nos aparece como imersão é a marca de um pensamento que toma simplesmente a sério as palavras de que se serve, quando, em circunstâncias semelhantes, para nós se trata apenas de "jogos" de palavras.

Os tabus dos sogros oferecem a matéria de um apólogo que leva à mesma conclusão por caminhos diferentes. A frequente proibição de qualquer contato físico ou verbal entre parentes próximos pareceu tão estranha aos etnólogos, que eles se empenharam em multiplicar as hipóteses explicativas, nem sempre verificando se elas não se tornavam mutuamente supérfluas. Assim, Elkin explica a raridade do casamento com a prima patrilateral, na Austrália, pela regra de que um homem, devendo evitar qualquer contato com sua sogra, mostrar-se-á bem avisado se a escolher entre as mulheres que são totalmente estranhas a seu próprio grupo local (ao qual pertencem as irmãs de seu pai). A própria regra teria como objetivo impedir que uma mãe e sua filha disputassem a afeição de um mesmo homem; enfim, o tabu se estenderia, por contaminação, à avó materna da mulher e a seu marido. Tem-se, portanto, quatro interpretações concorrentes de um único fenômeno: como função de um tipo de casamento, como resultado de um cálculo psicológico, como proteção contra tendências instintivas e como produto de uma associação por contiguidade. Entretanto o autor ainda não está satisfeito, pois, a seus olhos, o tabu do sogro provém de uma quinta interpretação: o sogro é credor do homem ao qual deu sua filha e, em relação a ele, o genro se sente em posição de inferioridade (Elkin 1961, pp. 66-67, 117-120).

Contentar-nos-emos com a última interpretação, que cobre perfeitamente todos os casos considerados e que torna as outras interpretações inúteis, acentuando sua ingenuidade. Mas por que é tão difícil colocar esses costumes em seu verdadeiro lugar? A razão parece-nos ser a de que os costumes de nossa própria sociedade, que se lhes poderiam ser comparados e que forneceriam um ponto de referência para identificá-los, existem entre nós em estado dissociado, ao passo que, nas sociedades exóticas, apresentam-se sob uma forma associada que os torna irreconhecíveis para nós.

Conhecemos o tabu dos sogros ou, pelo menos, o seu equivalente aproximativo. É o que nos proíbe de apostrofar os grandes desse mundo e que nos impõe que nos afastemos a sua passagem. Todo protocolo o afirma: não se dirige a palavra em primeiro lugar ao presidente da República ou à rainha da Inglaterra; e adotamos a mesma reserva quando circunstâncias imprevistas criam, entre nós e um superior, as condições de uma vizinhança mais próxima do que o autorizaria a distância social que nos separa. Ora, na maioria das sociedades, a posição de doador da mulher é acompanhada de uma superioridade social (às vezes também econômica); a do que recebe, de uma inferioridade e de uma dependência. Essa desigualdade dos parentes pode se exprimir objetivamente nas instituições sob a forma de hierarquia fluida ou estável, ou então se exprime subjetivamente no sistema das relações interpessoais por meio de privilégios e de interdições.

Nenhum mistério se prende, pois, aos usos que a experiência vivida nos desvela em sua interioridade. Ficamos apenas desconcertados por suas condições constitutivas, que são diferentes em cada caso. Entre nós, eles estão nitidamente desligados dos outros usos e presos a um contexto inequívoco. Em contrapartida, nas sociedades exóticas, os mesmos usos e o mesmo contexto estão como que imersos em outros usos e em outro contexto: o das ligações familiares, com o qual nos parecem incompatíveis. Imaginamos mal que, na intimidade, o genro do presidente da República vê nele o chefe de Estado de preferência ao sogro; e se o marido da rainha da

Inglaterra porta-se publicamente como o primeiro de seus súditos, há boas razões para supor que, na intimidade, ele seja simplesmente um marido. É um ou outro. A estranheza superficial do tabu dos sogros decorre de ele ser, ao mesmo tempo, um e outro.

Por conseguinte e como já verificamos para as operações do entendimento, o sistema de ideias e de atitudes aqui aparece apenas como *encarnado.* Tomado em si mesmo, esse sistema nada oferece que possa derrotar o etnólogo: minha relação com o presidente da República consiste exclusivamente em observâncias negativas, já que, na ausência de outros laços, nossas eventuais relações estão integralmente definidas pela regra de que eu não falarei a ele a menos que ele me convide a fazê-lo e que me manterei a respeitosa distância dele. Mas bastará que essa relação abstrata seja envolvida numa relação concreta e que as atitudes próprias a cada um se acumulem, para que eu encontre tão enleado com minha família quanto um indígena australiano. O que nos parece como uma comodidade social maior e como uma mobilidade intelectual maior diz respeito, então, a que nós preferimos operar com moedas avulsas, senão mesmo com o "avulso da moeda", ao passo que o indígena é um tesoureiro lógico: ele renova os fios sem cessar, desdobra incansavelmente sobre si mesmo todos os aspectos do real, sejam físicos, sociais ou mentais. Nós traficamos em nossas ideias; ele faz delas um tesouro. O pensamento selvagem coloca em prática uma filosofia da finitude.

Daí também decorre a renovação do interesse que ele inspira. Essa língua de vocabulário restrito, que sabe exprimir qualquer mensagem por combinações de oposições entre unidades constitutivas, essa lógica da compreensão para a qual os conteúdos são indissociáveis da forma, essa sistemática das classes finitas, esse universo feito de significações não nos aparecem mais como testemunhos retrospectivos de um tempo.

> ... em que o céu e a terra
> Andava e respirava num povo de deuses;

e que o poeta evoca somente para perguntar se deve ou não ser lamentado. Esse tempo nos é devolvido hoje graças à descoberta de um universo de informação onde novamente reinam as leis do pensamento selvagem: céu também, andando sobre a terra num povo de emissores e receptores cujas mensagens, enquanto circulam, constituem objetos do mundo físico e podem ser captadas ao mesmo tempo de fora e de dentro.

A ideia de que o universo dos primitivos (ou assim presumidos) consiste principalmente em mensagens não é nova. Todavia, até uma época recente, atribuía-se um valor negativo ao que erroneamente se tomava por um traço distintivo, como se essa diferença entre o universo dos primitivos e o nosso contivesse a explicação de sua inferioridade mental e tecnológica, quando ela, antes, os coloca em pé de igualdade com os modernos teóricos da documentação.[87] Seria preciso que a ciência física descobrisse que um universo semântico possui todas as características de um objeto absoluto para que se reconhecesse que a maneira pela qual os primitivos conceitualizam seu mundo é não apenas coerente mas também a mesma que se impõe em presença de um objeto cuja estrutura elementar oferece a imagem de uma complexidade descontínua.

De um mesmo golpe achava-se superada a falsa antinomia entre mentalidade lógica e mentalidade pré-lógica. O pensamento selvagem é lógico no mesmo sentido e da mesma maneira que o nosso, mas da forma como somente o nosso é quando aplicado ao conhecimento de um universo em que reconhece simultaneamente propriedades físicas e propriedades semânticas. Uma vez dissipado esse mal-entendido, não é menos verdade que, ao contrário da opinião de Lévy-Bruhl, esse pensamento opera pelas vias do entendimento e não da afetividade; com o auxílio de distinções e de oposições, não por confusão e participação. Se bem que o termo ainda não tenha entrado em uso, numerosos textos de Durkheim e de Mauss demonstram que eles tinham compreendido que o pensamento dito primitivo era um pensamento quantificado.

---

87. O documentalista não recusa nem discute a substância das obras que analisa para delas tirar as unidades constitutivas de seu código ou adaptá-las a ele, combinando-as entre si ou decompondo-as em unidades mais finas, se é necessário. Portanto, ele trata os autores como deuses cujas revelações seriam escritas em papel em vez de serem inscritas nos seres e nas coisas, oferecendo, entretanto, o mesmo valor sagrado que se refere ao caráter extremamente significante que, por razões metodológicas ou ontológicas, não se poderia, por hipótese, dispensar de lhes reconhecer nos dois casos.

Objetar-nos-ão que subsiste uma diferença capital entre o pensamento dos primitivos e o nosso: a teoria da informação se interessa por mensagens que são autênticas enquanto tais, ao passo que os primitivos tomam erroneamente por mensagens simples manifestações do determinismo físico. Mas há duas razões que retiram todo peso desse argumento. Em primeiro lugar, a teoria da informação foi generalizada e estende-se a fenômenos que não possuem intrinsecamente o caráter de mensagens, sobretudo os da biologia; as ilusões do totemismo tiveram pelo menos a vantagem de iluminar o lugar fundamental que pertence aos fenômenos dessa ordem na economia dos sistemas de classificação. Tratando as propriedades sensíveis do reino animal e do reino vegetal como se estas fossem os elementos de uma mensagem e descobrindo nelas "assinaturas" – signos, portanto – os homens cometeram erros de atribuição: o elemento significante nem sempre era aquele que eles pensavam. Mas, na falta de instrumentos aperfeiçoados que lhes teriam permitido situá-los ali onde ele está o mais das vezes, ou seja, no nível microscópico, já discerniam "como que através de uma nuvem" princípios de interpretação para os quais foram necessárias descobertas bem recentes – telecomunicações, calculadoras e microscópios eletrônicos – para nos revelar seu valor heurístico e sua congruência com o real.

Principalmente, do fato de que as mensagens (durante seu período de transmissão, quando objetivamente existem fora da consciência dos emissores e dos receptores) manifestam propriedades comuns entre elas e o mundo físico, resulta que, equivocando-se sobre os fenômenos físicos (não em absoluto mas relativamente ao nível em que são apreendidos) e interpretando-os como se fossem mensagens, os homens podiam mesmo ter acesso a algumas de suas propriedades. Para que uma teoria da informação pudesse ser elaborada, sem dúvida era indispensável que se descobrisse que o universo da informação era uma parte ou um aspecto do mundo natural. Mas, uma vez demonstrada a validade da passagem das leis da natureza às da informação, isso implica a validade da passagem inversa: aquela que, há milênios, permite aos homens aproximarem-se das leis da natureza pelos caminhos da informação.

Decerto, as propriedades acessíveis ao pensamento selvagem não são as mesmas que retêm a atenção dos sábios. Conforme cada caso, o mundo físico é abordado por extremidades opostas – uma supremamente concreta, a outra supremamente abstrata – e, ou sob o ângulo das qualidades sensíveis, ou sob o das propriedades formais. Mas que, pelo menos teoricamente e se bruscas mudanças de perspectiva não se tivessem produzido, esses dois caminhos estivessem destinados a se juntar explica que ambos tenham, independentemente um do outro no tempo e no espaço, conduzido a dois saberes diferentes, se bem que igualmente positivos: aquele cuja base foi fornecida por uma teoria do sensível e que continua a prover nossas necessidades essenciais por meio das artes da civilização tais como agricultura, criação, olaria, tecelagem, preparo e conservação de alimentos etc., cujo florescimento é marcado pelo período neolítico, e o que se situa, de pronto, no plano do inteligível e do qual nasceu a ciência contemporânea.

Seria necessário esperar até a metade deste século para que caminhos separados por tanto tempo se cruzassem: o que dá acesso ao mundo físico pela via da comunicação e aquele do qual há pouco se sabe que, pela via da física, dá acesso ao mundo da comunicação. O processo total do conhecimento humano assume assim o caráter de um sistema fechado. Portanto é ainda permanecer fiel à inspiração do pensamento selvagem reconhecer que o espírito científico em sua forma mais moderna contribuiu para legitimar seus princípios e restabelecê-lo em seus direitos, por um encontro que somente aquele soube prever.

12 de junho - 16 de outubro, 1961

BIBLIOGRAFIA

ALVIANO, F. de (1943). "Notas etnográficas sobre os Ticunas do Alto Solimões". *Revista do Instituto Histórico e Geográfico Brasileiro,* vol. 180.

ANDERSON, A.J. e DIBBLE, Ch.E. (1951). *Florentine Codex. Book* 2, Santa Fé, N.M.

ANDERSON, E. (1952). *Plants, Man and Life,* Boston.

ANTHONY, H.G. (1928). *Field Book of North American Mammals,* New York.

AUGER, P. (1960). "Structures et complexités dans l'univers de l'antiquité à nos jours". *Cahiers d'histoire mondiale,* vol. 6, n. 3, Neuchâtel.

BALANDIER, G. (1961). "Phénomenes sociaux totaux et dynamique sociale". *Cahiers internationaux de sociologie,* vol. 30, Paris.

BALZAC, H. de (1940-1950). *La Comédie humaine,* 10 vol. Bibl. de la Pléiade, Paris.

BARRETI, S.A. (1908). "Totemism among the Miwok". *Journal of American Folklore,* vol. 21, Boston-New York.

BARROWS, D.P. (1900). *The Ethno-Botany of the Coahuilla Indians of Southern California,* Chicago.

BATESON, G. (1936). *Naven,* Cambridge.

BEATTIE, J.H.M. (1957). "Nyoro Personal Names". *The Uganda Journal,* vol. 21, n. 1, Kampala.

BECKWITH, M.W. (1938). "Mandan-Hidatsa Myths and Ceremonies". *Memoirs of the American Folklore Society,* vol. 32, New York.

BENEDICT, P.K. (1945). "Chinese and Thai Kin numeratives". *Journal of the American Oriental Society,* vol. 65.

BEIDELMAN, T.O. (1961). "Right and Left Hand among the Kaguru: A note on Symbolic Classification". *Africa,* vol. 31, n. 3, London.

BERGSON, H. (1958). *Les Deux Sources de la morale et de la religion,* 88ª éd., Paris.

BETH, E.W. (1955). *Les Fondements logiques des mathématiques,* Paris.

BOAS, F. (1898). Introduction to: James Teit, "Traditions of the Thompson River Indians of British Columbia". *Memoirs of the American Folklore Society,* vol. 6.

_________ (1911). "Handbook of American Indian Languages", Part. I. *Bulletin 40, Bureau of American Ethnology,* Washington, D.C.

_________ (1916). "The Origin of Totemism". *American Anthropologist,* vol. 18.

_________ (1921). "Ethnology of the Kwakiutl". *35th Annual Report, Bureau of American Ethnology,* 2 vol. (1913-1914), Washington, D.C.

_________ (1940). "Mythology and Folk-Tales of the North American Indians". Reprinted in: *Race, Language and Culture,* New York.

BOCHET, G. (1959). "Le Poro des Dieli". *Bulletin de l'Institut Français d'Afrique noire,* vol. 21, n. 1-2, Dakar.

BOWERS, A.W. (1950). *Mandan Social and Ceremonial Organization,* Chicago.

BRÖNDAL, V. (1928). *Les Parties du discours,* Copenhague.

BROUILLETTE, B. (1934). *La Chasse des animaux à fourrure au Canada,* Paris.

CAPELL, A. (1960). "Language and World View in the Northern Kimberley, W. Australia". *Southwestern Journal of Anthropology,* vol. 16, n. 1, Albuquerque.

CARPENTER, E. (Communication personnelle, 26-10-61).

CHARBONNIER, G. (1961). "Entretiens avec Claude Lévi-Strauss", *Les Lettres Nouvelles* 10, Paris.

COGHLAN, H.H. (1940). "Prehistoric Copper and some Experiments in Smelting". *Transactions of the Newcomen Society.*

COLBACCHINI, P.A. e ALBISETTI, P.C. (1942). *Os Bororos Orientais,* São Paulo-Rio de Janeiro.

COMTE, A. (1908). *Cours de philosophie positive,* 6 vol., Paris, n. éd.

CONKLIN, H.C. (1954). *The Relation of Hanunóo Culture to the Plant World.* Doctoral Dissert., Yale (microfilm).

_________ (1955). "Hanunóo Color Categories". *Southwestern Journal of Anthropology,* vol. II, n. 4, Albuquerque.

_________ (1958). Betel Chewing among the Hanunóo. *Proceedings of the 4th Fareastern Prehistoric Congress,* Paper n. 56, Quezon City (Nat. Res. Council of the Philippines).

_________ (1960). *Lexicographical Treatment of Folk Taxonomies,* mimeogr.

COOKE, Ch.A. (1952). "Iroquois Personal Names – Their Classification". *Proceedings of the American Philosophical Society,* vol. 96, fase. 4, Philadelphia.

CRUZ, M. (1941). "Dos nomes entre os Bororos". *Revista do Instituto Histórico e Geográfico Brasileiro,* vol. 175 (1940).

CUNNISON, I.G. (1959). *The Luapula Peoples of Northern Rhodesia,* Manchester.

DELATTE, A. (1938). "Herbarius: Recherches sur le cérémonial usité chez les anciens pour la cueillette des simples et des plantes magiques". *Bibl. de la Fac. de Phil. et Let. Univ. de Liège,* fase. LXXXI, Liège-Paris.

DENNETT, R.E. (1910). *Nigerian Studies,* London.

DENNLER, J.G. (1939). "Los nombres indigenas en guarani". *Physis,* n. 16, Buenos Aires.

DENSMORE, F. (1929). "Papago Music". *Bulletin 90, Bureau of American Ethnology,* Washington, D.C.

_________ (1923). "Mandan and Hidatsa Music". *Bulletin 80, Bureau of American Ethnology,* Washington, D.C.

DIAMOND, S. (1960). "Anaguta Cosmography: The Linguistic and Behavioral Implications". *Anthropological Linguistics,* vol. 2, n. 2.

DICKENS, Ch. (s.d.). *Great Expectations,* Complete Works, 30 vol., New York and London.

DIETERLEN, G. (1950). "Les Correspondances cosmo-biologiques chez les Soudanais". *Journal de Psychologie nolmale et pathologique,* 43e année, n. 3, Paris.

_________ (1952). "Classification des végétaux chez les Dogon". *Journal de la Société des Africanistes,* tome XXII, Paris.

_________ (1956). "Parenté et Mariage chez les Dogon (Soudan français)". *Africa,* vol. 26, n. 2, London, April.

_________ (1955). "Mythe et organisation sociale au Soudan français". *Journal de la Société des Africanistes,* tome XXV, fasc. I et II,.

_________ (1959). "Mythe et organisation sociale en Afrique occidentale". *Journal de la Société des Africanistes,* tome XXIX, fasc. I, Paris.

_________ (1962). "Note sur le totémisme Dogon", *L'Homme,* II, 1, Paris.

DORSEY, G.A. e KROEBER, A.L. (1903). "Traditions of the Arapaho". *Field Columbian Museum, Publ. 81, Anthropological Series,* vol. 5, Chicago.

DORSEY, J.O. (1888). "Osage Traditions". *6th Annual Report, Bureau of American Ethnology* (1884-1885), Washington, D.C.

__________ (1897). "Siouan Sociology". *15th Annual Report, Bureau of American Ethnology* (1893-1894), Washington, D.C.

DUPIRE, M. (1960). "Situation de la femme dans une société pastorale (Peul nomades du Niger)". *In:* D. Paulme éd., *Femmes d'Afrique Noire,* Paris-La Haye.

DURKHEIM, E. (1925). *Les Formes élémentaires de la vie religieuse,* 2ª éd., Paris.

DURKHEIM, E. e MAUSS, M. (1901-1902). "Essai sur quelques formes primitives de classification". *L'Année Sociologique,* vol. 6.

ELKIN, A.P. (1933-1934). "Studies in Australian Totemism. Sub-Section, Section and Moiety Totemism". *Oceania,* vol. 4, n. 1.

__________ (1933-1934). "Studies in Australian Totemism. The Nature of Australian Totemism". *Oceania,* vol. 4, n. 2.

__________ (1934). "Cult Totemism and Mythology in Northern South Australia". *Oceania,* vol. 5, n. 2.

__________ (1937-1940). "Kinship in South Australia". *Oceania,* vol. 8, 9, 10.

__________ (1961). *The Australian Aborigines,* Sydney-London, 3ª ed.

ELMENDORF, W.W. e KROEBER, A.L. (1960). "The Structure of Twana Culture". *Research Studies, Monographic Supplement* n. 2, Pullman, Washington.

ELMORE, F.H. (1943). "Ethnobotany of the Navajo". *The University of New Mexico Bulletin, Monograph Series,* vol. 1, n. 7, Albuquerque.

EVANS-PRITCHARD, E.E. (1955). "Witchcraft". *Africa,* vol. 8, n. 4, London.

__________ (1956). *Nuer Religion,* Oxford.

__________ (1961). "Zande Clans and Totems", *Man,* vol. 61, art. n. 147, London.

FIRTH, R. (1930-1931). "Totemism in Polynesia". *Oceania,* vol. 1, n. 3 e 4.

__________ (1961). *History and Traditions of Tikopia,* Wellington.

FISCHER, J.L., FISCHER, A. e MAHONY, F. (1959). "Totemism and Allergy". *The International Journal of Social Psychiatry,* vol. 5, n. 1.

FLETCHER, A.C.(1) (1899). "A Pawnee Ritual used when changing a Man's name". *American Anthropologist,* vol. 1.

__________ (1904). "The Hako: A Pawnee Ceremony", *22nd Annual Report, Bureau of American Ethnology* (1900-1901), Washington, D.C.

FLETCHER, A.C. e LA FLESCHE, F. (1911). "The Omaha Tribe", *27th Annual Report, Bureau of American Ethnology* (1905-1906), Washington, D.C.

FORTUNE, R.F. (1932a). "Omaha Secret Societies". *Columbia University Contributions to Anthropology,* vol. 14, New York.

__________ (1932b). *Sorcerers of Dobu,* New York.

FOURIE, L. (1925-1926). "Preliminary Notes on Certain Customs of the Hei-/om Bushmen". *Journal of the Southwest Africa Society,* vol. 1.

FOX, C.E. (1924). *The Threshold of the Pacific,* London.

FOX, R.B. (1953). "The Pinatubo Negritos: their useful plants and material culture". *The Philippine Journal of Science,* vol. 81 (1952), n. 3-4, Manila.

FRAKE, Ch.O. (1961). "The Diagnosis of Disease among the Subanun of Mindanao". *American Anthropologist,* vol. 63, n. 1.

FRAZER, J.G. (1910). *Totemism and Exogamy,* 4 vol., Londres.

FREEMAN, J.D. (1961). "Iban Augury". *Bijdragen tot de Taal-, Land-en Volkenkunde,* Deel 117, I[e] Afl., 'S-Gravenhage.

FREUD, S. (1924). *Totem et Tabou.* Trad. française, Paris.

GARDINER, A.H. (1954). *The Theory of Proper Names. A Controversial Essay,* London, 2ª ed.

GEDDES, W.R. (1954). *The Land Dayaks of Sarawak,* Colonial Office. London.

GILGES, W. (1955). "Some African Poison Plants and Medicines of Northern Rhodesia". *Occasional Papers, Rhodes-Livingstone Museum,* n. 11.

GOLDENWEISER, A.A. (1913). "On Iroquois Work". *Summary Report of the Geological Survey of Canada. Ottawa,* Department of Mines.

GRZIMEK, B. (1961). "The Last Great Herds of Africa". *Natural History,* vol. 70, n. 1, New York.

HAILE, Father B. (1943). *Origin Legend of the Navaho Flintway,* Chicago.

HAILE, Father B. e WHEELWRIGHT, M.C. (1949). *Emergence Myth according to the Hanelthnayhe Upward-Reaching Rite.* Navajo Religion Series, vol. 3, Santa Fe.

HALLOWELL, A.I. (1960). "Ojibwa Ontology, Behavior and World View". *In:* S. Diamond, ed., *Culture in History. Essays in Honor of Paul Radin,* New York.

HAMPÂTÉ BÂ, A. e DIETERLEN, G. (1961). "Koumen. Texte initiatique des Pasteurs Peul". *Cahiers de l'Homme,* nouvelle série I, Paris-La Haye.

HANDY, E.S. Craighill and PUKUI, M. Kawena (1958). "The Polynesian Family System in Ka-'u, Hawai'i". *The Polynesian Society,* Wellington, N.Z.

HARNEY, W.E. (1960). "Ritual and Behaviour at Ayers Rock". *Oceania,* vol. 31, n. 1, Sydney.

HARRINGTON, J.P. (1945). "Mollusca among the American Indians". *Acta Americana,* vol. 3, n. 4.

HART, C.W.M. (1930). "Personal Names among the Tiwi". *Oceania,* vol. 1, n. 3.

HEDIGER, H. (1955). *Studies of the Psychology and Behaviour of Captive Animals in Zoos and Circus* (transl. from German), London.

HENDERSON, J. e HARRINGTON, J.P. (1914). "Ethnozoology of the Tewa Indians". *Bulletin n.* 56, *Bureau of American Ethnology,* Washington, D.C.

HENRY, J. (1941). *Jungle People. A Kaingáng Tribe of the Highlands of Brazil,* New York.

HERNANDEZ, Th. (1940-41). "Social Organization of the Drysdale River Tribes, North-West Australia". *Oceania,* vol. 11.

HEYTING, A. (1955). *Les Fondements des Mathématiques,* Paris.

HOFFMAN, W.J. (1896). "The Menomini Indians". *14th Annual Report. Bureau of American Ethnology,* part 1 (1892-93), Washington, D.C.

HOLLIS, A.C. (1909). *The Nandi, their Language and Folklore,* Oxford.

HUBERT, R. e MAUSS, M. (1929). *Mélanges d'histoire des religions,* 2ª ed.

_________ (1950). "Esquisse d'une théorie générale de la magie". *L'Année Sociologique,* tomo VII, 1902-03. *In:* Mauss, M. *Sociologie et Anthropologie,* Paris.

IVENS, W.G. (1927). *Melanesians of the South-East Solomon Islands,* London.

JAKOBSON, R. (1960). "Concluding Statement: Linguistics and Poetics". *In:* Thomas A. Sebeok, ed. *Style in Language,* New York-London.

JAKOBSON, R. e HALLE, M. (1956). *Fundamentals of Language,* 'S-Gravenhage.

JENNESS, D. (1930). "The Indian's Interpretation of Man and Nature". *Proceedings and Transactions, Royal Society of Canada.* Section II.

_________ (1935). "The Ojibwa Indians of Parry Island. Their Social and Religious Life". *Bulletins of the Canada Department of Mines, National Museum of Canada,* n. 78, Ottawa.

_________ (1943). "The Carrier Indians of the Bulkley River". *Bulletin n.* 133, *Bureau of American Ethnology,* Washington, D.C.

JENSEN, B. (1961). "Folkways of Greenland Dog-Keeping". *Folk,* vol. 3, Copenhague.

K., W. (1948). "How Foods Derive their Flavor" (compte rendu d'une communication de E. C. Crocker à la *Eastern New York Section of the American Chemical Society*). *The New York Times,* May 2.

KELLY, C. Tennant (1935). "Tribes on Cherburg Settlement, Queensland". *Oceania,* vol. 5, n. 4.

KINIETZ, W.V. (1947). "Chippewa Village. The Story of Katikitegon". *Bulletin n.* 25, *Cranbrook Institute of Science,* Detroit.

KOPPERS, W. (1948). *Die Bhil in Zentralindien.* Wien.

KRAUSE, A. (1956). *The Tlingit Indians.* Transl. by E. Gunther, Seattle.

KRIGE, E.J. e J.D. (1943). *The Realm of a Rain Queen,* Oxford.

KROEBER, A.L. (1917). "Zuñí Kin and Clan", *Anthropological Papers of the American Museum of Natural Natural History,* vol. 18, part 11, New York.

_________ (1925). "Handbook of the Indians of California", *Bulletin* 78, *Bureau of American Ethnology,* Washington, D.C.

KROTT, P. (1960). "Ways of the Wolverine". *Natural History,* vol. 69, n. 2, New York.

LA BARRE, W. (1947). "Potato Taxonomy among the Aymara Indians of Bolivia". *Acta Ameri. cana,* vol. 5, n. 1-2.

LA FLESCHE, F. (1916). "Right and Left in Osage Ceremonies". *Holmes Anniversary Volume,* Washington, D.C.

__________ (1921). "The Osage Tribe. Rites of the Chiefs: Sayings of the Ancient Men". *36th Annual Report, Bureau of American Ethnology* (*1914-1915*), Washington, D.C.

__________ (1925). "The Osage Tribe. The Rite of Vigil". *39th Annual Report, Bureau of American Ethnology* (1917-1918), Washington, D.C.

__________ (1928). "The Osage Tribe. Child Naming Rite". *43rd Annual Report Bureau of American Ethnology* (1925-1926), Washington, D.C.

__________ (1930). "The Osage Tribe. Rite of the Wa-Xo'-Be". *45th Annual Report, Bureau of American Ethnology* (1927-1928), Washington, D.C.

LAGUNA, F. de (1954). "Tlingit Ideas about the Individual". *Southwestern Journal of Anthropology,* vol. 10, n. 2, Albuquerque.

LAROCK, V. (1932). *Essai sur la valeur sociale des noms de personnes dans les sociétés inférieures,* Paris.

LEIGHTON, A.H. e D.C. (1949). "Gregorio, the Hand-Trembler, A Psychobiological Personality Study of a Navaho Indian". *Papers of the Peabody Museum, Harvard University,* vol. 40, n. 1, Cambridge, Mass.

LÉVI-STRAUSS, C. (1949). *Les Structures élémentaires de la parenté,* Paris.

__________ (1955). *Tristes Tropiques,* Paris.

__________ (1958). "Documents Tupi-Kawahib". *In: Miscellanea Paul Rivet, Octogenario Dicata,* México.

__________ (1960a). *Collège de France,* chaire d'Anthropologie sociale. *Leçon inaugurale* faite le mardi 5 janvier 1960. Paris.

__________ (1960b). "La Structure et la forme, réflexions sur un ouvrage de Vladimir Propp". *Cahiers de l'Institut de Science économique appliquée* (Recherches et dialogues philosophiques et économiques, 7), n. 99, Paris.

__________ (1962). *Le Totémisme aujourd'hui,* Paris.

LIENHARDT, G. (1961). *Divinity and Experience. The Religion of the Dinka,* London.

LOEB, E.M. (1956). "Kuanyama Ambo Magic", *Journal of American Folklore,* vol. 69.

LONG, J.K. (1922). *Voyages and Travels of an Indian Interpreter and Trader* (1791), Chicago.

MANU (The Laws of) (1886). *The Sacred Books of the East,* ed. by F. Max Müller, vol. 25, Oxford.

MARSH, G.H. e LAUGHLIN, W.S. (1956). "Human Anatomical Knowledge among the Aleutian Islanders". *Southwestern Journal of Anthropology,* vol. 12, n. 1, Albuquerque.

MAUSS, M. (Cf. aussi HUBERT e MAUSS, DURKHEIM e MAUSS.). "L'âme et le prénom", *Bulletin de la Société française de Philosophie,* Séance du 1er juin 1929 (29e année).

McCLELLAN, C. (1954). "The Interrelations of Social Structure with Northern Tlingit Ceremonialism". *Southwestern Journal of Anthropology,* vol. 10, n. 1, Albuquerque.

McCONNEL, U. (1930-31). "The Wik-Munkan Tribe of Cape York Peninsula". *Oceania,* vol. 1, n. 1-2.

MEGGITT, M.J. (1961). "The Bindibu and Others". *Man,* vol. 61, art. n. 172, London.

MICHELSON, T. (1925). "Notes on Fox Mortuary Customs and Beliefs". *40th Annual Report, Bureau of American Ethnology,* (1918-1819), Washington, D.C.

__________ (1937). "Fox Miscellany", *Bulletin 114, Bureau of American Ethnology,* Washington, D.C.

MIDDLETON, J. (1961). "The Social Significance of Lugbara Personal Names". *The Uganda Journal,* vol. 25, n. 1, Kampala.

MOONEY, J. (1886). "The Sacred Formulas of the Cherokee". *7th Annual Report, Bureau of American Ethnology,* Washington, D.C.

NEEDHAM, R. (1954). "The System of Teknonyms and Death-Names of the Penan". *Southwestern Journal of Anthropology,* vol. 10, n. 4, Albuquerque.

__________ (1954). "A Penan Mourning-Usage". *Bijdragen tot de Taal-, Land- en Volkenkunde,* Deel 110, 3e Afl., 'S-Gravenhage.

__________ (1960). "The Left Hand of the Mugwe: An Analytical Note on the Structure of Meru Symbolism". *Africa,* vol. 30, n. 1, London.

__________ (1959). "Mourning Terms", *Bijdragen tot de Tall-, Land- en Volkenkunde,* Deel 115, 1er Afl., 'S-Gravenhage.

NELSEN, E.W. (1918). *Wild Animals of North America,* Washington, D.C.

NSIMBI, N.B. (1950). "Baganda Traditional Personal Names". *The Uganda Journal,* vol. 14, n. 2, Kampala.

PARSONS, E.C. (1933). "Hopi and Zuñi Ceremonialism". *Memoirs of the American Anthropological Association,* n. 39, Menasha.

PASO Y TRONCOSO, F. del (1886). "La Botánica entre los Nahuas", *Anales Mus. Nac. Mexic.,* tomo III, México.

PEIRCE, Ch.S. (1956). "Logic as Semiotic: the Theory of Signs". *In:* J. Buchler, ed. *The Philosophy of Peirce: Selected Writings,* London, 3ª ed.

PINK, O. (1933-34). "Spirit Ancestors in a Northern Aranda Horde Country". *Oceania,* vol. 4, n. 2, Sydney.

RADCLIFFE-BROWN, A.R. (1930-31). "The Social Organization of Australian Tribes". *Oceania,* vol. 1, n. 2.

_________ (1958). "The Comparative Method in Social Anthropology". Huxley Memorial Lecture for 1951. *Journal of the Royal Anthropological Institute,* vol. 81, parts I and 11, 1951 (Published 1952). Republié dans: *Method in Social Anthropology,* Chicago, ch. v.

_________ (1950). "Introduction". *In*: A.R. Radcliffe-Brown e Daryll Forde, eds. *African Systems of Kinship and Marriage,* Oxford.

RADIN, P. (1923). "The Winnebago Tribe", *37th Annual Report, Bureau of American Ethnology* (1915-1916), Washington D.C.

_________ (1931). "Mexican Kinship Terms". *University of California Publications in American Archaeology and Ethnology,* vol. 31, Berkeley.

RASMUSSEN, K. (1932). "Intellectual Culture of the Copper Eskimos". *Report of the Fifth Thule Expedition,* vol. 9, Copenhague.

READ, K.E. (1959). Leadership and Consensus in a New Guinea Society". *American Anthropologist,* vol. 61, n. 3.

REICHARD, G.A. (1948). "Navajo Classification of Natural Objects". *Plateau,* vol. 21, Flagstaff.

_________ (1950). *Navaho Religion. A Study of Symbolism,* 2 vol. Bollingen Series XVIII, New York.

REKO, B.P. (1945). *Mítobotanica Zapoteca,* Tacubaya.

RETZ, Cardinal de (1949). *Mémoires.* Bibliothèque de la Pléiade, Paris.

RISLEY, H.H. (1891). *Tribes and Castes of Bengal,* 4 vol., Calcutta.

RITZENTHALER, R. (1945). "Totemic Insult among the Wisconsin Chippewa". *American Anthropologist,* vol. 47.

RIVERS, W.H.R. (1912). "Island-Names in Melanesia". *The Geographical Journal,* London, May.

ROBBINS, W.W., HARRINGTON, J.P. e FREIRE-MARRECO, B. (1916). "Ethnobotany of the Tewa Indians". *Bulletin n. 55, Bureau of American Ethnology,* Washington, D.C.

ROCAL, G. (1928). *Le Vieux Périgord,* 3ª ed., Paris.

ROLLAND, E. (1879). *Faune populaire de la France.* Tomo II, "Les Oiseaux sauvages", Paris.

_________ *Flore populaire de la France.* Tomo II, Paris, 1899.

ROSCOE, J. (1911). *The Baganda: An Account of their Native Customs and Baliefs,* London.

ROUSSEAU, J.J. (1776). *Discours sur l'origine et les fondements de l'inégalité parmi les hommes.* CEuvres mêlées. Tomo II. Nouvelle éd., Londres.

_________ (1783). *Essai sur l'origine des langues.* CEuvres posthumes. Tomo II, Londres.

RUSSELL, B. (1918). "The Philosophy of Logical Atomism". *The Monist.*

RUSSELL, F. (1908). "The Pima Indians", *26th Annual Report, Bureau of American Ethnology* (1904-1905), Washington, D.C.

SARTRE, J.P. (1960). *Critique de la raison dialectique,* Paris.

SAUSSURE, F. de (1922). *Cours de Linguistique générale,* 2ª ed., Paris.

SCHOOLCRAFT, H.R. Cf. WILLIAMS.

SEDEIS (Société d'Études et de Documentation Économiques, Industrielles et Sociales) (1961). *Bulletin* n. 796, supplément "Futuribles", n. 2, Paris.

SHARP, R. Lauriston (1943). "Notes on Northeast Australian Totemism". *In: Studies in the Anthropology of Oceania and Asia, Papers of the Peabody Museum, Harvard University,* vol. 20, Cambridge, Mass.

SEBILLOT, P. (1906). *Le Folklore de France.* Tome III, "La Faune et la flore", Paris.

SIMPSON, G.G. (1961). *Principles of Animal Taxonomy,* New York.

SKINNER, A. (1913). "Social Life and Ceremonial Bundles of the Menomini Indians". *Anthropological Papers of the American Museum of Natural History,* vol. 13, part 1, New York.

_________ (1923-25). "Observations on the Ethnology of the Sauk Indians". *Bulletins of the Public Museum of the City of Milwaukee,* vol. 5, n. 1.

_________ (1926). "Ethnology of the Ioway Indians". *Bulletins of the Public Museum of the City of Milwaukee,* vol. 5, n. 4.

SMITH, A.H. (1960). "The Culture of Kabira, Southern Rykkyk Islands". *Proceedings of the American Philosophical Society,* vol. 104, n. 2. Philadelphia.

SMITH BOWEN, E. (1957). *Le Rire et les songes* (*"Return to Laughter",* trad. française), Paris.

SPECK, F.G. (1923). "Reptile Lore of the Northern Indians". *Journal of American Folklore,* vol. 36, n. 141, Boston-New York.

_________ (1935). "Penobscot Tales and Religious Beliefs". *Journal of American Folklore,* vol. 48, n. 187, Boston-New York.

SPENCER, B. e GILLEN, F.J. (1904). *The Northern Tribes of Central Australia,* London.

STANNER, W.E.H. (1960). "Durmugam, A Nangiomeri (Australia)". *In:* J.B. Casagrande, ed. *In the Company of Man,* New York.

_________ (1961). "On Aboriginal Religion. IV. The Design-Plan of a Riteless Myth". *Oceania,* vol. 31, n. 4.

STEPHEN, A.M. (1936). "Hopi Journal", ed. by E. C. Parsons, 2 vol., *Columbia University Contributions to Anthropology,* vol. 23, New York.

STREHLOW, C. (1907-1913). *Die Aranda und Loritja-Stämme in Zentral Australien,* 4 vol., Frankfurt am Main.

STREHLOW, T.G.H. (1947). *Aranda Traditions,* Melbourne.

STURTEVANT, W.C. (1960). "A Seminole Médicine Maker". *In:* J.B. Casagrande, ed. *In the Company of Man,* New York.

SWANTON, J.R. (1928a). "Social Organization and Social Usages of the Indians of the Creek Confederacy". *42nd Annual Report, Bureau of American Ethnology* (1924-1925), Washington, D.C.

_________ (1928b). "Social and Religious Beliefs and Usages of the Chickasaw Indians". *44th Annual Report, Bureau of American Ethnology (1926-1927);* Washington.

TESSMANN, G. (1913). *Die Pangwe, Völkerkundliche Monographie eines westafrikanischen Negerstammes,* 2 vol., Berlin.

THOMAS, N.W. (1906). *Kinship Organizations and Group Marriage in Australia,* Cambridge.

THOMSON, D.F. (1946). "Names and Naming in the Wik Monkan Tribes". *Journal of the Royal Anthropological Institute,* vol. 76, part 11, London.

THURNWALD, R. (1916). "Bánaro Society. Social Organization and Kinship System of a Tribe in the Interior of New Guinea". *Memoirs of the American Anthropological Association,* vol. 3, n. 4.

THURSTON, E. (1909). *Castes and Tribes of Southern India,* 7 vol., Madras.

TOZZER, A.M. (1907). "A Comparative Study of the Mayas and the Lacandones", *Archaeological Institute of America. Report of the fellow in American Archaeology* (1902-1905), New York.

TURNER, G. (1884). *Samoa a Hundred Years ago and Long Before...,* London.

TURNER, V.W. (1953). "Lunda Rites and Ceremonies". *Occasional Papers. Rhodes-Livingstone Museum,* n. 10, Manchester.

_________ (1961). "Ndembu Divination. Its Symbolism and Techniques". *The Rhodes-Livingstone Papers,* n. 31, Manchester.

TYLOR, E B. (1871). *Primitive Culture,* 2 vol., London.

VAN GENNEP, A. (1920). *L'Etat actuel du probleme totémique,* Paris.

VAN GULIK, R.H. (1951). *Erotic Colour Prints of the Ming Period,* 3 vol., Tokyo.

_________ (1961). *Sexual Life in Ancient China,* Leiden.

VANZOLINI, P.E. (1956-58). "Notas sobre a zoologia dos índios Canela". *Revista do Museu Paulista,* N.S., vol. 10, São Paulo.

VENDRYES, J. (1921). *Le Langage. Introduction linguistique à l'histoire,* Paris.

VESTAL, P.A. (1952). "Ethnobotany of the Ramah Navaho". *Papers of the Peabody Museum, Harvard University,* vol. 40, n. 4, Cambridge, Mass.

VOGT, E.Z. (1960). "On the Concepts of Structure and Process in Cultura Anthropology". *American Anthropologist,* vol. 62, n. 1.

VOTH, H.R. (1901a). "The Oraibi Soyal Ceremony". *Field Columbian Museum, Publ. 55. Anthropological Series,* vol. 3, n. 1, Chicago.

_________ (1901b). "The Oraibi Powamu Ceremony". *Field Columbian Museum, Anthropological Series,* vol. 3, n. 2, Chicago.

_________ (1905). "Hopi Proper Names". *Field Columbian Museum, Publication 100, Anthropological Series,* vol. 6, n. 3, Chicago.

_________ (1905). "The Traditions of the Hopi". *Field Columbian Museum, Publ. 96. Anthropologieal Series,* vol. 8, Chicago.

_________ (1912). "Brief Miscellaneous Hopi Papers". *Field Museum of Natural History, Publ. 157. Anthropological Series,* vol. 11, n. 2, Chicago.

WALKER, A. Raponda e SILLANS, R. (1961). *Les Plantes utiles du Gabon,* Paris.

WALLIS, W.D. (1947). 'The Canadian Dakota". *Anthropological Papers of the American Museum of Natural History,* vol. 41, part 1, New York.

WARNER, W. Lloyd (1958). *A Black Civilization.* Revised edition, New York.

WATERMAN, T.T. (1920). "Yurok Geography", *University of California Publications in American Archaeology and Ethnology,* vol. 16, n. 5, Berkeley.

WHITE, C.M.N. (1961). "Elements in Luvale Beliefs and Rituals". *The Rhodes-Livingstone Paper,* n. 32, Manchester.

_________ (1958). (J. CHINJAVATA and L.E. MUKWATO) "Comparative Aspects of Luvale Puberty Ritual". *African Studies,* Johannesburg.

WHITE, L.A. (1943). "New Material from Acoma". *In: Bulletin* 136, *Bureau of American Ethnology,* Washington, D.C.

WHITING, A.F. (1950). "Ethnobotany of the Hopi". *Bulletin n.* 14, *Museum of Northern Arizona,* Flagstaff.

WILLIAMS, M.L.W. (1956). *Schoolcraft's Indian Legends,* Michigan U.P.

WILSON, G.L. (1928). "Hidatsa Eagle Trapping". *Anthropological Papers of the American Museum of Natural History,* vol. 30, part IV, New York.

WIRZ, P. (1922). *Die Marind-Anim von Holländisch-Süd-Neu-Guinea.* I Band, Teil II.

WITKOWSK, G.J. (1887). *Histoire des accouchements chez tous les peuples,* Paris.

WOENSDREGT, J. (1925). "Mythen en Sagen der Berg-Toradja's van Midden-Celebes". *Verhandelingen van het Bataviaaseh Genootsehap van Kunsten en Wetensehappen,* vol. 65, n. 3, Batavia.

WORSLEY, P. (1955). "Totemism in a Changing Society". *American Anthropologist,* vol. 57, n. 4.

WYMAN, L.C. e HARRIS, S.K. (1941). "Navaho Ethnobotany". *University of New Mexico, Bulletin n. 366, Anthropological Series,* vol. 3, n. 4, Albuquerque.

ZAHAN, D. (1960). *Sociétés d'initiation Bambara,* Paris-La Haye.

ZEGWAARD, G.A. (1959). "Headhunting Practices of the Asmat of Netherlands New Guinea". *American Anthropologist,* vol. 61, n. 6.

ZELENINE, D. (1952). *Le culte des idoles en Sibérie.* Trad. française, Paris.

ÍNDICE REMISSIVO